마음의 노래

Song of Mind
Wisdom from the Zen Classic Xin Ming

By Chan Master Sheng Yen

Published by Shambhala Publications, Inc.
Boston, Massachusetts, USA

Copyright © 2004 Dharma Drum Publications
Korean translation rights © 2008 Tamgusa Publishing

Printed in Seoul, Korea

This Korean edition is published by arrangement with Shambhala
Publications, Inc. through Sybille Literary Agency, Seoul

이 책의 한국어판 저작권은 Shambhala Publications, Inc와의 계약에 의해
도서출판 탐구사에 있습니다. 저작권법에 의해 보호되는 저작물이므로,
책 내용의 전부나 일부를 무단 전재하거나 복사하는 것은 허용되지 않습니다.

마음의 노래

우두 법융선사의 「심명(心銘)」 강해

성엄선사(聖嚴禪師) 말씀
대성(大晟) 옮김

탐구사

옮긴이 • 대성大晟

1997년 이후로 라마나 마하르쉬와 니사르가닷따 마하라지 관련 서적들을 줄곧 번역했다. 그 밖에도 중국 허운 선사의 『참선요지』와 『방편개시』, 그리고 감산 대사의 『감산자전』을 우리말로 옮겼다.

성엄선서 1

마음의 노래
우두 법융선사의 「심명」 강해

초판 발행   2008년 12월 15일
2판 1쇄 발행   2010년 5월 7일

지은이 | 성엄선사(聖嚴禪師)
옮긴이 | 대성(大晟)
펴낸이 | 이효정
펴낸곳 | 도서출판 탐구사

등록 | 2007년 5월 25일 제208-90-12722호
주소 | 121-854 서울 마포구 신수동 93-114
전화 | 02-702-3557   FAX | 02-702-3558
e-mail : tamgusa@korea.com

값 15,000원
※ 잘못된 책은 바꾸어 드립니다.

ISBN 978-89-89942-14-6 04220
　　　978-89-89942-13-9(세트)

사진제공 : 法鼓山文敎基金會(版權所有)

차 례

감사의 말 • 9
머리말 • 11
마음의 노래〔心銘〕• 13

제1차 선칠 : 마음의 성품은 일어나지 않음이다 … 31
제2차 선칠 : 시공에 두루 비춤이 없다 … 56
제3차 선칠 : 목전에 아무것도 없다 … 74
제4차 선칠 : 힘들게 애쓰거나 재주 부릴 것 없다 … 101
제5차 선칠 : 밝음과 고요함은 있는 그대로이다 … 123
제6차 선칠 : 일심에는 망념이 없다 … 144
제7차 선칠 : 범부의 정情을 없애려고 하지 말라 … 175
제8차 선칠 : 마음 안에는 경계가 없다 … 198
제9차 선칠 : 총애와 수모에 변치 않다 … 225
제10차 선칠 : 사람도 없고 봄도 없다 … 248
제11차 선칠 : 오묘한 지혜만이 존재한다 … 271
제12차 선칠 : 일체를 돌아보지 말라 … 295

옮긴이의 말 • 315

감사의 말

이 책은 우두 법융선사의 「심명心銘」에 관한 책으로서, 내가 미국에서 여러 차례 선칠禪七을 하는 동안 한 법문[開示]들이다. 이 책이 나오는 데는 많은 사람이 공헌했는데, 그들 중 첫째는 선칠에 참여한 수련생들과 제자들이다. 그들이 나에게 인연을 제공하여 내가 이러한 격려의 말들을 할 수 있게 해 주었다.

나는 또한 이러한 선칠들을 조직하고 기획하는 데 협조해 준 승가僧伽 대중과 자원봉사자들에게도 감사드리는데, 그 중에는 선칠 하는 이들을 위해 하루 세 끼의 건강한 채식을 준비해 준 분들도 포함된다.

이 밖에도 나는, 자신들의 특별한 능력을 이용하여 『마음의 노래』 최종 원고를 정리해 낸 여러 사람에게 감사드린다. 그들 중 첫째는 내가 한 말들을 영어로 옮겨준 통역자들이었다. 이러한 법문은 먼저 카세트 테이프에 기록된 다음, 디지털 방식으로 전사轉寫되고 편집되어 출판되었다. 나는 다음 분들의 공헌에 감사드리고 싶다.

통역 : 왕밍이(王明怡), 폴 케네디
전사 : 크리스틴 샤, 앤셀머 로드리게스, 브루스 리컨바허
편집 : 어니스트 호, 크리스 머라노
편집 보조 : 스테이시 폴래코, 마이크 모리컬, 웨이-탄(陳維武)
출판 : 아이리스 왕(王翠嬿)

마지막으로 나는 샴발라 출판사가 이 책을 발행하여, 우두 법융이라는 이 대선사가 여러 세기를 가로질러 오늘날 계속 도를 구하고 도를 닦는 수행자들과 자신의 지혜를 함께 나눌 수 있도록 해준 데 대하여 감사드리고 싶다.

2004년 뉴욕시에서
성엄聖嚴

머리말

우두 법융牛頭法融 선사(594-657)는 선종禪宗의 4조祖인 대의 도신大醫道信(580-651)의 제자였고, 5조祖인 대만 홍인大滿弘忍(602-675)의 사형제師兄弟였다. 선종의 기록에 따르면 법융은 출가한 뒤에 먼저 삼론종三論宗의 한 학자에게서 불교 이론을 공부했으며 유가와 도가의 철학과 의례儀禮, 중국 역사는 물론 의술에도 정통했다. 그러나 법융선사는 무엇보다도 참선 수행[禪坐]을 좋아하여, 20년 세월을 깊은 산속에서 새와 짐승들을 벗하며 보냈다. 4조 도신이 이 스님과 그의 수행에 대한 이야기를 듣고 그를 지도하러 갔다. 법융선사는 4조 밑에서 깨달음을 얻은 뒤에 적지 않은 제자를 두었고, 3백 명 이상이 그를 따라서 수행했다. 법융선사는 주로 『법화경』과 『대반야경』을 강설했고 『유마힐경』과 『화엄경』도 공부했는데, 후자는 선종의 일파인 화엄종의 기초를 이룬다.

법융선사는 「심명心銘」이라는 이 시게詩偈에서, 우리의 마음자리[心原]는 본래 청정하지만 한 생각이라도 마음 속에 들어오면 그 청정을 잃게 된다고 설명한다. 그래서 그는 생각의 생멸生滅[일어나고 가라앉음]을 관觀하는 수행 방법을 아주 강조했다. 그러나 생각의 생멸은 허망한 것이다. 왜냐하면 현재의 한 생각이 움직이지 않고 머무르면서 사라지지 않으면 나중의 한 생각이 일어나지 않을 것이기 때문이다. 이때는 생각의 생멸도 없고, 따라서 끊어버려야 할 어떤 것도 없다. 그래서 법융선사는 부처와 중생들에게 본래 마음이란 없지만 우리에게 생각이 있기 때문에 마음이 일어난다고 말한다. 중생이 성불하려면 그들의 허망한 마음이 무심無心으로 되어야 한다. 다시 말해서, 깨쳐야 한다.

법융선사의 방법은 성惺[깨어 있음]과 적寂[고요함]을 동시에 닦되, 그 어느 것에도 집착하지 않는 것을 강조한다. 처음 시작할 때는 우리가 감각 기관을 이용하여 세계를 관찰해야 하지만, 분별심으로써 세계에 집착해서는 안 된다. 우리가 분별을 놓아 버리면 감각 기관에 나타나는 허망한 세계는 뒤로 물러나고, 더 나아가 사라질 것이다. 허망한 세계가 사라짐에 따라 우리의 범부심凡夫心도 사라질 것이다. 그리하여 우리가 청정심을 체험하게 되는데, 이것이 곧 본래의 마음[本心]이다.

그 단계에 도달하고 나서도 깨달은 마음은 여전히 세간에서 정상적으로 작동한다. 사실 다른 사람들은 당신을 보통 사람으로 간주할 것이다. 차이가 있다면, 당신의 마음이 움직이지 않고 분별하지 않는다는 것이다. 그래서 「심명」에서는 "바른 깨달음은 깨달음이 없고, 참된 공空은 공하지 않다"고 말한다. 당신은 이 참된 공을 떠남이 없이 여전히 수행을 하고 불법佛法(Dharma)을 신봉할 수 있다. 그러나 이제는 성불하기 위해서 수행하는 것이 아니라 그저 수행을 하는 것일 뿐이다. 범부들은 어떤 일을 하는 데 이유가 필요하다고 느끼지만, 어떤 목표를 염두에 두고 수행해서는 무심의 경계境界*에 도달할 수 없는 것이다.

---

* [역주] 불가에서 '경계'라는 말은 다음 두 가지 의미를 갖는다. 1) 어떤 정신적 또는 영적 체험의 상태나 경지. 2) 6식識의 대상인 6경境. 즉, 마음을 어지럽힐 수 있는 안팎의 감각 대상들. 여기서는 전자의 의미로 사용되고 있다.

마음의 노래[心銘]

마음의 성품은 일어나지 않음이니	心性不生	**1장**
지견이 무슨 소용 있으리오?	何須知見	
본래 한 법도 없거늘	本無一法	
어찌 가르침과 수련을 논하리오?	誰論熏鍊	

The nature of the mind is non-arising,
What need is there of knowledge and views?
Originally there is not a single dharma;
Why discuss inspiration and training?

오고감은 시작이 없어	往返無端
찾아보려 해도 보이지 않네.	追尋不見
아무것도 할 필요가 없으니	一切莫作
밝고 고요하여 저절로 드러나네.	明寂自現

Coming and going without beginning;
Sought for, it is not seen.
No need to do anything;
It is bright, still, self-apparent.

과거는 허공과 같아　　　　　　　　　　前際如空
무엇을 알았다 하면 근본 이치를 잃네.　　知處迷宗
분명하게 경계[境]를 비추건만　　　　　分明照境
비추면서도 흐릿해지네.　　　　　　　　隨照冥蒙

The past is like empty space;
Know anything and the basic principle is lost.
Casting a clear light on the world,
Illuminating, yet obscured.

일심에 걸림이 있으면　　　　　　　　　一心有滯
모든 법에서 막히네.　　　　　　　　　　諸法不通
가고 옴이 이와 같다면　　　　　　　　　去來自爾
궁구할 필요가 어디 있으랴?　　　　　　胡假推窮

If one-mindedness is impeded,
All dharmas are misunderstood.
Coming and going thus,
Is there need for thorough investigation?

일어남[生]에 일어나는 자취가 없고　　　生無生相
일어남과 비춤이 동일하네.　　　　　　　生照一同
마음을 깨끗이 하고 싶으면　　　　　　　欲得心淨
무심으로 노력하라.　　　　　　　　　　無心用功

Arising without the mark of arising,
Arising and illumination are the same.
Desiring to purify the mind,

There is no mind for effort.

시공에 두루 비춤이 없으니	縱橫無照	2장
이것이 가장 심오한 것이네.	最爲微妙	
법을 안다는 것은 모르는 것이며,	知法無知	
모르는 것이 핵심을 아는 것이네.	無知知要	

Throughout time and space nothing is illuminated
This is most profound.
Knowing dharmas is non-knowing;
Non-knowing is knowing the essential.

마음으로써 고요함을 지키려 하나	將心守靜
여전히 병을 떠나지 못하네.	猶未離病
생사를 잊어버리는 것	生死忘懷
이것이 곧 본래의 성품이라네.	卽是本性

Using the mind to maintain quietude,
You still fail to leave the sickness.
Birth and death forgotten—
This is original nature.

지극한 이치는 설명할 수 없으니	至理無詮
자유로운 것도 매여 있는 것도 아니네.	非解非纏
활달하고 사물에 조응하며	靈通應物
항상 그대의 목전에 있다네.	常在目前

The highest principle cannot be explained;

It is neither free nor bound.
Lively and attuned to everything,
It is always right before you.

목전에 아무것도 없고	目前無物	**3장**
아무것도 없지만 일체가 뚜렷하니	無物宛然	
지혜를 수고롭게 하여 살피지 말라.	不勞智鑿	
본체 자체가 비어 있고 그윽하다네.	體自虛玄	

There is nothing in front of you;
Nothing, yet everything is as usual.
Do not belabor wisdom to examine it;
Substance itself is empty and obscure.

생각들이 일어나고 사라지는데	念起念滅
앞의 것과 뒤의 것이 다르지 않네.	前後無別
뒷생각이 나지 않으면	後念不生
앞생각이 저절로 끊어지네.	前念自絕

Thoughts arise and pass away,
The preceeding no different from the succeeding.
If the succeeding thought does not arise,
The preceeding thought cuts itself off.

과거, 현재, 미래 안에 아무것도 없어	三世無物
마음도 없고 부처도 없네.	無心無佛
중생에게는 마음이 없으니	衆生無心

무심으로부터 중생이 나온다네.　　　　　依無心出
In past, present and future, there is nothing;
No mind, no buddha.
Sentient beings are without mind;
Out of no-mind they manifest.

범속함과 성스러움을 분별하여　　　　　分別凡聖
번뇌가 갈수록 심해지니　　　　　　　　煩惱轉盛
이리저리 따지다가 실재에서 멀어지고　計校乖常
진리를 구하면서 올바름을 등지네.　　　求眞背正
Distinguishing between profane and sacred,
Their vexations flourish.
Splitting hairs deviates from the eternal.
Seeking the real, you give up the true.

둘 다를 버리는 것이 치유책이니　　　　雙泯對治
투명하고 밝고 깨끗하네.　　　　　　　　湛然明淨
힘들게 애쓰거나 재주 부릴 것 없네.　　不須功巧　　**4장**
어린아이 같은 행을 지켜라.　　　　　　守嬰兒行
Discarding both is the cure,
Transparent, bright, pure.
No need for hard work or skill;
Keep to the actions of an infant.

또렷하게 알아도　　　　　　　　　　　　惺惺了知

견해의 그물이 더욱 늘어나고   見網轉彌
고요함 가운데 보는 바가 없이   寂寂無見
어두운 방에서 움직이지 않네.   暗室不移

Clearly knowing,

The net of views increases

Stillness without seeing,

Not moving in a dark room.

또렷하되 망상이 없고   惺惺無妄
고요하되 밝으면   寂寂明亮
모든 현상이 영원하고 참되며,   萬象常眞
삼라만상이 한 형상이네.   森羅一相

Wakeful without wandering,

The mind is tranquil yet bright.

All phenomena are real and eternal,

Profuse, yet of a single form.

가고 오고 앉고 섬에   去來坐立
그 무엇에도 집착하지 말라.   一切莫執
어떤 방향도 정함이 없으면   決定無方
나고 듦이 있을 수 있으랴?   誰爲出入

Going, coming, sitting, standing,

Don't attach to anything.

Affirming no direction,

Can there be leaving and entering?

합칠 것도 흩을 것도 없고 　　　　　無合無散
늦지도 빠르지도 않네. 　　　　　　不遲不疾
밝음과 고요함은 있는 그대로여서 　明寂自然　　　5장
말로써 설명할 수가 없네. 　　　　　不可言及

There is neigher unifying nor dispersing,

Neither slow nor quick.

Brightness and tranquility are just as they are.

They cannot be explained in words.

마음에는 다른 마음이 없으니 　　　心無異心
정욕을 끊을 것도 없네. 　　　　　　不斷貪淫
성품이 공하여 스스로 떠나니 　　　性空自離
마음이 뜨고 가라앉게 내버려두네. 　任運浮沈

Mind is without alienation.

No need to terminate lust.

Nature being empty, lust will depart by itself.

Allow the mind to float and sink.

맑지도 탁하지도 않고 　　　　　　非淸非濁
얕지도 깊지도 않네. 　　　　　　　非淺非深
본래 옛것이 아니고 　　　　　　　本來非古
지금도 새것이 아니네. 　　　　　　見在非今

Neither clear nor clouded,

Neither shallow nor deep.

Originally it was not ancient;

At present it is not modern.

지금 그것이 머무름이 없고	見在無住
지금 그것이 본래의 마음이니	見在本心
본래 그것은 존재하지 않았고	本來不存
본래가 곧 지금 이 순간이네.	本來卽今

Now it is non-abiding;
Now it is original mind.
Originally it did not exist;
"Origin" is the present moment.

보리는 늘 있으니	菩提本有
그것을 지킬 필요가 없네.	不須用守
번뇌는 본래 없으니	煩惱本無
없애려고 할 필요가 없네.	不須用除

Bodhi has always existed;
No need to preserve it.
Vexation has never existed;
No need to eliminate it.

신령스러운 지혜가 스스로 비추니	靈知自照
만법이 여여함으로 돌아가고	萬法歸如
돌아감도 없고 받음도 없어	無歸無受
관하기를 그치고 지킴도 잊네.	絶觀忘守

Natural wisdom is self-illuminating;

All dharmas return to thusness.
There is no returning, no receiving;
Stop contemplating, forget keeping.

네 가지 덕은 생겨나지 않고	四德不生
세 가지 몸은 본래 있어	三身本有
육근이 경계境界를 만나도	六根對境
분별은 의식이 아니네.	分別非識

The four virtues are unborn;
The three bodies have always existed.
The six sense organs contact their realms;
Discrimination is not consciousness.

일심에는 망념이 없으니	一心無妄	6장
온갖 연緣이 조화롭고	萬緣調直	
마음과 성품이 본래 평등하여	心性本齊	
함께 있으되 서로 이끌지는 않네.	同居不攜	

In one-mindedness there are no wandering thoughts,
The myriad conditions harmonize.
Mind and nature are intrinsically equal;
Together, yet one does not necessarily lead to the other.

일어남이 없이 만물에 수순하고	無生順物
어디서나 그윽이 머무르네.	隨處幽棲
깨침은 깨치지 못함에서 일어나고	覺由不覺

깨쳤다 해도 깨친 바가 없네.　　　　　卽覺無覺

Without arising, complying with phenomena,
Abiding hidden everywhere.
Enlightenment arises from non-enlightenment.
Enlightenment is non-enlightenment.

얻고 잃음의 두 가지에 대해　　　　　得失兩邊
어떻게 좋고 나쁨을 말하리오?　　　　誰論好惡
일체의 유위법은　　　　　　　　　　一切有爲
본래 만들어진 바가 없다네.　　　　　本無造作

As to gain and loss,
Why call either good or bad?
Everything that is active
Originally was not created.

마음은 마음이 아님을 알지니　　　　知心不心
병도 없고 약도 없다네.　　　　　　　無病無藥
미혹되었을 때는 일을 버릴지니　　　迷時捨事
깨닫고 나면 하등 다를 바가 없다네.　悟罷非異

Know that mind is not mind;
There is no sickness, no medicine.
When in confusion, you must discard affairs;
Enlightened, it makes no difference.

본래 취할 것이 없으니　　　　　　　本無可取

 22 마음의 노래

지금 버린들 무슨 소용 있으랴? 　　今何用棄
누가 마군魔軍을 본다고 말한다면　　謂有魔興
공空을 말할 수는 있으나 현상은 있다네.　　言空象備
범부의 정情을 없애려고 하지 말고　　莫滅凡情　　**7장**
생각을 그치는 법만 가르쳐 주라.　　唯教息意

Originally there is nothing to obtain.
Now what use is there in discarding?
When someone claims to see demons,
We may talk of emptiness, yet the phenomena are there.
Don't destroy the emotions of people;
Only teach the cessation of thoughts.

생각이 없으면 마음이 사라지고　　意無心滅
마음이 없으면 행위가 끊어지네.　　心無行絕
공空을 확인할 필요가 없으니,　　不用證空
자연히 명징한 이해가 있다네.　　自然明徹

When thoughts are gone, mind is abolished;
When mind id gone, action is terminated.
No need to confirm emptiness;
Naturally, there is clear comprehension.

생사를 완전히 소멸하고　　滅盡生死
심오한 마음이 이치 속으로 드니　　冥心入理
눈을 뜨고 형상을 보면　　開目見相
마음은 경계를 따라 일어나네.　　心隨境起

Completely extinguishing birth and death,
The profound mind enters into principle.
Opening your eyes and seeing forms,
Mind arises in accord with the environment.

마음 안에는 경계가 없고	心處無境	**8장**
경계 안에는 마음이 없네.	境處無心	
마음으로써 경계를 없애려 들면	將心滅境	
둘 다가 요동하리.	彼此由侵	

Within mind there is no environment;
Within the environment there is no mind.
Use mind to extinguish the environment
And both will be disturbed.

마음이 고요하고 경계도 여여하여	心寂境如
버리지도 않고 붙들지도 않네.	不遣不拘
경계는 마음을 따라 소멸하고	境隨心滅
마음은 경계를 따라 사라지네.	心隨境無

With mind still and environment thus,
Not discarding, not grasping,
Environment is extinguished together with mind.
Mind disappears together with environment.

그 어느 것도 일어나지 않으면	兩處不生
고요함과 무한한 밝음이 있고	寂靜虛明

보리의 영상이 나타나네,　　　　　　菩提影現
영원히 맑은 마음의 물 안에서.　　　心水常淸

When neither arises,
There is tranquility and limitless brightness.
The reflection of bodhi appears
In the eternally clear water of mind.

덕의 성품은 바보와 같으니　　　　德性如愚
가깝고 멂을 세우지 않네.　　　　　不立親疎
총애와 수모에 변치 않으며　　　　寵辱不變　　9장
머무는 곳을 가리지 않네.　　　　　不擇所居

The nature of merit is like a simpleton:
It does not establish closeness and distance.
Favor and disgrace do not change it;
It doesn't choose its abode.

모든 연관이 단박에 그치니　　　　諸緣頓息
일체를 잊어버리네.　　　　　　　一切不憶
영원한 낮은 밤과 같고　　　　　　永日如夜
영원한 밤은 낮과 같네.　　　　　　永夜如日

All connections suddenly cease;
Everything is forgotten.
Eternal day is like night,
Eternal night, like day.

겉보기에는 아주 어리석은 것 같으나	外似頑嚚
안으로는 마음이 텅 비고 올곧다네.	內心虛直
경계를 마주하여 움직이지 않는 사람이	對境不動
강하고 큰 사람이라네.	有力大人

Outwardly like a complete fool,
Inwardly mind is empty and real
Those not moved by the environment
Are strong and great.

사람도 없고 봄도 없네.	無人無見	10장
봄이 없으되 항상적인 나타남이 있고	無見常現	
일체를 훤히 통달하여	通達一切	
도처에 편재하지 않은 적이 없네.	未嘗不遍	

There are neither people nor seeing.
Without seeing there is constant appearance.
Completely penetrating everything,
It has always pervaded everywhere.

생각하면 오히려 혼미해지고	思惟轉昏
정신을 가라앉히고 어지럽히네.	汨亂精魂
마음으로써 움직임을 그치면	將心止動
그칠수록 더욱 날뛴다네.	轉止轉奔

Thinking brings unclarity,
Sinking and confusing the spirit.
Use mind to stop activity

And it becomes even more erratic.

만법은 없는 곳이 없으나	萬法無所	
오직 하나의 문이 있으니	唯有一門	
들어가지도 않고 나오지도 않으며	不入不出	
고요하지도 않고 시끄럽지도 않네.	非靜非喧	

The ten thousand dharmas are everywhere,
Yet there is only one door.
Neither entering nor leaving,
Neither quiet nor noisy.

성문과 연각의 지혜는	聲聞緣覺	11장
그것을 설명할 수 없네.	智不能論	
실제로는 한 물건도 없고	實無一物	
오묘한 지혜만이 존재한다네.	妙智獨存	

The wisdom of sravakas and pratyekabuddhas
Cannot explain it.
Actually there is not a single thing;
Only wonderful wisdom exists.

본래면목은 무한하여	本際虛沖
마음으로 헤아릴 수 없네.	非心所窮
바른 깨달음은 깨달음이 없고	正覺無覺
참된 공은 공하지 않네.	眞空不空

The original face is limitless;

It cannot be probed by mind.
True enlightenment is no enlightenment.
Real emptiness is not empty.

과거, 현재, 미래의 모든 부처님은	三世諸佛
모두 이 근본 원리에 의거하니	皆乘此宗
이 근본 원리의 털끝 하나도	此宗毫末
항하사같이 무수한 세계를 포함하네.	沙界含容

All buddhas of the past, present and future
All ride on this basic principle.
The tip of a hair of this basic principle
Contains worlds numerous as the Ganges sands.

12장

일체를 돌아보지 말고	一切莫顧
마음을 어디에도 두지 말라.	安心無處
마음을 어디에도 두지 않으면	無處安心
무한한 밝음이 스스로 드러나리라.	虛明自露

Do not concern yourself with anything;
Fix the mind nowhere.
Fixing the mind nowhere,
Limitless brightness shows itself.

고요하여 일어나지 않으니	寂靜不生
무한한 시공 속에 자유롭게 놓아두네.	放曠縱橫
무엇을 하든 아무 걸림이 없고	所作無滯

가고 머무름이 모두 평등하네.　　　　　　去住皆平
Tranquil and non-arising,
Set free in boundless time and space.
Whatever it does, there is no obstruction.
Going and staying are equal.

지혜의 해가 고요하고　　　　　　　　　慧日寂寂
선정의 빛이 밝다네.　　　　　　　　　　定光明明
형상 없는 정원을 비추고　　　　　　　　照無相苑
열반의 도시에서 빛난다네.　　　　　　　朗涅槃城
The sun of wisdom is tranquil.
The light of samadhi is bright.
Illuminating the garden of no forms,
Shining on the city of nirvana.

모든 인연을 잊어버리고 나면　　　　　　諸緣忘畢
정신이 이해되고 본체 안에서 안정되네.　詮神定質
법의 자리에서 일어남이 없이　　　　　　不起法座
텅 빈 방에서 편안히 잠을 자네.　　　　　安眠虛室
After all relationships are forgotten,
Spirit is understood and settled in substance.
Not rising from the Dharma seat,
Sleeping peacefully in a vacant room.

도를 즐기면서 편안하고　　　　　　　　樂道恬然

마음의 노래[心銘]

마음대로 노닐면서 진실하다네.　　　　優遊眞實
함이 없고 얻음도 없어　　　　　　　　無爲無得
무엇에도 의지함 없이 저절로 나온다네.　依無自出

Taking pleasure in Dao is calming,

Wandering free and easy in reality.

No action and nothing to attain,

Relying on nothing, manifesting naturally.

4무량심과 6바라밀은　　　　　　　　　四等六度
모두 일승의 한 길 위에 있으니　　　　同一乘路
마음이 일어나지 않으면　　　　　　　心若不生
법들이 서로 다른 바가 없으리.　　　　法無差互

The four unlimited minds and the six paramitas

Are all on the path of one vehicle.

If mind is not born,

Dharmas will not differ from one another.

일어나도 일어남이 없음을 알면　　　　知生無生
영원한 실재가 현전하네.　　　　　　　現前常住
지혜로운 이들을 알겠거니와　　　　　智者方知
말로는 깨달음을 설명하지 못한다네.　　非言詮悟

Knowing arising is non-arising,

Eternity appears now.

Only the wise understand,

No words can explain enlightenment.

제1차 선칠

마음의 성품은 일어나지 않음이다

1.1 생각은 허망한 것이다

마음의 성품은 일어나지 않음이니	心性不生
지견이 무슨 소용 있으리오?	何須知見

법융선사가 첫머리에서 요지를 밝혀 말하기를 "마음의 성품은 일어나지 않음"이라고 했습니다. 이것은 바로 부처님이 가르치신 것인데, 모든 생각은 허망하다는 것입니다. 선칠禪七*에 참가한 사람들은 종종 혼침昏沈(졸음)과 산란심散亂心(어지럽게 흩어지는 마음)에 신경을 씁니다. 그러나 이런 생각들은 오고 갑니다. 원래 마음 속에 있는 것이 아니고, 항구히 존재하는 것도 아닙니다. 그래서 우리는 그것을 망념妄念이라고 합니다. 왜냐하면 불교는 모든 일시적 현상을 허망한 것으로 간주하기

---

* [역주] 7일 단위로 하는 대중적인 참선 노력. 중국 선불교에서 많이 행하는 방식이며, 이 선칠을 몇 주에 걸쳐서 계속하기도 한다. 재가자인 선칠 참가자들은 미리 신청서를 제출하여 허가를 받고 일정한 참가비를 내야 한다.

때문입니다. 만약 산란심이 허망한 것이 아니라면 그것은 항구히 존재할 것이고, 결코 변하지도 않을 것입니다. 만일 혼침이 일시적 현상이 아니라면 여러분은 계속 혼침에 빠져 있겠지요. 실은 마음이 집중되어 있을 때는 산란이 사라지고 마음이 깨어 있을 때는 혼침이 없어집니다. 따라서 혼침과 산란심은 둘 다 허망한 것입니다. 좌선[打坐]도 하나의 환이지만 우리는 그것을 이용하여 허망한 마음[妄心]이 일어나지 않도록 합니다.

선칠에 들어와서 깨달음을 얻고 부처 마음[佛心](buddha-mind)*을 체험하기를 바라는 것은 자기기만입니다. 실로 마음 같은 것은 없기 때문에, 부처 마음 같은 것도 없습니다. 망념을 제거하고 난 뒤의 자성自性(self-nature) 또한 허망한 것이고, 따라서 수행을 하면서 부처 마음으로 허망한 마음을 대체하겠다고 생각하는 것은 잘못된 것입니다.

이것은 여러분이 한 가지 허망한 것으로 다른 한 가지 허망한 것을 대체하면서 줄곧 이번 생을 보내게 될 거라는 뜻입니까? 『반야심경』에서 이렇게 말합니다.

"색色은 공空과 다르지 않고 공은 색과 다르지 않으니, 색이 곧 공이요 공이 곧 색이다(色不異空 空不異色 色卽是空 空卽是色)".

색(형상)이 사라지면 이야기할 만한 공도 없습니다. 허망한 마음이 사라지면 참마음[眞心]도 사라집니다. 허망한 마음이 움직이지 않을 때는 참마음도 존재하지 않습니다. 우리는 깨달음을 바라기 때문에 부지런히 노력하지만, 수행할 때는 그런 생각을 염두에 두면 안 됩니다. 설사 우리가 깨닫는다 하더라도 무엇을 얻었다고 생각해서는 안 됩니다.

수행하기 전에는 사람들이 자신의 허망한 마음을 알지 못하고, 자신

---

* [역주] 부처의 깨달은 마음. 자신의 참된 성품에 안주한 상태.

이 체험하는 모든 것이 진짜라고 생각합니다. 수행을 시작하고 나면 마음이 허망하다는 것을 알게 됩니다. 그러다가 결국 깨달음을 체험하면 자신들이 참마음으로써 허망한 마음을 대체했다고 생각할지 모릅니다. 그러나 「심명」은 이런 관념을 부정합니다. 만약 마음의 성품이 '일어나지 않음'이라면, 허망한 마음도 참마음도 모두 존재하지 않습니다. 임제 선사[臨濟禪師](?-867)가 말하기를, 부처를 구하는 마음은 윤회의 마음[輪廻之心]이라고 했습니다. 여러분은 수행하기 위해 여기 왔고, 그것으로 족합니다. 그 이상으로 어떤 것을 추구하지 마십시오.

"지견이 무슨 소용 있으리오?"라는 것은 지식을 갈구하지 말아야 한다는 뜻입니다. 여러분은 수행이 어렵다고 생각할지 모르지만 실은 쉬운 것입니다. 그냥 여러분의 지식과 견해[知見]를—번뇌의 원천을—내려놓으십시오. 그러면 허망한 마음은 사라질 것입니다. 산란심은 빙산의 일각에 지나지 않습니다. 숨겨진 부분은 여러분이 태어나서부터 축적해 온 모든 지식과 견해들입니다. 수행을 시작하는 방법은 먼저 여러분의 산란심을 안정시키는 것입니다.

1.2 꿈에서 깨어나는 것과 같다

본래 한 법도 없거늘	本無一法
어찌 가르침과 수련을 논하리오?	誰論熏鍊

여기 있는 한 선칠 참여자는 두 가지 문제를 가지고 있습니다. 뭔가를 붙들고 싶은데 그럴 수 없고, 자신의 자아(ego)를 없애고 싶은데 그러지 못합니다. 그가 자신과 싸우고 있을 때는 오히려 자기 자신에게 더

많은 문제를 야기하고, 자아를 없애려고 할 때는 그것을 더 완고하게 만들고 있습니다. 어느 한 사람만 그런 것이 아니고 누구나 수행을 하다 보면 문제에 봉착합니다. 어쨌든 아무 문제가 없다면 여러분은 벌써 깨달았겠지요.

법융선사는 말합니다. "본래 한 법도 없거늘 어찌 가르침과 수련을 논하리오?" 여기서 '법法(dharma)'은 불법佛法(Buddha-dharma)을 포함한 모든 현상을 나타냅니다. 수행 도중 일어나는 문제들에 대한 해결책을 찾는 사람들에게는 이런 법문이 당혹스러울지도 모릅니다. 결국 어떤 법도 없고 어떤 불법도 없다면 무엇이 여러분의 수행을 인도하겠습니까? 선 수행을 오래 한 사람조차도 그런 게 다 무슨 소용 있느냐고 회의합니다. 이것은 그릇된 태도입니다. 수행이 소용 있든 없든 걱정하지 말고 수행 그 자체에만 집중하십시오. 아무 다른 생각이 없어야 하고, 특히 깨달음에 대한 생각이 없어야 합니다. 수행은 하나의 꿈과 같습니다. 꿈 속에서 여러분은 천천히 걷거나 빨리 걷고, 가까이 가거나 멀어질 수도 있지만, 깨어나면 결코 그런 일이 참으로 일어나지는 않았다는 것을 깨닫습니다. 꿈 속에서 얼마나 빨리 걷고 얼마나 천천히 걷느냐는 깨어나는 것과 아무 상관이 없습니다. 수행하는 것은 깨닫기 위해서가 아닙니다.* 그러나 깨달음이 일어날 때 그것은 마치 꿈에서 깨어나는 것과 같습니다.

---

* [역주] 이 말은 수행 그 자체가 깨달음을 낳는 것은 아니라는 뜻이다. 수행은 깨달음의 장애들을 제거하는 과정일 뿐이다. 한편 성엄 스님이 이 책의 다른 곳에서 "수행을 위해 수행하라"든가 "깨달은 자의 관점에서는 깨달음이란 없다"고 하는 점을 고려하면, 수행 시에는 깨달음에 대한 일체의 관념을 놓아 버려야 한다는 취지로 이해할 수도 있다.

수행은 삶 자체이다

오고감은 시작이 없어 　　　　　　往返無端
찾아보려 해도 보이지 않네. 　　　追尋不見

  여러분은 고기 한 덩이를 막대기 끝에 묶은 다음 그 막대기를 개의 등에 붙여 고기가 개의 얼굴 앞에서 대롱거리게 할 수 있습니다. 그러면 개가 아무리 쫓아가도 고기를 얻지 못합니다. 좌선하면서 결과를 얻으려고 하는 것도 이와 같습니다. 여기 다른 비유를 하나 들겠습니다. 여러분이 어디로 걸어가든 여러분의 그림자가 거기까지 따라옵니다. 어차피 그림자를 떨쳐 버릴 수 없다면, 왜 그림자를 싫어합니까? 번뇌를 떨치려고 하는 것도 마찬가지입니다. 또 하나의 비유를 들겠습니다. 애완동물을 가진 사람은 쳇바퀴를 돌려 그 동물이 바쁘게 달리도록 하는 경우가 종종 있는데, 애완동물이 빨리 달리면 달릴수록 쳇바퀴도 더 빨리 돕니다. 그러나 애완동물은 쳇바퀴를 결코 벗어나지 않고, 쳇바퀴도 그 자리에 있지 어디로 가지 않습니다. 조급해 하고 기대하는 마음으로 수행할 때 여러분이 도달하는 곳이 바로 거기입니다. 어디도 못 간 것입니다. 죽음과 번뇌를 떨쳐 버리려고 할 때도 같은 비유가 적용됩니다. 도망가려고 하는 것은 누구입니까? 그것은 자아이지만, 자아 자체가 바로 번뇌라면 자아가 어떻게 번뇌를 떨칠 수 있겠습니까?

  어떤 사람은 동쪽에서 서쪽을 향해 그것을 서쪽이라고 하고, 어떤 사람은 서쪽에서 동쪽을 향해 그것을 동쪽이라고 합니다. 그들은 같은 것을 봅니다. 그런데도 상대적입니다. 궁극적인 동쪽이나 서쪽은 없습니다. 만일 여러분이 서쪽의 근원을 찾으려고 서쪽으로 달려가면 영원히 달려가게 될 것입니다. 깨달음을 명확히 집어내려고 하는 것도 서쪽이나 동쪽의 근원을 찾으려고 하는 것과 같습니다. '여러분'이 깨닫고 싶어 하고, '여러분'이 자신의 참된 성품[眞性]을 보고 싶어 하고, '여러분'이 번뇌를 떨치고 싶어 합니다. 만약 놓아 버리지 못하는 사람이 바로 '여러분'이라면 어떻게 '여러분'이 깨달을 수 있겠습니까?

어떤 사람들은 불보살님에게서 수행을 위한 은총이나 힘을 기대합니다. 어떤 사람들은 자신이 배운 것으로 남들을 돕기 위해 수행하고 싶어 합니다. 또 어떤 사람들은—이것이 가장 좋은 방식이지만—수행을 그냥 자신의 삶 전체로 봅니다. (그들에게는) 수행 외에는 아무것도 없고, 삶 그 자체가 바로 수행이 됩니다. 그들은 어떤 일을 하려고 들지는 않지만, 그런데도 모든 일이 이루어집니다. 그리고 다른 사람이 물어 보면 자기는 아무 일도 한 것이 없다고 말할 것입니다. 우리는 이런 부류의 수행자가 되기를 원해야 합니다. 이것이 바로 법융선사가 이야기하는 것입니다.

어떤 이들은 뭔가를 얻기 위해 수행하고, 어떤 이들은 보리심[즉, 깨달음의 마음]이 현전現前하게 하여 보살이 되어 중생들을 돕겠다고 결심합니다. 법융선사는 우리가 한 걸음 더 나아가, 수행할 때는 아무것도 구함이 없기를 바라고 있습니다.

❀ 무엇이 진정한 해탈인가?

| 아무것도 할 필요가 없으니 | 一切莫作 |
| 밝고 고요하여 저절로 드러나네. | 明寂自現 |

중생의 관점에서는 부처가 존재하지만 부처에게는 오히려 자신이 부처라는 관념이 없습니다. 만약 부처가 자신이 중생을 돕고 있다고 생각

한다면 그는 부처일 수가 없습니다. 임제선사가 말했듯이, 깨달은 조사祖師가 되려고 하는 것은 윤회의 업이라고 했습니다. 그것은 자아의 산물인 것입니다.

수행에서 뭔가를 얻은 사람들이 종종 저에게 이렇게 말합니다. "저에게 이렇게 많은 것을 주셔서 고맙습니다. 저는 아주 많은 이익을 얻었습니다." 하지만 제가 바라는 것은, 여러분이 수행을 빌어 자기가 가진 일체를 떨쳐 버리고 아무것도 갖지 않은 상태로 돌아가는 것입니다. 여러분이 얻는 것이 많으면 많을수록 문제도 더 많아질 것입니다. 여러분이 여기서 들은 모든 말과 여기서 겪은 모든 것을 가지고 집으로 돌아간다면, 그것은 문제를 한 아름 안고 돌아가는 일이 될 것입니다. 지금 이 순간 제가 하는 말에 귀를 기울이는 것은 유용하지만 이런 이야기는 오직 지금 이 순간을 위한 것입니다. 그것을 계속 생각하거나 붙들고 있을 필요는 없습니다.

좌선할 때는 시작하면서부터 자신을 고립시키십시오. 먼저 자신을 일상생활과 일상에서 신경 쓰는 일로부터 고립시키십시오. 그 다음으로 주위의 사람과 사물들로부터 고립시키십시오. 세 번째로, 앞생각[前念]과 뒷생각[後念]으로부터 자신을 고립시키고 현재의 순간에 머무르십시오. 그 외에는 달리 할 일이 없습니다. 왜냐하면 이어지는 한 생각에 끄달리지 않게 되면 어떤 것도 추구하지 않을 테니 말입니다.

전해오는 이야기로, 어느 노선사老禪師가 세상을 떠나려고 하고 있었습니다. 그의 공덕이 워낙 커서 모든 천계天界가 문을 열고 그를 환영하고 있었습니다. 그는 불보살들을 만날 수도 있었지만, 만일 자신이 천당으로 간다면 그것은 자아가 그곳으로 가는 것일 뿐이라는 것을 알았습니다. 그래서 그는 어디로도 가지 않고 어디서도 떠나지 않기로 결정했습니다.

바로 그때 저승사자 하나가 나타나더니 말했습니다. "염라대왕이 나에게 분부하기를, 당신을 데려오라고 했소."

노화상이 말했습니다. "나는 결코 여기에 없소. 당신이 원한다면 얼마든지 나를 잡아가 보구려."

진정한 해탈은 해탈하기를 원한다고 해서 오는 것이 아닙니다. 진정한 해탈 안에서는 어떤 것도 갈구하지 않고 어떤 것도 버리지 않으며, 어디로도 가지 않고 어디도 피하지 않습니다. 그 의미는 경계境界(안팎의 환경)에 끄달리지 않고, 좋아함과 싫어함이 없다는 것입니다.

1.3. 과거에 집착하기

과거는 허공과 같아	前際如空
무엇을 알았다 하면 근본 이치를 잃네.	知處迷宗

축적된 경험과 지식과 견해가 없다면 어떤 허망한 마음도 없을 것입니다. 만일 여러분이 태어날 때 받은 이름을 모른다면, 오늘날 자기 이름을 모르겠지요. 자신을 과거와 단절시키면 어떤 허망한 생각도 없을 것입니다. 사실 지금 이 순간 허망한 생각[妄念]이 없기 때문에 미래에도 어떠한 생각도 없을 것입니다. 생각이 일어나는 것은 과거에 대한 집착과 미래에 대한 기대 때문인데, 우리는 이런 생각들을 죽 이어서 비교하고 판단합니다. 저는 여러분이 오늘 좌복[蒲團] 위에 앉아 있는 동안 모두 마음 속에 어떤 생각이 있었을 거라고 믿습니다. 어떤 생각은 미래에 대한 것이고, 여러분의 직업, 계획, 가정, 친구 등에 대한 것이었겠지요. 이런 모든 생각은 과거에서 옵니다. 만약 제가 여러분이 생각

을 가지고 있는 것을 질책하면 여러분은 속상하거나 화가 나거나 아니면 즐거울지 모릅니다. 가령 여러분이 즐거움을 느낀다고 하면, 이러한 즐거움도 과거의 경험에서 옵니다. 여러분은 여기서 저에게서 무엇을 얻을 수 있을지 알고 있고, 저의 지도를 받는 것도 즐겁기 때문입니다.

「심명」에서 말합니다. "과거는 허공과 같다." 여러분의 지나간 한 생각은 더 이상 존재하지 않고, 그 이전 생각도 존재하지 않으며, 이전 이전 것들도 마찬가지입니다. 과거 안에는 아무것도 존재하지 않고, 이미 지나갔습니다. 만일 과거가 계속 존재한다면 흥미롭지 않겠습니까? 차 한 대가 거리를 달려가는데 과거가 계속 존재한다면, 그 차는 한 지점에서 다른 지점으로 가는 대신 어떤 연속적인 실체를 형성하면서 거리를 다 막아 버리겠지요. 만약 과거가 존재한다면 우리가 빠른 경행(fast-walking meditation)을 어떻게 할 수 있겠습니까? 그러나 과거가 존재하지 않음에도 불구하고 우리는 과거에 대한 생각을 멈추지 못하는 것 같습니다. 과거의 행과 불행, 성공과 실패는 실재하지 않는데도 우리는 여전히 거기에 집착합니다.

엊그제 다른 사람과 한 말다툼은 이미 지나갔고 이미 과거지사가 되었는데, 왜 아직도 그것을 붙들고 있습니까? 과거는 허공과 같다는 원리를 이해할 수 있으면, 1초간의 수행으로도 (이 선칠에서) 성공할 수 있고 어떤 망념도 가로막지 않을 것입니다.

오늘 어떤 사람이 저에게 이렇게 말했습니다. "만약 움직이지 않는 마음이 불성佛性이라면, 저는 그냥 제 마음에게 움직이지 말라고 말하겠습니다." 불행히도 여러분이 자기 마음에게 움직이지 말라고 말할 때 여러분은 그 마음을 움직이고 있습니다. 만일 여러분의 마음이 움직이지 않는다고 말한다면, 그 생각을 하는 것은 누구입니까? 그런 것을 느끼고 생각하는 그 마음이 이미 움직였습니다. 움직이지 않는 마음을 갖기는 어렵습니다. 왜냐하면 우리는 너무나 많은 과거를 짊어지고 다니기 때문입니다. 지적으로는 과거가 허망하다는 데 동의할지 모르지만, 오히려 그것을 꼭 붙들고 있습니다. 우리는 우리의 과거, 우리의 생각, 우리의 마음이 허망한 것이라는 것을 결코 완전히 확신하지 않고 있습니다. 그 때문에 우리는 수행 방법을 사용합니다. 하나의 망념으로 다른 망념들을 대체하기 위해서 말입니다.

『금강경』에 이런 구절이 있습니다. "마음이 어디에도 머무르지 않아야 한다(心無所住)." 바꾸어 말해서 마음이 어떤 것에도 집착하지 않아야 한다는 것입니다. 이것이 바로 지혜입니다. 「심명」의 두 번째 구절에서는 "무엇을 알았다 하면 근본 이치를 잃네."라고 합니다. 만일 마음이 어떤 것에 머무른다면 그것은 허망한 것이고, 집착이고, 번뇌일 것입니다. 돈, 일, 혹은 사랑하는 사람들에 대한 그런 생각은 번뇌이지만, 깨달음, 지혜, 혹은 성불에 대한 생각도 마찬가지입니다.

어떤 사람이 선칠에 참여하는 일로 저를 찾아왔습니다. 그녀가 말했습니다. "저는 나이가 너무 많습니다. 저에게 시간이 얼마나 남았는지 알 수 없고, 그래서 서둘러 깨닫고 싶습니다."

저는 그녀에게 좌선하는 법을 아느냐고 물었습니다.

그녀가 말했습니다. "예, 그러나 제가 깨달을 수 있도록 도와줄 수 있는 스승을 찾고 싶습니다."

제가 대답했지요. "사람들이 여기 오면 저는 그들에게 깨달음에 대해서는 생각하지 말라고 말합니다. 그래도 오고 싶습니까?"

그녀가 대답했습니다. "여기에 깨달음이 없다면 저는 선칠에 참여하지 않겠습니다. 하지만 그럴 리가 없습니다. 당신께서는 책에서 깨달음이라는 것이 있다고 말씀하시니까요."

"맞습니다. 그러나 저는 사람들에게 깨달으라고 말하지는 않습니다."

그 여사女士*는 제 말이 이상하다고 생각했지만 실은 조금도 이상한 말이 아닙니다. 만일 여러분이 무엇을 추구한다면 그 자체가 번뇌입니다. 깨달음을 추구하는 것이 바로 번뇌입니다. 집착이 있는 곳에는 번뇌도 있습니다.

만일 여러분이 바다에 빠진다면 물론 살기 위해 뭔가를 붙들고 싶겠지요. 이렇게 생각해도 됩니다. 주위가 온통 망망대해인데, 여러분은 거기서 벗어나고 싶습니다. 그래서 필사적으로 무엇을 찾아서 붙듭니다. 여러분이 붙들 자아가 있는 한 해탈하지 못합니다. 자아를 놓아버린다면 그것이 바로 해탈입니다. 만약 여러분이 뱃전에서 떨어졌는데 마음속으로 '잘 됐다. 나는 이제 저 작은 배에서 벗어났다'고 생각한다면, 아무것도 붙들려고 하지 않겠지요. 그 반대로 여러분은 바다에 떨어지면 '이제 나는 죽었다'고 생각할지 모릅니다. 그것은 해탈이 아니고 죽음입니다. 집착이 없는 사람이라야 참으로 깨닫습니다. 집착이 없을 때는 전도顚倒**도 없고 두려움도 없습니다.

깨달은 마음 안에는 무엇이 있는가?

| 분명하게 경계[境]를 비추건만 | 分明照境 |
| 비추면서도 흐릿해지네. | 隨照冥蒙 |

이 두 구절에서는 마음이 시간이나 공간 안에 존재하지 않는다고 말합니다. 여기서 말하는 것은, 깨달은 마음도 분명 작용하기는 하지만

---

* [역주] 중국에서 숙녀나 부인을 지칭하는 말.
** [역주] '전도'는 자아와 세계가 실재한다는 생각, 이른바 전도망상顚倒妄想을 말한다. 영문판에는 '혐오'(aversion)로 되어 있으나 중문판에는 '전도'로 되어 있다.

그 안에는 실재하거나 실체가 있는 것이 아무것도 없어 우리가 무엇을 지적할 수가 없다는 것입니다. 깨달은 사람도 여전히 중생을 도우려고 하거나 그럴 서원을 세웁니다. 중생은 마음의 존재를 지각하지만, 깨달은 사람은 마음이 없습니다. 그럼에도 여전히 작용을 발휘한다—그뿐입니다.

한번은 제가 강연하는 도중에 어떤 사람이, 깨달은 분들도 화를 내느냐고 물었습니다.

"예." 제가 대답했습니다.

"그건 이상하군요. 그런 분들은 어떤 번뇌도 없어야 합니다."

제가 말했습니다. "보통 사람들이 내는 화는 내면에서 나오지만, 깨달은 사람들이 화를 내는 것은 다른 사람들이 그들을 화나게 하기 때문입니다."

그 사람이 물었습니다. "다른 사람들이 어떻게 그들을 화나게 할 수 있습니까? 그들은 마음이 움직이지 않고, 다른 사람들에 의해 영향을 받지도 않아야 합니다."

제가 대답했습니다. "깨달은 사람들은 순전히 상황을 반영할 뿐입니다. 만일 다른 사람들이 존재한다면 깨달은 사람은 그들의 존재를 반영하겠지만, 깨달은 사람 자신의 내면에는 아무것도 없습니다."

보통 사람들은 화를 내면 그것을 잊지 못합니다. 그러나 깨달은 사람들에게는 그 원인이 사라지는 순간 그 분노도 사라지고, 마음속에 아무것도 남지 않습니다. 천둥 폭우가 지나간 뒤에 해가 나오면 만물이 다시 아름답습니다. 그 뇌우는 사라졌습니다. 남은 것은 화창한 날씨입니다. 만약 날씨가 갠 뒤에도 여전히 비가 오고 천둥이 친다면 이상하겠지요.

대만의 어느 목사님은 대학 총장입니다. 그분의 어느 학생이 말하기를, 이 목사님이 화를 내면 나중에는 마치 아무 일도 없었던 것 같다고 했습니다. 아마 그는 성직자이기 때문에 단지 남들을 위해서 언쟁을 벌이는 것이겠지요. 자기와는 아무 상관이 없는데 화가 오래갈 이유가 어디 있습니까? 이런 기술을 배양할 수 있으면 좋겠지만 우리의 집착 때문에 그것은 매우 어렵습니다. 우리가 사랑하는 사람들과 다툴 때는 (화낸 것을) 잊어버리기가 어렵습니다. 왜냐하면 그들이 우리의 일부이기 때문입니다. 누군가가 여러분의 돈을 집어가면 여러분은 그것을 잊어버리지 못합니다. 그 돈이 자기 것이라고 생각하니까요.

만약 마음이 시간과 공간 안에 존재하지 않으면 그런 마음 안에는 아무 일도 없습니다. 마음속에서 일어나는 어떤 일도 내려놓을 수 있고, 그래서 아무 일도 남지 않습니다. 이제 선칠도 벌써 반이 지났습니다. 아직도 내려놓지 못하는 것이 있습니까? 여러분은 이렇게 말할지 모릅니다. "저는 좌선을 잘하고 있고, 느낌도 좋습니다. 잠시 다른 것을 생각해도 별 상관 없을 것 같은데요." 이렇게 생각하기가 무섭게 상황은 완전히 달라집니다. 수식數息*을 하는데도 잘 세어지지 않고, 그러면 이렇게 생각합니다. '나는 지금 제대로 못하고 있다.' 이런 생각들이 일어나는 것은 여러분의 마음이 과거에 집착하여 좋은가 나쁜가를 생각하기 때문입니다.

저는 과거를 던져 버리라고 이야기해 왔지만, 현재도 던져 버려야 합니다. 그러나 과거와 현재를 던져 버린다는 것은 마음이 공백 상태가 된다는 의미는 아닙니다. 여전히 상황을 지각하지만 마음은 맑고 집착이 없습니다.

---

* [역주] 마음속으로 자신의 호흡을 세는 수행법. 하나부터 열까지 반복적으로 세는 것을 기본으로 하고, 그 이상 많은 수를 세기도 한다. 이와 비슷한 것으로, 자신의 호흡을 계속 주시하는 수식隨息이 있다.

1.4 일심은 여전히 자아에 집착한다

일심에 걸림이 있으면　　　　　一心有滯
모든 법에서 막히네.　　　　　　諸法不通

여러분이 선칠에 들어온 것은 좌선을 통해 자신의 수행을 향상시키고 자기 마음을 맑히겠다는 바람에서입니다. 만일 여러분이 더 큰 기대를 가지고 있었다면, 제가 좌선과 깨달음은 무관하다고 말할 때 맥이 빠지는 느낌이었을 것입니다. 여러분 가운데 어떤 사람은 만약 좌선이 깨달음을 가져다주지 않는다면 그것은 해서 뭐 하느냐는 의문이 들었습니다. 그 답은, 좌선은 깨달음을 가져다주지 않지만 만약 좌선을 하지 않으면 여러분이 결코 깨닫지 못할 거라는 것입니다. 분명 어떤 사람들은 수행을 하지 않고도 깨달을 수 있지만, 그런 사람은 극히 드뭅니다. 이것이 '지혜를 통한 해탈[慧解脫]'이라는 것입니다. 석가모니 부처님의 첫 제자들은 부처님이 사성제四聖諦*를 설하시는 것을 듣고 해탈했습니다. 불경에서 말하기를, 어떤 사람들은 부처님의 말씀 몇 마디만 듣고 깨달았다고 합니다.

깨닫는 것이 좌선에 의존하지 않기는 하지만, 마음을 가라앉히는 데는 좌선이 여전히 유용합니다. 이것은 보통 우리의 마음이 워낙 산란해서 깨달음이 불가능하기 때문입니다. 만약 마음이 산란하지 않다면 어떨까요? 여러분 중의 한 사람이 저에게 말했듯이, 가끔 마음속에 아무 생각도 없으면 어떨까요? 자기에게 아무 생각도 없다는 것을 지각하는

---

* [역주] 부처님이 설한 네 가지 기본 진리. 곧, 1) 모든 존재의 삶은 고통의 연속이라는 것(苦), 2) 모든 고통의 원인은 집착이라는 것(執), 3) 그 집착이 끊어지는 경지가 있다는 것(滅), 4) 그 경지에 도달하려면 8가지 방법[8正道]을 따라야 한다는 것(道)이 그것이다.

그 자체가 하나의 생각입니다. 최소한 여전히 어떤 자아 관념이 있습니다. 감히 말씀드리지만, 여러분은 자기가 아무 생각이 없다고 생각할 때에도 어떤 생각을 가지고 있습니다. 다만 그것을 자각하지 못할 뿐입니다. 부처님이 말씀하시기를, 범부의 마음속에서는 1찰나 간에 64가지나 되는 생각이 오고 간다고 했습니다. 이런 생각들이 일어나는 것은 우리가 탐貪(욕심), 진瞋(성냄), 치癡(어리석음 혹은 무지) 삼독三毒의 영향을 받기 때문입니다. 삼독으로 인해 우리의 마음은 자기도 모르게 계속 움직입니다. 삼독을 초월해야만 마음이 활동을 멈출 수 있습니다.

이제 제가 이야기하려는 것은 앞서 한 말과 모순되는 것처럼 보일 수 있겠지만, 실은 법융선사의 말씀에 부합하는 것입니다. 설사 여러분의 마음이 잠시 멈춘다 하더라도—어떤 것 위에서 멈추든 관계없이—그것은 여전히 하나의 장애이고, 여러분은 이미 방향을 잃은 것입니다. 이러한 상태에서는 어떤 법(dharmas)도 이해할 수 없습니다. 내면적인 것이든 외부적인 것이든 어떤 것 위에서 멈춘 마음은 부동심이 아닙니다. 왜냐하면 그것은 그 어떤 것에 집착해 있기 때문입니다. 마음은 늘 외부의 사물이나 자아에 집착할 것입니다. 어느 경우든 모두 자아가 존재한다는 것을 전제합니다. 그러나 자아가 존재하는 한, 법은 이해할 수 없습니다.

외부적 현상과 내면적 망념에 마음이 머물러 있을 때 그것은 여전히 산란한 것이고, 여전히 '나', '너', '그것', 어떤 주체와 경계境界가 있습니다. 이런 다양한 현상 가운데서는 어떤 자아가 존재할 수밖에 없습니다. 그러나 마음이 그 위에서 머무를 대상이 하나도 없을 때, 즉 (깊은 정定에 들었을 때와 같이) 어떤 경계도 없고 자아에 상대적인 것이 아무것도 없을 때에도 자아의 느낌이 여전히 존재합니다. 이 역시 깨달음은 아닙니다.

만일 마음이 어떤 것 위에서 머물러 있다면 깨달음은 없습니다. 그러나 수행인, 특히 초학자들은 뭔가를 붙들어서 자기 마음을 집중할 필요가 있습니다. 그래서 우리가 어떤 방법(수행법)을 갖는 것입니다. 마음이 집착할 어떤 대상을 가짐으로써 마음을 한 점으로 집중하는 것이지요. 이것은 여전히 집착이지만 수행의 초기 단계에서는 필요한 것입니다.

저는 늘 다음과 같은 방식으로 수행의 단계들을 설명해 왔습니다. 처음 시작할 때는 산란심이고 아무 방법이 없습니다. 방법을 갖고 나면 우리가 마침내 어떤 집중심을 향해 노력할 수 있습니다. 열심히 굳은 결의로써 하게 되면 집중이 향상되어 아주 자연스럽게 되고, 일심一心(one-mind)의 선정(samadhi-삼매) 상태로 발전합니다. 그러나 선정 상태에서는 마음이 아직도 일심, 즉 자아 위에 머물러 있습니다. 우리는 일심을 넘어서서 무심無心(no-mind)에 도달해야 합니다. 이때는 마음이 참으로 어떤 것 위에서도 머무르지 않습니다. 이럴 때만 비로소 우리가 참으로 제법諸法에 상응할 수 있습니다.

❀ 부동심은 여전히 작용을 발휘한다

가고 옴이 이와 같다면	去來自爾
궁구할 필요가 어디 있으랴?	胡假推窮

마음이 어떤 것 위에서 머무른다고 말하는 것은 그것이 움직이지 않는다는 뜻이 아닙니다. 마음이 머무르는 것은 그것이 사물에 집착하기 때문이고, 마음이 사물에 집착하는 것은 그것이 움직이기 때문입니다. 마음이 움직이지 않으면 집착이 없고, 어떤 사물 위에서도 머무를 수 없습니다. 그러면 어떤 비평자들은 추측하기를, 그 움직이지 않는 마음

은 시체나 바위 혹은 나무토막과 같을 거라고 합니다. 실은 그렇지 않습니다. 제법諸法을 참으로 이해하는 사람도 여전히 '가고 오기(去來)'를 합니다. 우리는 두 가지 수준에서 '가고 옴'을 이해할 수 있습니다. 첫째 수준에서 말하자면, 깨달은 자의 마음속에서 생각, 감정, 판단, 말, 행동들이 가고 오는 것처럼 보일 수 있습니다. 그러나 이러한 가고 옴은 마음 밖에 있고, 내면은 고요합니다. 사실 이때는 아무 마음이 없고[無心] 중생과 현상들만 있습니다. 그들은 깨달은 사람과 아무 관계가 없지만, 깨달은 사람은 여전히 생각하고, 말하고, 중생들에 반응하여 자연적으로 행위합니다.

둘째 수준에서 말하자면, 분명히 가고 옴이 있지만 모두 마음 안에 있습니다.* 어차피 모든 가고 옴은 우리의 마음 안에 국한되기 때문에 사실 어떤 가고 옴도 없습니다. 예를 들어 말하면, 여러분이 동전을 왼손에서 오른손으로 옮겼다가 오른손에서 왼손으로 옮기면 그 동전은 여전히 여러분을 떠나지 않고 있습니다. 일체중생은 이 하나의 자아인데, 그것은 일체중생과 차이가 없습니다. 따라서 별개의 마음이라고 할 만한 것이 없습니다. 중생들은 움직이는 것처럼 보이지만 마음은 움직임이 없습니다. 마음이 움직이지 않기 때문에 일체중생은 실은 이 마음이고, 그렇다면 중생들은 움직이는 것이 아닙니다. 만약 만사 만물이 이미 사람의 마음 안에 있다면, 법융선사가 반문하듯이, 굳이 왜 궁구하며, 무엇을 참구參究(탐구)합니까?

그러나 우리는 여전히 화두話頭(huatous)를 참구하고 수식數息을 하여 마음을 가라앉히려고 합니다. 그 목적은 어디에 있습니까? 불성佛性

---

* [역주] 여기서 말하는 '마음'은 한 개별 존재의 마음이 아니라, 모든 중생의 마음을 포괄하는 일종의 보편적 의식을 가리킨다고 해석된다. 그 뒤에서 "일체중생은 이 하나의 자아"라고 한 것을 참고하라.

(buddha-nature)을 보기 위해서입니까? 그러나 불성은 본래 다 가지고 있는 것입니다. 우리가 그것을 보지 못하는 것은 우리에게 늘 존재하는 번뇌 때문입니다. 불교는 불성과 중생의 기원에 대해 잘 이야기하지 않는데, 그 이유는 어디 있습니까? 불교는 실용적인 것을 중시하여, 번뇌를 불식하여 불성이 현전現前하게 하는 것을 추구합니다. 이것은 도달하기 어렵지 않습니다. 마음이 사라져 보이지 않게 되면 불성은 자연히 출현하지만, 마음이 산란하고 번뇌를 일으킬 때도 불성은 여전히 존재합니다.

번뇌의 마음[煩惱心]은 움직이는 굽은 줄에, 불성은 정지해 있는 곧은 줄에 비유할 수 있습니다. 이 두 줄은 다르게 보일 수도 있지만, 만일 우리가 움직이는 줄의 양끝을 팽팽히 당겨 가만히 붙들고 있으면 그것은 멈추어 있는 곧은 줄이 됩니다. 그 줄이 부단히 움직이고 있을 때는 그것의 본래 성품[本性]을 분명하게 보기가 매우 어렵습니다. 정지해 있는 곧은 줄은 불성을 대표하고, 움직이는 굽은 줄은 번뇌를 대표한다고 말할 수 있겠지만, 두 줄 모두 성질은 동일합니다. 망심妄心과 불성은 결코 다르지 않습니다.

마음이 분별하기를 그칠 때 불성이 현전합니다. 이렇게 말하는 것도 여전히 사람을 오도할 수 있는데, 왜냐하면 그것은 마치 불성이 보통의 마음[凡心]과 다른 것처럼, 망심이 사라질 때까지는 불성이 숨어 있는 것처럼 보이게 하기 때문입니다. 망심이 이미 불성입니다. 따라서 망심의 본질에 대해 이야기해 봐야 의미가 없습니다. 그것은 시작이 없습니다. 왜냐하면 그것은 불성과 다르지 않기 때문입니다. 만약 미혹된 마음에 시작이 있다고 하면 불성에도 시작이 있어야겠지요.

오늘 어떤 분이 저에게 묻기를, 일체중생의 망념이 하나의 불성에 합일되느냐, 아니면 각 중생마다 하나의 독특한, 서로 다른 불성을 가지고 있느냐고 했습니다. 바꾸어 말해서 각 중생의 불성이 서로 다르냐는 것입니다. 태평양 물의 성품이 대서양 물의 성품과 다릅니까? 동쪽 바람의 성품이 서쪽 바람의 성품과 다릅니까? 실은 같은 물의 성품이고 같은 바람의 성품입니다.

불성은 나눌 수 있는 것도 아니고 고정된 것도 아닙니다. 그래서 우리는 모든 중생이 깨달은 자의 마음 안에서 오고 간다고 말할 수 있습니다. 깨달은 마음은 움직이지 않을 수 있지만, 그래도 그것은 활동합니다. 깨달은 마음은 여전히 작용을 발휘하지만, 망심보다 더 직접적이고 더 명료합니다. 깨달은 마음 안에서는 어떤 집착이나 분별도 찾아볼 수 없습니다. 생각들은 다른 사람들에 반응하여 자동적으로 일어나지만 그 깨달은 사람과는 아무 관계가 없습니다. 그들에게 얼마나 많은 중생을 도와주었느냐고 묻는 것은 아무 의미가 없습니다. 유일한 답변은, 인연에 따라 중생을 돕는다는 것이 되겠지요. 만일 어떤 개인의 인연이 성숙되었다면 도움을 받게 될 것입니다.

사람들은 부처님이 중생을 구제한다고 말합니다. 그러나 인연이 성숙되어 불법을 받아들일 만한 사람들만이 혜택을 볼 수 있습니다. 인연이 성숙되지 않은 사람들은 도움을 받을 수 없습니다. 아마 그들은 도움이 필요없거나, 과거에 도움을 받았거나, 아니면 미래에 적절한 인연을 만나겠지요. 예를 들어 말하면, 2백 년 전에는 서양에서 불법을 아는 사람이 거의 없었고, 그것을 받아들이려고 하는 사람은 더욱 적었습니다. 그러나 지난 50년 사이에 많은 서양인이 불법을 공부하고 수행하기 시작했고, 스승들도 이쪽으로 건너와 불법을 전파하게 되었습니다. 서양에서도 불법을 배우는 인연이 점점 성숙해 가고 있고, 보아하니 더 성숙해 갈 것 같습니다. 왜냐하면 서양인들이 불법을 갈구하고 있는 듯하기 때문입니다. 그들이 배우는 것이 중국선(Chan)이든 일본선(Zen)이든, 밀종密宗(티베트 불교)이든 남전불교佛南傳敎(상좌부 불교)든 다 좋습니다. 사람들의 기연機緣(무엇에 끌리는 인연)은 서로 다르지만, 이 모두 같은 불법입니다. 그것은 사람들이 필요로 하는 것을 공급하는 시장과 같습니다. 인연이 변하면 사람들의 불교에 대한 관심이 사라지지만 그것 역시 상관없습니다. 변화는 만물의 본성입니다. 만일 훗날 아무도 저의 가르침[敎法]에 관심을 갖지 않는다면 저는 일거리를 잃겠지만, 그것도 상관없습니다. 저는 좌선할 시간을 더 많이 가질 수 있겠지요.

수행의 목표는 마음속에 아무것도 갖지 않는 것[心無一物]입니다. 그럴 때라야 비로소 법에 상응[與法相應]하게 될 것입니다. 여러분이 마음속에 아직도 집착을 가지고 있는지 점검해 보십시오. 만약 마음속의 집착을 단박에 비워버릴 수 없다면, 방법을 써서 그것을 줄여나가야 합니다. 마음이라는 벽에 어떤 그림을 걸어 두어야 한다면 최소한 그것을 단순하게 유지하고, 너무 많은 그림을 걸어 두지 않도록 하십시오. 시간이 가면서 그 그림들이 갈수록 작아지고 갈수록 적어져서 단 한 폭의 그림, 즉 자아의 그림만 남기를 바라겠습니다. 그 단계에 이르고 나면 우리는 한 걸음 더 나아갈 수 있습니다.

1.5 자연히 일어나는 지혜

| 일어남[生]에 일어나는 자취가 없고 | 生無生相 |
| 일어남과 비춤이 동일하네. | 生照一同 |

『금강경』에서 말하기를, "마음이 어디에도 머무르지 않으면서 마음이 일어난다(應無所住 而生其心)"고 합니다. 사람들은 늘 이 구절을 오해하

여, 이른바 '마음'이라는 것이 있어 그것이 일어난다고 생각합니다. 법융선사는 바로 이러한 오류를 바로잡아, 깨달은 마음은 일어나기는 하지만 그것은 보통의 허망한 마음이 일어나는 것은 아니라고 합니다.

　진정한 불법은 말로 표현할 수 없기 때문에 그것을 해석하려 들면 문제가 생깁니다. 그래서 선사들은 종종 "일어남에 일어나는 자취가 없고"처럼 현묘한 설법을 합니다. 사람들은 이런 말을 듣거나 읽으면, 일어나는 자취가 없으면 마음이 없다고 생각할지 모릅니다. 이런 오류를 바로잡기 위해 법융선사는 말합니다. "일어남과 비춤이 동일하다"고.

　일어남이 없다면 비춤이 어떻게 있을 수 있겠습니까? 법융선사가 이야기하는 것은 깨달은 마음이라는 것을 기억하십시오. 깨달은 마음에서 일어나는 것은 중생들에 자연히 반응하는 지혜입니다. '마음'은 보통 '자아'와 함께 연상되기 때문에, 우리는 이 자연적인 반응을 (마음이라고 하지 않고) '비춤,' 곧 깨달은 상태라고 부릅니다.

질문 : 비춤을 받을 중생이 아무도 없다고 해도 그것은 여전히 존재합니까?

답변 : 중생이 없으면 비춤을 이야기할 것도 없습니다. 비춤은 다른 사람들과의 관계 속에서만 존재합니다. 다른 사람들의 욕구가 깨달은 존재들의 비추는 반응을 만납니다. 중생이 없다면 부처님의 지혜도 필요가 없습니다. 만약 어떤 물건을 사용하지 않으면 그 기능은 드러나지 않습니다. 성냥을 켜지 않으면, 불을 일으키는 그것의 기능은 보이지 않습니다. 어떤 그림을 아예 아무도 보지 않는다면 그것이 그림입니까? 아니지요. 그것은 그냥 하나의 물건일 뿐입니다.

질문 : 바꾸어 말해서, 다른 중생들과의 상호관계를 통해서가 아니면 그 어떤 것도 고유한 가치가 없는 거로군요. 그래서 우리가 하나의 그

림을 예로 들면, 그것이 가질 수 있는 유일한 상호관계는 사람들이 그것을 바라볼 수 있고 그것을 하나의 그림으로 취급할 수 있다는 것입니다. 만약 아무도 그것을 보지 않으면 그 물건은 그림으로서는 존재하지 않습니다.

답변 : 아까 제가 굽은 줄과 곧은 줄의 이야기를 했습니다. 굽은 줄은 번뇌를, 곧은 줄은 불성을 나타냅니다. 굽은 줄의 양 끝을 팽팽히 당기면 그것이 곧게 됩니다. 두 줄은 굽거나 곧을 수 있는 같은 잠재력을 가지고 있습니다. 마음에 번뇌가 없으면 그것은 불성과 같습니다. 오늘 어떤 분이 소참小參(interview-개인 면담) 도중에 저에게 물었습니다. "그럴 경우에 만약 제가 앉아서 일심에 도달하면 제 마음은 움직이지 않습니다. 그것은 곧은 줄과 같지 않습니까? 그것은 일심이 무심과 동일하다는 것을 뜻하지 않습니까?"

이것은 중대한 오류이며, 다시금 지성과 언어에 의존하는 위험성을 말해줍니다. 번뇌심은 움직이는 마음인데, 저는 그것을 굽은 줄에 비유했습니다. 번뇌가 없으면 마음도 없습니다. 그러나 그 비유를 더 정확하고 완벽하게 하려면, 무심일 때는 줄도 사라진다고 해야겠지요.

일심은 무심과 다릅니다. 우선, 일심에는 다시 많은 수준이 있지만 가장 높은 수준이라 하더라도 여전히 자아가 존재합니다. 우리가 줄의 비유를 사용한다면, 일심은 곧은 줄로 보이겠지만 자세히 분석해 보면 그 안에 아주 미세한 파동들이 있다는 것을 발견할 것입니다. 일심은 여전히 번뇌와 집착을 가지고 있습니다.

질문 : 그러니까 '무심'은 자아가 없는 마음을 뜻하는군요?

답변 : 혼동을 피하려면, 자아가 없는 마음조차도 '마음'이라고 부르면 안 됩니다. 그것은 '지혜' 혹은 '비춤'이라고 불러야 합니다.

질문 : 그러면 '마음'이란 무엇을 뜻합니까?

답변 : 그것은 상황을 보아서 판정해야 합니다. 보통의 마음은 허망하고 미혹된 것이지만, 「심명」이라는 제목에서 '심心'은 참마음[眞心], 즉 무심을 가리킵니다. 따라서 자아가 없는 마음을 여전히 '마음'이라고 부를 수는 있지만 사실 그것은 무심 혹은 지혜입니다. 법융선사는 우리에게 허망한 마음을 초월하여 참마음을 실현하라고 합니다.

이런 모든 질문은 아무 쓸데없는 것입니다. 특히 선칠 중에는 말입니다. 만일 여러분이 이론적, 철학적 추론으로 자신의 길을 발견하려고 들면 아무것도 얻지 못할 것입니다. 차라리 집으로 돌아가 좋은 책을 끼고 앉는 것이 낫습니다. 그런데 그것은 허망한 마음에 양분을 더 안겨주는 것에 지나지 않습니다. 저는 제 이야기가 여러분의 수행에 도움이 되기를 바라지만, 만일 여러분이 이론적 이해에 의존한다면 길을 잘못 든 것입니다.

목표 없이 수행하기

마음을 깨끗이 하고 싶으면	欲得心淨
무심으로 노력하라.	無心用功

선칠 중인 사람들은 온종일 수행하여 자기 마음을 정화하려고 애쓰지만, 왠지 그게 별 효과가 없는 것 같습니다. 여러분 가운데 어떤 사람은 이렇게 말합니다. "저는 제 마음에게 입을 다물라고 하지만 그것은 계속 이야기를 합니다." 또 어떤 사람은 이렇게 말합니다. "저는 갈수록 더 기가 꺾이고, 지금은 아무 자신이 없습니다. 제 마음을 전혀 통제하지 못합니다." 어떤 사람들은 호흡을 어떻게 하는지조차 모릅니다. 또

어떤 사람들은 자기 몸조차 제어하지 못하니 마음은 더 말할 것도 없습니다. 한 번 좌선하고 나서 매번 화장실에 가야 할 필요가 있습니까? 저는 여러분이 모두 방광에 문제가 있다고는 생각하지 않습니다.

이런 모든 문제는 마음이 안정되지 않은 데서 옵니다. 만약 마음을 안정시켜 그것을 수행에 사용하면, 통증이나 가려움증이 여러분의 마음을 분산시키지 않을 것이고, 늘 소변을 볼 필요도 없을 것이며, 다른 일로 마음이 분산되지도 않을 것입니다. 수행만으로도 충분하기 때문입니다. 여러분 가운데 어떤 분들은 잘 앉아 있어 일어나고 싶지 않고, 어떤 일도 수행을 방해하는 것을 원치 않습니다. 이것은 여러분의 마음을 이용하여 수행하는 것입니다. 잘 앉는 것은 좋은 일이고 거기서 큰 이익을 얻어낼 수 있지만, 그것으로 충분치는 않습니다. 그것은 아직 선禪이 아닙니다. 여러분의 마음을 이용하여 수행하는 이면에는 여전히 어떤 자아가 있고, 여전히 집착이 있습니다. 그 중의 하나는 바로, 여러분이 그런 평안한 느낌을 즐기면서 그것이 지속되기를 바라는 것입니다. 그래서 자아중심自我中心(self-center)이 존재합니다. 법융선사는 '마음을 깨끗이' 해야 한다고 말하는데, 그것은 집착이 없고 욕망이 없고 자아중심이 없다는 의미입니다. 만일 여러분이 힘써 노력하는 목적이 마음을 깨끗이 하겠다는 것이라면, 더 많은 문제를 부가하게 될 뿐입니다. 그것은 열심히 노력해서는 안 된다는 말이 아니라, 노력할 때는 마음속에 어떤 목표가 없어야 한다는 것입니다. 더 나아가, 만일 여러분이 자기 마음을 깨끗이 하는 데 성공하면, 그 마음은 계속 노력하겠지만 아무 집착이 없을 것입니다.

선칠도 하루밖에 남지 않았습니다. 그러니 수행을 위해 수행할 것이지 지혜나 다른 어떤 것을 위해 수행하지 마십시오. 번뇌와 집착을 떨치려고 하지 말고 마음을 수행의 방법상에 두십시오. 망념과 싸우거나 맞서지 말고 그것을 그냥 무시하십시오. 졸리거나 나른하다 싶으면 정신을 번쩍 차리고 기력을 수행에다 쏟으십시오. 사람들은 종종 시간의 절반을 망념과 싸우는 데 소비합니다. 결국 피곤해지고 졸음이 오며, 백일몽을 꾸기 시작합니다. 그러다 기력이 회복되면 다시 그런 싸움을 합니다. 이렇게 선칠 기간 내내 싸우고 자고, 싸우고 자면서 시간을 보냅니다.

어떤 결과를 얻어야겠다고 안달하면 너무 많은 기력을 소비하고 피로해질 것입니다. 반면에 느슨해져도 성공하지 못할 것입니다. 수행은 미세한 물줄기가 부단히 흐르는 것[細水長流] 같아야 합니다. 화산처럼 한 순간 잠자고 있다가 다음 순간 폭발하는 식이면 안 됩니다. 훌륭한 수행자는 최소한의 기력을 쓰지만, 이 기력을 지속적으로 부단히 유지하면서 그것이 방법상에 머물러 있게 합니다.

제2차 선칠

시공에 두루 비춤이 없다

2.1 무집착을 닦기

시공에 두루 비춤이 없으니　　　　　　　縱橫無照
이것이 가장 심오한 것이네.　　　　　　　最爲微妙

　수행을 시작할 때는 시간과 공간을 이야기할 수 있지만, 지혜의 저편 언덕에 도달하면 시간이나 공간은 중요하지 않습니다. 선칠을 할 때는 점차 자신을 고립시켜야 합니다. 먼저 외부 세계로부터 고립시키고, 그 다음은 사람과 상황들로부터, 세 번째로는 앞생각[前念]과 뒷생각[後念]들로부터 고립시켜야 합니다. 바꾸어 말해서 마음을 현재의 순간에서 유지하십시오. 이렇게 하면 시공의 느낌이 점차 줄어들어 마음만 존재하게 됩니다. 이러한 태도로 수행하면 반드시 성공할 것입니다.

　시간과 공간에 대한 집착이 번뇌를 만들어내지만, 수행에 전심전력하면 시공은 더 이상 문제가 아닙니다. 깨달음을 얻고 나서도 시공은 여전히 존재하지만, 그것들에 대한 집착은 없습니다. 중생들을 도와줄 수 있지만 중생을 돕는다는 생각이 없습니다. 따라서 시공에 집착하지 않는 것은 대단한 성취입니다. 무집착을 가지고서만 참으로 남들을 도울 수 있습니다. 선칠을 하는 동안 여러분 자신을 고립시키는 것은 그러한 무집착의 방식을 닦기 시작하는 것입니다.

저는 여러분에게 깨달음을 구하지 말라고 거듭 말씀드리지만, 어떤 분들에게는 그런 관념이 너무나 매혹적입니다. 상상이 여러분을 옭아매면, 여러분은 그런 의도를 가지고 수행하게 됩니다. 그러나 여러분이 삶에서 번뇌를 없애려고 할 때 오히려 더 많은 번뇌를 얻습니다. 여러분이 깨달음을 구할 때, 그것은 오히려 여러분을 피해 달아납니다.

수행을 할 때 가장 좋은 것은 어떤 집착도 갖지 않는 것이지만, 범부 중생에게 그것은 불가능한 일입니다. 먼저 자신을 외부 환경과 격리시켜야 합니다. 환경을 자기 자신에게로 좁힌 다음 그것마저 놓아 버리십시오. 이것도 상당히 어렵지만 아직 수행의 궁극 목표는 아닙니다. 결국은 시간, 공간 그리고 자아가 다시 존재할 수밖에 없습니다. 왜냐하면 만약 자아가 없으면 그 어떤 것도 존재하지 않고, 그 어떤 것도 존재하지 않으면 남들을 도울 수가 없기 때문입니다. 궁극적인 해탈은 시간, 공간 그리고 자아가 존재하되 여러분을 위해서는 존재하지 않을 때입니다. 이 단계에서는 집착 없이 남들을 도울 수 있습니다.

수행의 첫째 단계에서는 여러분의 마음속에 여전히 시간, 공간, 자기와 중생들이 있습니다. 두 번째 단계에서는 시간, 공간, 자기와 중생이 더 이상 존재하지 않습니다. 세 번째 단계에서는 시간, 공간, 그리고 남들에게 적극적으로 관여하지만 더 이상 그들에 대한 집착이 없습니다. 어떤 제자들은 단시간 수행하고 나서 깨닫지 못하면 좌절감을 느낍니다. 어쩌면 그것이 저의 지도방식인지도 모릅니다. 사람들은 여기 오면 깨달을 수 있는 기회를 얻었다고 생각하지만, 저는 그들에게 그런 것은 잊으라고 말합니다. 만일 어리석은 마음으로 나무 꼭대기에 달린 잘 익은 맛난 사과만을 원한다면 빈손으로 집에 돌아가기 쉽습니다.

수행할 때에는 자신의 몸과 마음에 주의를 기울이지 마십시오. 자기 몸에 너무 많은 주의를 기울이면 몸의 불편함에 마음이 분산될 것입니다. 자기 마음에 너무 많은 주의를 기울이면, 그것이 제어되지 않을 때 실망하기 쉽습니다. 마음과 몸은 늘 서로 연관되어 있습니다. 여러분은 혼침을 느낄 때 자신을 게으르다고 질책할지 모르지만, 그것은 여러분의 몸이 휴식을 필요로 하는 것일 수도 있습니다. 또 마음이 산란하다면, 실은 몸 때문에 그런 것일 수도 있습니다. 그러나 만일 현재의 순간에서 수행에 힘쓰면 마음이 집중될 것이고, 시간, 공간과 자아에 대한 지각이 줄어들 것입니다.

그러나 아주 졸리면 잠시 잠을 자야 합니다. 통증은 좀 다른 문제입니다. 제가 보증하건대, 통증으로 여러분이 다치거나 죽지는 않습니다. 여러분이 자신에게 심각한 신체적 문제가 있음을 안다면 별문제이지만, 그렇지 않다면 그 통증을 무시하라고 말씀드리겠습니다. 무시할 수 없으면 그것을 견디십시오. 객관적인 마음으로 통증을 지켜보십시오. 그러면 그것이 서늘함으로 바뀔 것입니다. 앞생각에서 떨어져 나와 현재의 순간에 머무를 수 있으면, 무엇을 보아도 보이지 않고, 들어도 들리지 않고, 아무것도 느끼지 못할 것입니다. 그럴 때는 자신의 존재조차 느끼지 못하는데, 다리 통증이야 말할 나위가 없습니다. 여러분이 존재하지 않는다면 통증이 어떻게 존재하겠습니까?

2.2 참된 앎은 모르는 것이다

> 법을 안다는 것은 모르는 것이며,　　　知法無知
> 모르는 것이 핵심을 아는 것이네.　　　無知知要

　선禪은 언어에 의존하지 않습니다. 따라서 지성만 가지고 불법을 이해하면 그것은 전혀 선을 이해하는 것이 아닙니다. 어떤 사람들은 공안公案(gong'an)이나 화두話頭를 연구하여 그것을 지성으로 풀려고 합니다. 그러나 유능한 선사[名師]라면 누구나 그들의 답변 가운데 어떤 지성의 흔적이 있음을 알아차릴 것입니다. 여러분은 지성으로써 불법의 관념과 원리들을 이해할 수는 있겠지만, 그것은 일종의 형식적 이해에 지나지 않습니다. 깨달음은 단순히 지적인 앎에서 오지 않습니다. 깨달음에 관한 한, 스스로 안다고 생각하는 것은 사실 무지입니다. 불경을 연구한 사람들은 자기가 불법을 안다고 생각할지 모르나, 그것은 망원경으로 세상을 바라보는 것과 같아서, 보는 것도 한정되어 있고 이해하는 것도 부분적입니다.
　불법의 핵심은 지혜와 자비에 있고, 따라서 불교도는 자신이 자비로워야 한다는 것을 압니다. 그러나 불가피하게 어떤 사람이나 일이 그들을 화나게 하여 이 가르침을 잊게 만들 것입니다. 범부의 지혜는 얕고 한계가 있어 늘 자비롭고 싶어도 그것이 불가능합니다. 제가 아는 한 스님은 겉으로는 모든 사람에게 친절합니다. 그러나 그가 저에게 고백하기를, 자신은 화내는 모습을 보일 수 없기 때문에 부득이 남몰래 자기 옷과 책들을 막 잘라댄다고 했습니다. 이런 상황은 그리 나쁘다고 할 수 없습니다. 최소한 그는 자기 자신을 해치지는 않으니까요. 하지만 그의 지혜와 자비는 아직은 깊지 않습니다.

우리는 모두 인간이고, 그래서 화도 내게 됩니다. 여기에 잘 대처하려면 화가 난다고 느낄 때 배를 이완弛緩한 다음, 자신에게 이렇게 말하십시오. "좋다. 이제 화를 내도 좋아." 화가 날 때는 배가 긴장되는데, 일단 긴장을 풀고 나면 화를 내기가 어렵습니다.

도를 닦는[修道] 데 있어 진보하기 위한 선결조건은 자기가 무지하다는 것을 알아야 한다는 것입니다. 자기가 많이 안다고 생각하면 할수록 번뇌도 많아집니다. 세부적인 것만 알 뿐 저변의 원리들을 모르기 때문에, 사실들의 망망대해에서 길을 잃을 것입니다.

석가모니 부처님 시대에 한 브라만은 자기가 모르는 게 없다고 생각하고 부처님과 토론하기를 원했습니다. 그는 먼저 자신의 머리와 배를 구리[銅] 띠로 묶었습니다. 부처님이 그 구리 띠는 무엇에 쓰는 거냐고 묻자 그가 말했습니다. "제가 아는 것이 너무 많기 때문에 머리와 배가 터지지 않도록 묶어 두어야 합니다." 이어서 그는 부처님께 도전했습니다. "제가 당신의 질문에 대답하지 못하면 당신의 제자가 되겠습니다. 만약 당신께서 지시면 저를 스승으로 모셔야 합니다."

부처님이 말했습니다. "저는 질문할 것이 없습니다."

브라만이 말했습니다. "당신께서 논할 주제가 없다면 어떻게 우리가 토론을 합니까?"

부처님이 대답했습니다. "토론할 수 있는 사안이 있다면 영리한 논증으로 논박할 수 있습니다. 그러나 저는 토론할 게 아무것도 없기 때문에 당신은 저를 패배시킬 수 없습니다. 반면에 당신은 너무나 많은 관념을 가지고 있으니, 당신을 패배시키기는 아주 쉽습니다."

불법을 이해하지 못하는 사람들은 불법의 관념과 원리들을 공부해야 합니다. 그러나 불법에 대한 지적인 이해만을 가지고 있는 사람들에게도 저는 수행을 하라고 권합니다. 그렇게 수행하여 성공을 거둔 이들에게는 불법 같은 것이 없습니다. 그들이 불법을 이야기할 수는 있겠지만, 그것은 불법을 모르는 사람들에 반응하기 위해서일 뿐입니다.

한때 공자는 악명 높은 어떤 도적과 조우했는데, 그 도적은 9천 명의 무리를 거느리고 있었습니다. 공자는 도리를 설하여 그를 교화하려고 했지만, 공자가 무슨 말을 해도 그 도적은 전혀 받아들이려고 하지 않았습니다. 이 이야기의 요점은 "침묵이 말보다 낫다"는 것입니다. 공자라 해도 한계가 있었습니다. 결국 최선은 아무 말도 하지 않는 것입니다.

불법을 닦을 때는 신심을 배양해야 합니다. 매사를 분석하려 들거나 끝없이 사색하지 마십시오. 너무 많은 질문을 하지 말고 수행에만 몰두하십시오. 지식으로 이해한 것은 모두 진정한 이해가 아닙니다. 제가 일본에서 참선을 할 때 이미 박사학위를 가지고 있었는데, (저를 지도하시던) 선사께서는 이것을 아시고 저를 질책하기를 특히 좋아했습니다.

불교 문헌을 읽기 좋아하는 사람들은 보통 그 문자와 자신의 경험 사이에서 서로 연관되는 점을 찾으려고 합니다. 어떤 사람들은 책에서 가르침을 구하고, 자격 있는 스승을 찾아가지 않습니다. 그런 이들은 여전히 무지할 것입니다. 이것이 법융선사의 "법을 안다는 것은 모르는 것이다"라는 설법을 설명해 줍니다.

"모르는 것이 핵심을 아는 것이다"라고 하니, 한 이야기가 생각납니다. 어느 사장은 보조원 한 명이 필요했습니다. 열 명이 지원했는데, 필기시험은 모두 잘 쳤습니다. 면접 때 모두 자기가 아는 것을 과시했지만, 마지막 한 사람만은 자기가 아무것도 모른다고 말했습니다. 그러나 만일 어려운 일이 있으면 기꺼이 배우고, 모르는 것은 묻고, 사장님과 의논하겠다고 했습니다. 결국 그 사람만 채용되었습니다. 그와 마찬가지로, 선칠에 참가할 때도 이전의 어떤 지식을 가지고 오지 않는 것이 최선입니다. 마치 여러분에게 과거가 없는 것처럼 처음부터 시작하십시오. 자기는 뭐든지 다 안다고 생각하는 사람들은 진보하지 못합니다. 반면에, 어떤 사람들은 큰 지혜를 가지고 있지만 오히려 어리석게 보입니다[大智若愚]. 만약 여러분의 배가 무한히 크면 무엇을 먹을 필요가 없습니다. 왜냐하면 여러분의 배 바깥에 아무것도 없으니까요.

참된 앎은 모르는 것입니다[眞知無知]. 참된 지혜를 가지고 있을 때 비로소 참으로 아는 것입니다. 지식은 유한하지만 지혜는 무한합니다. 어떤 여사女士가 캘리포니아에서 저에게 전화를 하여, 선칠에 참가하고 싶다고 했습니다. 저의 책을 몇 권 읽었는데 자기가 아는 것과 부합한다는 것이었습니다. 이 사람은 자기가 안다고 생각하지만 실은 모르는 것입니다. 만일 그녀가 자기는 모르지만 배울 마음이 있다고 생각하면, 수행을 하기에 올바른 마음 자세를 갖추고 있는 것입니다. 가장 큰 오류는, 과거의 경험과 지식으로 가득 찬 안목으로 불법을 바라보는 것입니다.

모르면 차차 알아갈 수 있습니다. 백짓장은 어떤 면으로도 사용할 수 있지만, 윗면이 이미 낙서로 가득 찬 종이는 별 쓸모가 없습니다. 우리는 백지 같아야 합니다. 그러자면 자신과 앞생각을 단절하고 현재의 한 생각에 머물러야 합니다.

이번 선칠에 참가한 사람들 중 어떤 여성 한 분은 뭔가를 무의식적으로 추구하여 자신을 화이트보드[白板]처럼 맑히는 것을 좋아합니다. 화이트보드에는 먼저 쓴 글씨의 자국이 있듯이, 가장 맑은 마음 속에도 여전히 생각들이 어렴풋이 남아 있을 것입니다. 화이트보드처럼 맑게 되려면 힘써 노력하고 철저하게 수행해야 합니다.

한 생각이 일어나면 그냥 이렇게 말하십시오. "나는 너를 모른다." 공안이나 화두를 참구할 때는 사고하거나 추측하면 안 됩니다. 어떤 분은 화두를 고작 두 시간 참구하고 나서 저를 찾아와 말하기를, 이제 자기는 '무無'가 불성이라는 것을 안다고 했습니다. 그것을 어떻게 알았느냐고 하니까 그의 말인즉, 부처님의 가르침이 그렇게 말하고 있다는 것입니다. 그러나 그는 자신이 변화된 것을 느끼지 못했기 때문에 곤혹스러워했습니다. 저는 그에게 말했습니다. 만약 깨달음이 그렇게 쉽게, 더군다나 그런 방식으로 온다면 그것은 웃음거리에 지나지 않을 거라고 말입니다. 저는 그에게, 그런 답안은 필기시험에서나 쓰지 선칠에서는 쓰지 말라고 했습니다.

수행을 하여 모름[無知]의 경계에 이르면 자기가 무엇을 먹는지, 어디로 가는지도 모를 것입니다. 그러나 편안하고 가벼움[輕安]을 느낄 것이고, 수행이 힘을 얻게 될[得力] 것입니다. 이 단계에서 참으로 화두를 참구할 수 있습니다. 이러한 마음 상태로 해 나가면 큰 의정[大疑情]이 신속히 일어날 것이고, 얻는 바가 있을 것입니다. 그러나 머릿속에 지식과 경험이 가득 차 있으면 공안이나 화두를 닦는 것도 시간 낭비입니다. 저의 선사께서 저를 질책하신 것도 다 이유가 있었습니다. 제 마음에 너무 많은 지식이 들어차 있었기 때문입니다.

2.3 고요함의 수준들

마음으로써 고요함을 지키려 하나	將心守靜
여전히 병을 떠나지 못하네.	猶未離病

이 두 구절은 진지한 수행자들을 위해 중요한 점을 일깨워주고 있습니다. 즉, 좌선이 선병禪病(Chan sickness)을 초래할 수 있다는 것입니다. 이번 선칠에 참가한 이들 중 한 분은 즐거운 꿈의 상태[夢境]에서 사흘을 보냈는데도 자신의 마음이 맑다고 생각합니다. 이것은 실은 환의 경

계[幻境]이고, 병입니다. 표면적으로는 그녀의 마음이 고요한 것 같지만 실은 움직이고 있습니다. 그녀는 결코 노력하고 있는 것이 아니고, 휴가 중이거나 잠을 자는 거나 마찬가지입니다. 이것은 초심 수행자에게라면 즐거운 경험이지만, 선정에 들고자 하는 사람에게는 오히려 장애입니다. 왜냐하면 그녀는 그런 경험에 집착하게 되어 습관적으로 그것을 다시 붙들려고 할지 모르기 때문입니다. 만약 이렇게 된다면 진보하기가 매우 어렵습니다.

어느 선칠 중에는 어떤 사람이 계속 손가락 마디를 꺾었습니다. 제가 왜 그렇게 하느냐고 물으니까 그의 말인즉, 달리 할 일이 없기 때문이라고 했습니다. 그의 그런 행동과 말은 산란하고 절제 없는 마음을 드러내는 것이었습니다. 지루했던 거지요. 이번 선칠에서도 어떤 사람들이 손가락 마디 꺾는 소리가 들립니다. 어떤 사람들은 몸을 긁거나 허리를 뻗거나 몸을 이리저리 움직입니다. 한숨 쉬는 소리도 들립니다. 이런 것은 모두 여러분이 아무 할 일이 없어 지루해한다는 것을 말해줍니다. 부디 자기를 훈련하여 마음을 잘 챙기고, 또한 자신의 방법에 유념하기 바랍니다.

고요함에는 세 가지 수준이 있습니다. 첫 번째 수준은 외재적인 것으로, 마음을 분산시키는 요인에서 벗어난 환경입니다. 가장 마음을 분산시키는 소음은 사람들이 말하고, 울고 웃고, 움직이는 소리인데, 이런 것들은 바깥에서 나는 우발적인 소음보다 더 사람을 동요시킵니다. 가장 고요한 수행방식은 홀로 있는 것이고, 그 다음은 일군一群의 고요한 사람들과 함께 선칠에 참가하는 것입니다. 그래서 선칠 중에는 이야기하는 것을 금합니다. 만일 사람들이 웃고 울거나 돌아다니면 그것에 대처해야 하겠지만, 그런 일은 자주 있으면 안 되겠지요.

두 번째 고요함의 수준은 바깥의 환경적인 소음이 더 이상 문제되지 않는 것입니다. 방법에 비상히 몰입해 있어서 외부의 소리가 들리지 않고, 설사 들린다 해도 문제가 되지 않습니다. 이런 마음도 여전히 움직이고 있지만, 그것은 방법상에서입니다. 이것도 하나의 좋은 수준이라고 할 수 있습니다.

세 번째 고요함의 수준은 마음이 움직이지 않는 것처럼 보이고, 일체가 정지한 것입니다. 선칠을 시작할 때, 첫 번째 수준의 고요함에는 도달할 수 있어야 합니다. 그리고 여러분이 진보함에 따라, 소음이 여러분을 번거롭게 하지 않는 두 번째 수준에 도달할 수 있어야 합니다. 저는 여러분이 현재 적어도 한 번쯤은 두 번째 수준의 고요함을 체험했을 거라고 믿습니다. 어떤 사람은 이미 세 번째 수준의 고요함에 도달했을 수도 있는데, 그것은 아주 좋습니다. 그러나 이것이 깨달음은 아니고, 더욱이 선정이라고도 할 수 없습니다.

어떤 수준에도 집착하지 마십시오. 두 번째 수준의 고요함에서는 불보살이나 정토淨土(Pure Land)의 경계를 볼 수도 있습니다. 만일 이런 것에 너무 강하게 집착하면 마음의 마경魔境에 떨어질 수 있습니다.

세 번째 수준의 고요함에 집착하는 것을 '흑산귀굴黑山鬼窟에 앉아 있다'고 합니다. 그것이 해탈처럼 느껴진다 해도 실은 그것은 지혜를 체험할 기회를 차단하는 것입니다. 어떤 사람들은 심지어 자기가 열반에 들었다고 생각하기도 합니다. 이것은 맛있는 것을 먹고 나서 그것에 병적으로 집착하는 것과 같습니다. 그래서 좌선할 때마다 그 고요한 경계에 도달하려고 애쓰게 될 것입니다. 도달하고 나면 떠나고 싶어 하지 않고, 도달하지 못하면 번뇌를 느끼게 될 것입니다. 이것은 심각한 장애가 될 수 있습니다.

화두, 공안 혹은 묵조默照(silent illumination)[일본선에서의 지관타좌只管打坐] 같은 방법을 쓰면 두 번째나 세 번째 수준의 고요함에 집착하는 것을 피할 수 있습니다. 만일 이미 세 번째 수준의 고요함에 도달해 있다면 여기서 화두나 공안을 참구하면 의정이 일어나게 되어 있고, 그 의정은 대의단大疑團으로 발전할 것입니다. 결국 그 의단이 해소되면 자기의 본래 성품을 볼 수 있게 됩니다.

공안과 화두는 적극적인 방법으로서, 고요함을 타파하고 초월합니다. 만일 그 너머에 있는 것이 평온함이라고 말하면 그것은 잘못이지만, 그것이 평온함이 아니라고 말하는 것도 잘못입니다. 그 너머에 있는 것은 선禪의 경계(realm of Chan)입니다.

다른 한편, 묵조는 공안이나 화두처럼 그렇게 강력한 방법은 아닙니다. '묵默'(묵연함)이란 마음이 어떤 것에도 집착하지 않는다는 뜻이고, '조照'(비춤)란 일어나는 일체를—보이거나 들리는 것[聲色]은 물론 그 자신의 상황까지—마음이 선명하게 지각[覺察]한다는 뜻입니다. 이 비춤은 (깨달은 마음의) 순수한 평온함과는 다른데, 깨달은 마음은 일어나고 있는 일체에 대해 모두 선명하고 명료하다는 점에서 그렇습니다.

이러한 묵연한 자각(silent awareness)은 좌선에 국한되지 않고, 부처님께 절을 하거나 경행을 할 때, 혹은 일상생활 속에서도 일어날 수 있습니다. 절을 할 때는 몸이 저절로 움직이고 마음이 고요한 경계에 도달할 수 있고, 경행을 할 때도 마음이 명료하고 몸이 저절로 움직이는 경계에 이를 수 있습니다. 이것은 순수한 평온함은 아닙니다. 선은 고요할 수도 있고 움직일 수도 있습니다[能靜能動]. 고요함과 자각 둘 다를 운용하는 것은, 한 발로 뛰기보다는 두 발을 사용하여 앞으로 나아가는 것과 같습니다.

2.4 큰 죽음을 겪어라

생사를 잊어버린 것 　　　　　　　生死忘懷
이것이 곧 본래의 성품이라네. 　　即是本性

이 두 구절은 선 수행자[修禪者]들에게 특히 중요합니다. 선칠을 하던 어떤 분이 저에게 말하기를, 자기는 이 선 센터[禪中心]에 무기한 계속 머무를 준비를 하고 있다고 했습니다. 제가 말했습니다. "그렇다면 당신은 이번 선칠에서 분골쇄신하여, 생사를 아예 돌아보지 않을 각오를 해야 합니다." 어떤 사람은 선칠을 할 때 마음속에 걱정거리가 많았습니다. 저는 그에게, 걱정해야 할 것이 아무것도 없으니 그 일체를 옆으로 치워두라고 말했습니다. 어떤 사람은 다리 통증을 호소했는데, 저는 그에게 다리가 아프면 아플수록 좋다고 말했습니다. 또 어떤 사람은 몸에서 열이 나는 것을 느끼고, 어떤 사람은 위胃에 병이 난 것 같다고 합니다.

각자의 상황이 다르기 때문에 개별적인 조정과 지도가 필요합니다. 주칠자主七者(retreat master)*의 판단을 귀담아 들으십시오. 만일 제가 여러분에게 특정한 통증에 대해 걱정하지 말라고 하면 걱정하지 마십시오. 반면에 너무 용을 쓰지 말라고 하면 좀 편안하게 하십시오.

전설에 의하면 석가모니 부처님이 6년을 앉으시고 나자, 밀이 자라서 당신의 살갗과 뼈 사이로 뚫고 나왔다고 합니다. 6년간의 치열한 좌선에도 당신의 두 다리는 상하지 않았습니다. 당신은 투철한 깨달음을

---

* 선칠을 이끄는 사람. 주칠화상(主七和尙)이라고도 함. 주칠자는 법문을 하고, 아울러 선칠 대중의 수행 상황에 맞게 지도해 준다.

얻고 나서도 인도 각지를 근 50년간 행각하면서 불법을 전파했습니다. 그러니 다리 아픈 것에 너무 신경을 쓰지 말고, 무슨 연고나 기름을 바르지 않도록 하십시오. 마음을 수행에다 두십시오.

선칠을 할 때에는 '한 바탕 큰 죽음[大死一番]'을 겪을 각오를 하십시오. 살아 있는 동안 육신을 사용하여 부지런히 수행하되, 살고 죽는 일은 걱정하지 마십시오. 언제 죽게 될지 누가 알겠습니까?

어떤 사람이 저에게 말했습니다. "제가 죽고 나면 수행을 하지 못합니다. 저는 아직 깨닫지 못했으니, 몸을 잘 돌보고 그것을 이용하여 수행을 잘 하는 것이 지혜로운 방식 아닙니까?" 이것은 그릇된 태도이고, 몸의 중요성에 너무 집착하는 것입니다. 불법은 다섯 가지 그릇된 견해[邪見]를 이야기하는데, 그 중에서 가장 해로운 것이 자기 몸에 집착하는 것입니다. 이것이 수행 도중의 가장 어려운 장애입니다.

대다수 사람들에게 생사는 육체를 두고 하는 말이지만, 진보된 수행자는 생각 하나하나에도 생사가 있다는 것을 이해합니다. 매초마다 생각들이 일어나고 스러집니다. 이것을 충분히 이해하는 사람들은 생각을 두려워하지 않으며, 생각에 집착하지도 않습니다. 그러나 저는 우리들 가운데 누구 한 사람 그 경계에 도달했을지 의문입니다. 우리는 육체의 견지에서 죽음을 생각하고, 죽음을 두려워합니다. 우리는 죽은 뒤 무슨 일이 일어날지 모르기 때문에, 어떤 설명도 우리를 충분히 납득시키거나 우리에게 위안을 주지 못합니다. 죽음을 두려워하는 사람들은 불법에 대해 깊고 절실한 확신이 없습니다. 불법에서는 육체가 죽어도 생사는 여전히 계속된다고 하는데 말입니다.

연세가 좀 많은 분들은 저를 찾아와서 선칠을 하는 일에 관해 물으면서, 그들이 선칠에 참가하면 깨달을 수 있다는 것을 제가 보증해 주기를 원합니다. 마치 그들이 죽기 전에 성불할 수 있다는 것을 보증하지 않으면 노력하고 싶지 않다는 듯이 말입니다. 이런 태도는 옳지 않은 것입니다.

　우리는 수행을 위해 수행하지, 깨닫기 위해 수행하는 것이 아닙니다. 설사 깨닫기 전에 죽는다 해도 그 수행은 여전히 유익한 것이며, 우리에게 달라지는 점이 있을 것입니다. 그 반대의 태도도 옳지 않은데, 그것은 어차피 미래에도 수행할 기회가 있으니 지금 그렇게 서두를 것은 없다고 말하는 것입니다. 어떤 사람들은 차라리 이번 생에는 즐기다가 다음 생에 다시 노력을 시작하겠다고 하지만, 그들은 다음 생에 어떤 인연을 만나게 될지 모릅니다. 우리는 다행히도 이번 생에 불법을 만났으니, 우리의 선업을 이용하여 불법과의 관계를 확고히 해 두어야 합니다. 그렇게 하면 다음 생에 불법을 들을 기회를 놓치지 않을까 걱정할 필요가 없습니다. 만일 이 기회를 놓쳐 버리면, 과연 다음 생에 비슷한 인연을 만나리라고 어떻게 보장할 수 있겠습니까?

　불교에 이런 말이 있습니다. "다행히 사람으로 태어나서 불법까지 만났으니, 이런 기회는 마치 거북이가 바다 위로 머리를 내밀었을 때 물에 뜬 나무토막의 구멍으로 머리를 집어넣는 것 만큼이나 희유한 일이다." 만약 우리가 그런 희유한 선업을 가지고 있다면, 이 기회를 잘 활용해야 합니다. 우리가 이번 생에 깨닫든 깨닫지 못하든 상관하지 말아야 합니다. 살아 있다한들 무엇을 기뻐하며, 죽는다 한들 무엇을 겁내겠습니까. 살아 있는 동안 자기 몸과 마음을 잘 활용해야 합니다.

　불법에서는 두 가지 생사를 이야기합니다. 첫째는 개개의 육체적 삶의 '분단생사分段生死'입니다. 둘째는 '변역생사變易生死'인데,* 이것은

---

* '분단생사'는 삼계三界 내에서 범부들이 생사윤회를 겪는 것이고, 몸의 형태가 서로 달라지는 것을 볼 수 있다. '변역생사'는 삼계 밖의 성자가 겪는 생사인데, 이는 생사윤회로 인한 몸의 달라짐이 없어 마음속에서만 생멸이 이어지는 정신적인 생사이다.

무명無明(무지)과 번뇌가 소멸하면서 지혜와 공덕이 일어나는 것입니다. 보살들은 투철한 깨달음의 길로 나아가면서 변역생사를 체험합니다. 수행자로서 우리가 겪는 고통들은 분단생사에서 경험하는 것의 일부입니다. 몸에 대한 걱정을 치워버리면 참으로 진보할 수 있습니다. 결국 분단생사의 문제를 완전히 해결하고 변역생사를 성취할 수 있을 것입니다. 다시 한 걸음 더 나아가 자기의 본래 성품을 보고, 성인이 되며 부처를 이룰 수 있을 것입니다.

생명에 대한 집착이 크면 클수록 죽음에 대한 두려움은 커질 것입니다. 이런 식으로는 영원히 생사윤회에 빠져 있게 될 것입니다. 그러나 생사 문제를 초월할 수 있으면, 윤회를 초월하여 변역생사를 성취할 것입니다.

만법은 마음이 만들어내는 것[萬法唯心造]이기 때문에, 여러분이 생각하고 집착하는 것은 모두 내생에 영향을 미칠 것입니다. 따라서 여러분의 태도와 성향이 극히 중요합니다. 만일 일념으로 무슨 일을 하되 부정적인 성향으로 하게 되면, 그것은 나쁜 결과를 가져올 공산이 큽니다. 반면에 수행을 위해 수행하면 다음 생에는 십중팔구 불법을 만나게 될 것이고, 수행도 아주 자연스럽고 쉬울 것입니다.

수행에서 성공하기 위한 세 가지 중요한 조건이 있습니다. 첫째는 불법에 대한 믿음과 자기 자신에 대한 믿음을 갖는 것입니다. 둘째는 부지런히 수행하는 것입니다. 셋째는 결의가 굳건한 것입니다. 생사에 대한 걱정을 놓아버리고, 수행을 위해 아낌없이 분골쇄신하십시오.

네 번째 조건을 제가 덧붙이려고 하는데, 그것은 큰 서원을 발하는 것입니다. 큰 서원을 발한다는 것은 "비록 내가 지금은 생사를 잊어버리지 못하지만 결국은 생사를 잊어버리기를 발원한다. 그리고 이 큰 서원이 부단히 나를 그 목표로 밀어주도록 하겠다."고 말하는 것입니다.

자리에 앉을 때마다 자기 몸의 문제에 구애받지 않고, 생사에 구애받지 않겠다고 서원하십시오. 여러분이 죽고 싶다는 것이 아니라 몸에 대한 집착을 놓아 버리고 싶다고 하는 것입니다. 경직되거나 너무 욕심을 내지 말고, 편안한 몸과 마음을 유지하십시오. 마음이 편안하면 평온하게 되고, 수행도 순조로워집니다. 긴장해 있으면 더 많은 번뇌를 일으킬 뿐입니다.

생사에 구애받지 않으면 시간에도 구애받지 않게 됩니다. 좌선을 마치는 종소리를 듣고 싶어 안달하지 말고, 얼마나 잘 앉고 못 앉았느냐를 생각하지 마십시오. 그저 수행의 방법에 유념하십시오.

2.5 깨달은 마음은 매여 있지도 않고 자유롭지도 않다

지극한 이치는 설명할 수 없으니   至理無詮
자유로운 것도 매여 있는 것도 아니네.   非解非纏

이 두 구절이 말하는 것은, 최고의 원리인 불법은 문자와 관념으로 설명할 수 없다는 것입니다. 화두를 열심히 참구하여 더 이상 좌선에서 오는 고통을 느끼지 못하고, 자연발생적으로 경험에 반응할 때, 이런 것들은 모두 치열한 수행에서 나올 수 있는 사례입니다. 이런 것들은 모두 유용한 체험이며 수행의 기초가 될 수 있습니다. 이런 체험을 하고 나면 수행을 포기하기가 어렵습니다. 이런 체험이 없으면 고통만 기억하고 수행을 포기할 수도 있습니다. 최고의 원리를 추구하는 동안은 이런 체험들이 유용하기는 하나, 그것이 깨달음의 징표는 아닙니다. 이런 현상들은 설명할 수 있는 것이지만 최고의 원리, 깨달음은 설명할 수 없는 것입니다. 최고의 원리를 성취할 때는 아무 일도 일어난 적이 없다는 것을 알게 될 것입니다. 사실 일들은 분명 변하고 일어나지만, 그것들에 대해 이야기해 봐야 쓸데없습니다. 깨달음을 체험하면 이 점을 이해할 것입니다.

보통 우리는 마음이 번뇌에 속박되어 있다가 최고의 원리를 깨닫고 나면 자유로워진다[解脫]고 이야기합니다. 그러나 "자유로운 것도 매여 있는 것도 아니다"라는 것은, 깨달은 마음은 이미 속박도 느끼지 못하고 해탈도 느끼지 못한다는 것입니다. 많은 사람들은 선칠이 끝났을 때 행복감을 느낍니다. 여러분도 긴장이 풀리고 편안함을 느낄지 모르지만, 그것은 여러분의 마음이 가볍고 편안하기 때문입니다. 이것은 좋기는 하나 깨달음은 아닙니다. '가볍다[輕]'는 것은 몸이 무게를 느끼지 않고 홀가분하다는 뜻이고, '편안하다[安]'는 것은 꿈이 없는 편안한 잠을 즐긴다는 뜻입니다. 이런 것은 모두 마음이 편안할 때의 가장 기본적인 이점입니다. 그러나 계속 수행하지 않으면 퇴보하게 됩니다. 몸은 다시 무겁게 느껴질 것이고, 꿈도 다시 꾸게 될 것입니다.

활달하고 사물에 조응하며	靈通應物
항상 그대의 목전에 있다네.	常在目前

최고의 불법은 설명할 수 없고, 설명할 필요도 없습니다. 이 수준의 사람들은 이미 이 세상에 속박되어 있지도 않고, 이 세상에서 벗어나 있지도 않습니다. 그러나 세상을 벗어나지 않았음에도 그들은 여전히 다른 사람들의 필요에 부응하고, 아주 자연스럽게 자발적으로 남들을 도울 수 있습니다. 깨달은 존재들은 추리하거나 숙고할 필요가 없습니다. 왜냐하면 지혜와 자비가 내면에서 자연스럽게 일어나기 때문입니다.

이런 사람들은 계획하지 않지만 늘 바쁩니다. 보살들은 중생들을 돕고 중생들도 보살들을 돕습니다. 중생들이 없으면 보살들이 수행할 이유도 없겠지요. 석가모니 부처님 시대에 질투심 많은 한 제자가 있었는데 이름을 데바닷타라고 했습니다. 그는 과거생에, 무수한 내생 동안 부처님에게 장애를 야기하기로 서원을 세웠습니다. 그러나 이렇게 하여, 바라던 것과는 반대로 오히려 석가모니가 성불하는 것을 도와주었습니다. 데바닷타가 저지른 행위의 업보는 그를 지옥에 떨어지게 했지만 그는 전혀 고통을 받지 않았습니다. 사실 전설에 따르면, 그는 지옥에 행복하게 앉아 있는데 천인天人들도 데바닷타만큼 행복하지는 않다고 합니다. 데바닷타는 고통 받는 것을 두려워하지 않았습니다. 사실 그는 보살도를 수행하고 있었던 것입니다. 『법화경』에서는 데바닷타가 결국에는 성불할 것이라고 말합니다.

어떤 수행인들은 성불하거나 최소한 윤회에서 벗어나는 것을 목표로 할지 모르지만, 선 수행자들은 그래서는 안 됩니다. 선 수행자들은 중생들을 위해 도를 닦아야 합니다. 성불하고 나면 제도해야 할 중생이라고는 없지만 그래도 제도하는 일은 여전히 일어납니다. 선 수행자들은 시시각각 늘 자기를 담담하게 여겨야지, 자신이 하는 행위를 너무 중요시하면 안 됩니다.

여러분이 자아를 놓아버리지 못하면, 아무리 열심히 수행해도 늘 자신의 집착에 속박되어 있을 것이고, 해탈은 좀처럼 다가오지 않을 것입니다. 집착과 이기심을 줄이고 그저 수행할 수 있으면, 설사 깨달음을 얻지 못한다 하더라도 최소한 번뇌는 훨씬 적을 것입니다.

제3차 선칠

목전에 아무것도 없다

3.1 지금은 오직 방법만 존재한다.

목전에 아무것도 없고	目前無物
아무것도 없지만 일체가 뚜렷하니	無物宛然

경험에 집착하면 수행에 장애가 될 것이고, 주변 환경에 신경 쓰면 방법에서 멀어지게 될 것입니다. 방법상에 오로지 몰두하게 되면 아무것도 보이지 않고 들리지 않아서, 법융선사가 말하듯이 "목전에 아무것도 없게" 됩니다.

오늘 어떤 사람이 꾸벅꾸벅 졸고 있었는데 제가 그 곁에 다가가니까 얼른 깨어나 주의력을 회복했습니다. 저는 그가 자신이 수행을 잘 하지 못했다는 것을 깨닫고 새롭게 다시 노력했으리라고 확신합니다. 만약 그의 마음이 집중되어 있었다면 저를 발견하지 못했을 것이고, 발견했다 하더라도 신경 쓰지 않았겠지요. 이것은 조금도 별난 것이 아닙니다. 일상생활 속에서도 여러분이 독서나 대화에 몰두하면 다른 일을 잊어버립니다. 수행할 때도 그와 같습니다.

　마음이 산란하면 아주 사소한 방해에도 여러분의 마음이 분산될 것입니다. 선칠을 시작할 때 저는 사람들에게 환경으로부터 격리되라고 말합니다. 전심전력으로 그렇게 하면 누가 귓가에 다가와서 무슨 말을 속삭여도 듣지 못할 것입니다. 방해는 여러분의 마음속으로부터도 옵니다. 그래서 저는 여러분에게 과거의 생각으로부터 격리되라고 하는 것입니다. 왜냐하면 그것은 이미 존재하지 않으니까요. 또한 미래의 생각으로부터도 격리되라고 합니다. 왜냐하면 그것 역시 존재하지 않기 때문입니다. 가장 중요한 것은, 지금 이 순간은 오직 방법만 존재한다는 것입니다.

　여러분 가운데 어떤 분들은 저에게 말하기를, 소음이 수행을 방해하지 않는다고 했습니다. 그들은 주위 환경을 선명하게 자각하고 있지만 그에 동요되지 않습니다. 이것은 좋은 것입니다. 만일 어떤 사람이 방법이 사라지는 경계에 이르러 고요함과 또렷함만이 남아 있다면 그것도 좋은 현상입니다. 지관타좌只管打坐(shikantaza)*와 묵조를 닦는 사람들은 이런 것에 아주 친숙합니다.

　수행을 시작할 때는 마음이 산란하여 환경의 방해를 받지만, 일단 집중의 단계에 이르고 나면 더 이상 영상影像(보이는 모습)이나 소리를 지각하지 못합니다. 마음이 침잠되어 방법이 사라질 때는 환경을 다시 지각하게 되지만, 분별이나 집착은 없습니다. 그러나 이것은 아직 깨달음이 아니고 통일심統一心(집중되어 하나로 통일된 마음)에 불과합니다.

　깨달은 경계는 통일심을 초월한 것입니다. 이때는 만사 만물이 다시

---

* [역주] 일본 조동종의 좌선법. 화두를 들지 않고, 오로지 좌선하는 자기 자신에 대한 자각을 유지하는 방법이다. 중국 조동종의 묵조默照와 거의 같지만 이 책에서는 용어를 구분하고 있다.

정상을 회복하고, 본래의 면모로 돌아갑니다. 여러분의 배우자는 여전히 배우자이고, 불은 여전히 뜨겁고 얼음은 여전히 차갑습니다. 그러나 자신의 분별에 집착하지 않습니다.

여기 하나의 실화가 있습니다. 어떤 도량道場(절)의 한 수행자가 자신은 높은 경계에 도달했다고 생각하고, 쟁반에 똥을 올려놓고 나서 식탁에 앉아 다른 사람들과 함께 밥을 먹으려고 했습니다. 자기에게는 똥과 음식이 동일하다는 것, 자기는 이미 분별심을 초월했다는 것을 보여주려고 한 것이지요. 그러나 그 절의 큰스님은 똥을 먹는 습관이 없었고, 부처님이 그렇게 했다는 이야기도 들어본 적이 없었으므로 그 수행인을 절에서 쫓아냈습니다.

깨달은 존재들은 일반적인 관습을 준수하면서도 거기에 집착하거나 그것에 의해 방해받지 않습니다. 부처님은 깨달음을 얻고 나서도 출가인의 생활을 했고, 제자들에게도 그렇게 하라고 권했습니다. 그러나 여전히 야소다라(Yasodhara)를 당신의 예전 부인으로, 라훌라(Rahula)를 당신의 아들로 보았습니다. 철저히 깨달은 사람들에게도 인간관계는 여전히 존재하지만, 그들은 탐욕, 분노, 집착 기타의 번뇌를 경험하지 않습니다.

수행이 깊은 사람과 철저한(깨달은) 사람에 대해서 말하자면, "목전에 아무것도 없다"는 것이 진실입니다. 수행에 깊이 들어간 사람은 환경을 지각하지 않고, 따라서 환경에 의해 방해 받지 않습니다. 반면에 깨달은 사람은 환경을 선명하게 지각하며, 그것에 반응하면서도 방해를 받지 않습니다.

자신을 격리하고 고립시키는 것은 하나의 방법이라기보다는 하나의 태도입니다. 어떤 방법을 쓰든 모두 고립의 태도를 적용할 수 있지만, 억지로 환경에 의해 방해받지 않으려고 할 수는 없습니다. 그것은 수행을 제대로 하면 따라오는 결과이기 때문입니다.

깨달음은 특색이 없다

| 지혜를 수고롭게 하여 살피지 말라. | 不勞智鑒 |
| 본체 자체가 비어 있고 그윽하다네. | 體自虛玄 |

어느 정도의 이해와 지식이 없이는 사람이 살아갈 수 없고, 그래서 사람들은 지식과 경험에 의존합니다. 그러나 깨달은 수행인들은 지식이나 이해에 의존하는 것이 아니라 지혜에 의존합니다. 이 두 구절에서 말하는 것은 지식이 아무 쓸데없고 동시에 지혜도 아무 쓸데없다는 것입니다. 이런 이야기를 들으면 충격 받을지 모릅니다. 법융선사는 지혜의 마음으로 「심명」을 지었지만, 우리는 지식의 마음[知識心]으로 그것을 읽을 수 있을 뿐입니다. 수행자들은 지식의 마음을 사용해야 하지만 깨닫고 나면 지혜를 사용합니다. 어떻게 수행을 할지, 어느 방향으로 가야 할지, 어떤 목표를 향해 노력해야 할지 이해하기 위해 지식이 필요한 것입니다. 그러나 수행 중에 지식에 신경 쓰는 것은 장애이자 시간 낭비입니다. 또한 좌선과 수행을 다른 경험들과 비교하는 것도 장애를 만들어낼 뿐입니다. 더군다나 여러분은 자기가 언제, 어떻게 깨달을지 가늠할 수 없고, 따라서 추측해 봐야 아무 소용없습니다. 또한 깨닫고 나면 그것을 설명할 수도 없다는 것을 발견할 것입니다. 지혜를 사용하여 자신의 경험을 설명하는 것도 아무 쓸데없는 일입니다.

어느 거사居士가 아들에게 선 수행을 권하면서 아들이 깨달을 수 있기를 바랐습니다. 깨달으면 뭐가 좋으냐고 아들이 묻자 아버지가 말하기를, 깨닫게 되면 모든 것을 알게 될 것이라고 했습니다. 아들이 말했습니다. "저는 학교 공부를 따라가기 힘든데, 만약 깨달으면 수업 내용을 이해하게 될까요?" 아버지는 아들에게, 뭐든지 다 알게 될 것이고 아인슈타인보다도 더 똑똑해질 거라고 말했습니다. 그 젊은이는 이 말을 듣고 깨달음을 얻기 위해 노력하기로 결심했습니다.

깨달음을 얻으면 모르는 것이 없게 됩니까? 사실 깨달음은 지식이나 지혜와 아무 관계가 없습니다. 석가모니 부처님 시대에 많은 제자들이 아라한(arhats)이 되었습니다. 다른 사람들이 이 깨달은 사람들에게 불법을 충분히 설명해 달라고 했습니다. 그러나 이 아라한들은 아무도 이해할 수 없는 이상한 설법밖에 하지 못했습니다. 그것은 아무래도 좋습니다. 왜냐하면 사실 그 아라한들이 말한 것은 모두 군더더기였으니까 말입니다.

깨달음에 대해서는 아무 할 말이 없지만, 그래도 저는 여기서 그에 대해 이야기를 합니다. 아마 여러분은 속으로 이렇게 생각하겠지요. '나는 빨리 깨달을 것이다. 나는 뭔가 감을 잡은 것 같으니, 이제 오래 걸리지 않을 것이다.'라고 말입니다. 그런 생각을 하는 것은 착각입니다.

어느 수행인은 처음으로 저와 함께 선칠을 하면서 사람을 놀라게 하는 행동을 너무 많이 했습니다. 저는 그에게 떠나 달라고 했습니다. 왜냐하면 다른 사람들을 방해하고 있었으니까요. 그는 그 뒤 또 한 번 선칠 참가 신청을 했고, 저는 그에게 먼저 자신을 제어하겠다는 다짐을 하라고 한 뒤 그를 받아들였습니다. 5일째가 되자 그는 자신이 깨달음을 체험했다고 생각하고 저를 만나겠다고 했습니다. 하지만 저는 그때 화원에 나와 있었습니다. 그는 총호總護* 소임자에게 다가가서 그의 뺨을 때린 다음 저에게 와서 말했습니다. "스님, 저는 이제 가도 됩니다.

---

* '총호'는 선칠을 할 때 대중을 통솔하고 대중의 심신과 환경을 살피는 총책임자이다.

저는 깨달았습니다." 저는 그를 더 머물러 있게 했습니다. 왜냐하면 그런 상태로는 정상적인 생활로 돌아가기에 부적합했기 때문입니다. 그는 일종의 강렬한 감정 경험을 한 것뿐인데 그것을 깨달음으로 해석한 것입니다. 이런 것은 모두 지식과 상상에 의존하여 수행을 끌고 갈 때 만날 수 있는 위험들입니다.

깨달음은 틀림없이 가능한 것입니다. 그렇지 않다면 불교 전부가 엄청난 거짓말이겠지요. 그러나 자기가 깨달았다고 생각하면서 여전히 관념과 감정에 집착한다면, 그것은 진정으로 깨달은 것이 아닙니다. 깨달음은 존재하고 지혜도 존재하지만, 지혜를 사용하여 깨달음의 경험을 탐구하려고 들면, 깨달음 같은 것은 없다는 것을 발견할 것입니다. 지혜나 성취가 없다고는 말 못하지만, 깨달은 사람은 깨달음과 지혜에 진정한 존재성이 없다는 것을 압니다.

『반야심경』에서 말하기를 "지혜도 없고 얻음도 없다(無智亦無得)"고 하는데, 몇 구절 뒤에서는 마치 스스로 모순되는 듯이 "위없는 깨달음을 얻는다(得阿耨多羅三藐三菩提)"고 합니다. 일견 이상하게 보이기는 하지만, 여기서는 서로 다른 자세에 대해 이야기하고 있습니다. 하나는 구함이 있는 것[有所求], 다른 하나는 구함이 없는 것[無所求]입니다.

"본체 자체가 비어 있고 그윽하다"에서 '본체(體)'는 깨달음과 지혜를 가리키고, '비어 있다(虛)'는 깨달음에 특색이 없다는 것을 의미합니다. 즉, 그것은 이렇다거나 저렇다고 말할 수가 없고, 어떤 묘사도 깨달음의 본체를 한정하게 됩니다. 왜 "그윽하다(玄)"고 합니까? 본체는 듣거나 보거나 만질 수 없는 것이기 때문입니다. 그러면서도 우리가 듣고, 보고, 만지는 모든 것이 그 본체입니다. 거친 비유를 들자면 우리와 공기의 관계와 같습니다. 공기는 우리가 보거나 듣거나 만질 수 없지만 우리는 공기 속에서 살고 있습니다.

이 두 구절은 지혜와 깨달음이 존재한다는 것을 확인해 주지만 우리는 그것들에 집착할 수 없고 그것들을 추구해서도 안 됩니다. 우리는 '깨달음과 지혜는 성취할 수 있는 것'이라는 그런 관념을 가지면 안 됩니다. 만약 수행 중에 뭔가를 추구해야 한다면, 그것은 여러분의 삶을 더 잘, 더 활력 있게, 더 명료하게 사는 것, 자기 자신과 편안하고 자유롭게 함께 사는 것입니다. 이것이 바로 노력해서 도달해야 할 참된, 구체적인 목표입니다. 목표를 깨달음에 두는 것은 용감하기는 하나 무모한 짓이며, 자칫 시작하기도 전에 패배할 것입니다. 사람들이 저에게 말하기를, 그들이 수행하는 것은 깨닫기 위해서라고 합니다. 그들은 선칠에 들어와서 불법을 닦기는 하지만, 그들의 삶은 오히려 엉망입니다. 그들은 여전히 자신이 제어를 상실하고 있고, 경중輕重과 완급을 확실히 분간하지 못하며, 수행 태도를 바로잡아야겠다고 말합니다. 사실 태도를 바꾸고 여기에 적절한 수행과 지도를 더하기만 하면 그들의 삶은 갈수록 더 맑고 순수해질 것입니다.

만약 깨달음을 포함하여 세상의 그 어떤 것도 참된 존재성이 없다는 것을 이해한다면, 놓아 버리지 못할 것이 어디 있겠습니까? 이것은 쉽게 들릴지도 모르지만, 이 더 높은 수준을 향해 나아가려면 대단한 노력이 필요합니다. 성과는 그다지 중요하지 않습니다. 중요한 것은 노력입니다. 만일 수행인들이 이와 같은 추진력과 결심을 가지고 깨달음을 도모한다면, 그들의 삶을 근면하고 순수하게 살게 될 것이고 만족할 줄 알게 될 것입니다.

오늘 어떤 분이 묻기를, 마음을 관찰하는 방법을 사용해도 되느냐고 했습니다. 그러나 여러분이 관찰하는 것은 어떤 마음입니까? 산란심입니까, 청정심입니까? 사람들은 늘 산란심으로 시작하기 때문에, 산란심 가운데서 생각들이 오고 가는 것을 관찰하는 몇 가지 방법이 있습니다. 다른 한편, 자신의 청정심을 직접 관찰하고 싶다면 그런 청정심과 산란심 간에 아무 차이가 없고, 만약 그런 마음을 관찰한다면 그것은 자신의 청성심이 아니라는 것을 알아야 합니다.

우리는 산란심을 관찰하고 분석까지 할 수 있고, 통일심에 대해서도 그렇게 할 수 있습니다. 그러나 깨달은 마음은 지식을 가지고 관찰할 수도 없고 검사해 볼 수도 없습니다. 우리는 청정심이 무심과 같다고 말할 수 있는데, 무심을 어떻게 관찰할 수 있습니까?

3.2 방법이 그대를 떠났는가?

생각들이 일어나고 사라지는데 念起念滅
앞의 것과 뒤의 것이 다르지 않네. 前後無別

「심명」에서는 "생각들이 일어나고 사라진다"고 말합니다. 이것은 범부의 산란심의 관점에서 하는 말입니다. 따라서 이것이 우리가 가지고 시작해야 하는 지점입니다. 즉, 보통의 산란심이 기점이 됩니다. 보통의 마음 속에서는 새로운 생각들이 계속 출현하여 쉬지 않고 흘러갑니다. 우리의 소위 선정 경계[定境-삼매의 상태]에서는 생각의 흐름이 그치지만, 정력定力(삼매의 힘)이 사라지면 쉬지 않고 흐르는 생각들이 다시 들어옵니다. 생각을 멈추게 하거나 최소한 그 속도를 늦추고 싶으면, 하나의 생각을 가지고 다른 생각들을 관조해야 합니다. 즉, 의식적으로 선택한 한 생각으로써 연속적으로 일어나고 스러지는 생각들을 관조하는 것입니다. 요는, 생각들이 일어나고 스러지는 것을 명료하게 이해해야 한다는 것입니다. 만일 우리가 자각하면서 의지력을 운용하면, 망념이 우리를 방법에서 벗어나도록 끌어당길 기회가 거의 없어집니다.

예를 들어 수식數息을 할 때는 세 가지 생각이 번갈아 일어납니다. 즉, 자기에 대한 생각, 자기가 숫자를 세고 있다는 생각, 그 숫자에 대한 생각입니다. 수식법을 적절히 쓴다면 최소한 이 세 가지 생각이 차례로 일어나야 합니다. 이 세 가지 생각을 사슬의 연결고리처럼 계속 이어 나가면 다른 생각이 여러분의 자각의 흐름을 뚫고 들어올 틈이 없습니다. 마음속에 이 세 가지 생각만 있으면 시간감이나 공간감이 없을 것이고, 호흡은 부드럽고 몸은 가벼우면서도 편안하게 느껴질 것입니다. 이런 식으로 하게 되면 결국 선정 경계에 들게 되고, 그때는 숫자 세는 것마저 그쳐 버립니다.

이러한 끊임없는 자각의 연쇄를 이루는 것은 모든 좌선법의 목표이며, 수식에만 국한되지 않습니다. 문제는 우리들 대다수가 그것을 꾸준히 오래 하지 못한다는 것입니다. 예컨대 혼침에 빠지면 그 연쇄가 하늘에 떠 있는 조각구름처럼 부서지고, 심지어 아예 사라져 버립니다.

3.3 산란심을 수습하기

뒷생각이 나지 않으면	後念不生
앞생각이 저절로 끊어지네.	前念自絶

이 두 구절이 이야기하는 것은 생각의 일어남과 사라짐, 앞생각과 뒷생각은 차별이 없다는 것입니다. 그러나 여기에는 한층 더 깊은 의미도 있습니다. 깨달은 마음 안에서도 생각이 일어나고 가라앉지만 어떤 분별도 없습니다. 한 생각에 대한 어떤 애착, 한 생각에 대한 어떤 혐오도

없고 평등심으로써 모든 생각을 경험합니다. 여자는 여자, 남자는 남자이고 금은 금, 바위는 바위입니다. 생각들이 그냥 있는 그대로여서 그에 수반되는 감정들을 불러일으키지 않습니다. 그래서 깨달은 마음은 모든 앞생각과 뒷생각에 직접적으로, 평등하게 대처할 수 있습니다.

우리가 한 생각을 인식하는 것은 새로운 생각이 일어나 그것을 대체하기 때문입니다. 부단히 이어지는 생각들이 있기 때문에 앞생각을 지각할 수 있습니다. 만일 여러분이 수식數息을 하고 있는데 마음이 '하나'라는 생각 위에 머물러 움직이지 않는다면, 어떤 관념도 없습니다. 하나라는 이 숫자의 생각을 포함하여 어떤 생각도 인식하지 못할 것입니다. 다른 한편 한 숫자에 대한 생각들만 일어나서 계속 서로 교체된다면 그 숫자에 대한 인식이 계속되겠지요. 이런 상황은 어떤 생각에도 해당됩니다. 만일 마음이 한 생각 위에서 멈추게 되면 그 생각을 자각하지 못하게 될 것입니다. 예를 들어 무엇을 죽여야겠다는 생각은 잘못이지만, 만일 마음이 죽인다는 생각 위에서 멈추어 버리고 그 뒤에 아무것도 따라오지 않는다면 그 죽인다는 생각은 의미를 상실해 버립니다. 따라서 한 생각이 일어났어도 다른 생각이 그 뒤를 따르지 않는다면 그 처음의 한 생각은 사라져 버릴 것입니다.

수행 방법의 목적은 산란심을 수습하여 그것을 통일하는 것입니다. 수행이 올바르게 잘 되어 힘을 얻으면 자기, 숫자를 세는 자기, 숫자라는 세 가지 생각은 부단히 번갈아 가면서 유지됩니다. 결국 방법이 여러분을 떠나게 되지, 여러분이 방법을 떠나는 것이 아닙니다. 바꾸어 말해서 여러분이 일부러 방법을 떠나서는 안 됩니다.

방법이 자연스럽게 자동적으로 떠난다면 그것은 좋습니다. 그것은 이 세 가지 생각이 한 가지 생각으로, 곧 자기에 대한 생각으로 줄어들었다는 것을 의미합니다. 이런 상태에서는 더 이상 숫자, 호흡 또는 방법을 자각하지 못합니다. 설사 호흡을 자각한다 하더라도 호흡을 세지 못할 것입니다. 방법이 여러분을 떠난 것이 아니라 오히려 그것이 그 목적을 이룬 것입니다. 곧 여러분의 마음을 한 생각[一念]에, 즉 자기에 대한 자각에 도달하게 한 것입니다. 사실 여러분은 여전히 방법 위에 있지만, 여러분의 마음은 맑고, 차분하고, 고요하며, 절대로 공백 상태가 아닙니다.

어떤 수행자들은 제가 방법이 사라진다고 이야기하는 것을 듣고 자신이 이미 그 단계에 이르렀다고 생각하여 방법 쓰는 것을 중단합니다. 저는 그들에게 방법이 그들을 떠났는지 아니면 그들이 방법을 떠났는지 물어봅니다. 이 두 가지는 큰 차이가 있습니다. 만약 여러분이 방법을 놓아 버렸다면 저는 다시 방법을 들라고 권고합니다. 방법이 여러분을 놓아 버렸다면, 실은 놓아진 것이 아니고 그것이 여전히 그대로 있습니다. 따라서 무엇을 다시 들 것이 없습니다.

이 두 구절이 묘사하는 것은 깨달음이지 반드시 선정은 아닙니다. 얕은 선정에서는 아직 미세한 생각이 있고, 행복과 즐거움의 느낌도 있습니다. 깊은 선정에서는 마음이 자연스럽게 한 생각 위에 머무르기 때문에, 앞생각이 스스로를 분리할 필요가 없습니다. 깨달음이 선정과 다른 것은, 어떤 특정한 생각에 대해서도 집착이나 혐오가 없다는 것입니다. 따라서 한 생각이 다른 생각으로 이어질 필요가 없습니다.

여기 하나의 비유가 있습니다. 원숭이가 나무에 오를 때는 보통 팔다리 중 세 개로 몸을 지탱하고 나머지 하나를 뻗쳐 기어오르는데, 네 번째 수족이 움직임에 따라 다른 세 수족이 얼른 따라갑니다. 원숭이가 더 오를 의도가 없으면 네 번째 수족은 멈추고 다른 세 수족도 휴식하여, 어떤 수족도 후속 동작이 없습니다. 그와 마찬가지로 마음이 어떤 생각도 이어지기를 기대하지 않으면 앞생각과 집착들은 자연히 사라집니다.

어떤 사람이 저에게 말하기를, 좋은 방법이 있어야 번뇌와 싸울 수 있다고 했습니다. 사실 번뇌와 싸울 필요는 전혀 없습니다. 좌선할 때 번뇌를 알아차리면 그저 방법상으로 돌아가면 됩니다. 번뇌를 알아차리면 번뇌는 힘을 잃기 시작합니다. 예를 들어, 자기가 화를 내고 있다는 것을 깨달으면 그 감정은 보통 가라앉습니다. 생각, 감정, 느낌들이 지속되는 것은 뒷생각이 앞생각을 대체하기 때문입니다. 만약 분노가 지속된다면 그것은 여러분이 그 분노에 집착하고, 그리하여 분노의 뒷생각들을 일으키기 때문입니다. 참으로 그리고 분명하게 분노를 인식하면 그것은 곧 사라질 것입니다.

번뇌가 일어날 때는 그것과 싸우거나 그것을 따라 달려가지 마십시오. 최선의 방법은 그저 그것이 떠나게 하는 것입니다. 가령 여러분이 무엇을 훔치고 싶은 유혹을 느꼈을 때 마음속으로 '나는 이것이 옳지 않다는 것을 알지. 하지만 훔친다는 것이 어떤 건지 궁금하군. 한번 시험해 볼까. 그 나머지는 나중에 걱정하고.' 라고 생각했다면, 그것은 번뇌를 따라 달려가는 것입니다. 이런 생각들이 한 동안 계속될 수 있는 것은 여러분이 그 번뇌에 집착하기 때문입니다. 만일 그 집착이 강하면 결국 그 생각대로 행동할지도 모릅니다. 반면에, 훔친다는 생각에 집착하지 않으면 그 생각은 떠나 버릴 것입니다.

❄ 무념, 무심은 깨달음과 같다

과거, 현재, 미래 안에 아무것도 없어	三世無物
마음도 없고 부처도 없네.	無心無佛

불법에서는 과거, 현재, 미래가 없다고 합니다. 또한 번뇌도 없고, 마

음도 깨달음도 부처도 없습니다. 한문 원문에서 '과거, 현재, 미래'를 '삼세三世'로 지칭했는데, 문자상으로는 '세 세계'입니다. 이 말은 과거, 현재, 미래의 삶을 가리키기도 하지만, 이것은 법융선사가 이야기하는 뜻이 아닙니다. 사실 그가 지칭하는 것은 과거, 현재, 미래의 생각입니다. 앞생각이 사라지고 나중의 한 생각은 아직 일어나지 않았다면 그것이 바로 무념(no-thought) 혹은 무심(no-mind)입니다. 무념이면 번뇌도 없고, 깨달음도 부처도 없습니다. 우리가 번뇌하고 있거나 깨달음을 구하고 있을 때는 생각을 일으킵니다. 아무 생각이 없고 아무 마음도 없을 때, 그것이 곧 깨달음입니다.

하지만 우리는 여전히 깨달음과 성불을 이야기합니다. 그것을 이야기하지 않으면 아무도 발심하여 수행하려 들지 않겠지요. 그래서 저는 모든 분에게 성불하라고 권하는 것입니다. 우리에게는 깨달음이 존재하고, 또 그것이 노력해야 할 목표입니다. 그러나 깨달은 사람에게는 깨달음이란 것이 없습니다. 「심명」은 깨달음의 상태에서 말하지만, 우리가 수행할 때 우리의 관점은 결코 그렇지 않습니다.

어떤 분들에게는 이런 관념이 아주 추상적일지도 모릅니다. 여러분은 여기서 혼침이나 산란심과 씨름하고 있는데 저는 과거, 현재, 미래가 없다는 이야기를 하고 있습니다. 혼침은 과거의 것이 될 것이고, 산란심은 과거와 미래에 머물러 있지 결코 현재가 아닙니다. 줄을 하나 사용하여 시간을 나타낸다면 한 끝은 과거이고 다른 한 끝은 미래인데, 그러면 현재는 어디에 두어야 합니까? 실은 그 줄에서는 우리가 따로 골라낼 수 있는 어떤 현재도 없습니다. 현재를 살펴보는 순간 그것은 이미 과거입니다. 만일 어떤 순간이 곧 도래한다고 보면 그것은 아직 미래에 있습니다. 과거는 이미 과거가 되었고 미래는 아직 오지 않았으니 둘 다 존재하지 않습니다. 오로지 존재하는 것은 현재인데, 그것은 또

한 지적할 수가 없습니다. 만일 우리가 현재의 순간을 최소한의 시간 범위로 국한하면 그것은 사라져서 형체가 없을 것입니다. 이 존재하지 않는 현재의 순간이라는 관점에서 보면 과거와 미래만이 존재합니다. 그래서 우리는 현재도 과거와 미래 속에 있고, 참으로 존재하지는 않는다고 하는 것입니다.

제가 말하는 것은 과거, 현재, 미래의 연속입니다. 여러분이 허리가 아프다고 할 때 그것은 이미 과거의 일인데, 여러분은 미래의 아픔을 예상합니다. 그러나 그 통증이 과거와 미래 속에 있다면 왜 그것에 신경을 씁니까? 물론 이것은 말하기만큼 쉽지는 않습니다. 우리는 여전히 통증을 느끼고, 그것은 현재 순간에 그러한 것같이 보입니다. 이러한 이해에 대해 참구하는 것이 수행입니다. 그것은 통증이나 기타 어떤 것에도 대처하는 하나의 방법입니다.

어떤 번뇌가 있든 이 방법을 써 보십시오. 사물을 과거, 현재, 미래 속에 있다고 명료하게 본 다음, 과거와 미래가 존재하지 않는다고 보십시오. 그런데 거기에 아무것도 없다면 번뇌가 어떻게 있을 수 있습니까? 보통 사람들은 통증과 번뇌에서 벗어나기는 어렵지만, 저는 이제까지 수행이 쉽다고 말한 적이 없습니다. 그렇다고 해서 복잡한 것도 아닙니다. 번뇌 하나하나를 지켜볼 필요는 없고, '과거, 현재, 미래'를 가지고 그것을 점검해 보십시오. 그저 방법상에 머무르십시오. 마음이 완전히 그리고 부드럽게 방법상에 머물러 있으면 그것은 결국 스스로 사라질 것입니다. 일견 여러분이 수행하지 않는 것처럼 보일 수도 있지만 실은 이것이 비로소 진짜 수행입니다.

저는 이 안경을 여러 해 동안 써 왔는데, 때로는 안경이 제 얼굴 위에 있다는 것을 알아차리지 못합니다. 어떤 의사들은 몸이 건강하다는 징후는 몸이 가벼움을 느끼는 것이라고 말합니다. 몸이 무겁게 느껴질 때는 뭔가 탈이 났을지도 모른다는 징후입니다. 수행도 마찬가지입니다. 방법이 순조롭고 마음이 편안하면 마치 할 일이 아무것도 없고, 얻을 것도 잃을 것도 없는 것처럼 보입니다. 수행에서 가장 좋은 상태는 바로, 가볍고 편안하며 아무것도 기대하는 것이 없는 것입니다.

  사람들은 뭔가를 얻거나 뭔가를 떨쳐 버리기를 바라고 선칠을 합니다. 그들은 몸 상태가 기적적으로 좋아지거나, 오래 된 문제를 해결하거나, 혹은 번뇌를 떨쳐 버리고 싶어 합니다. 많은 사람들은 확실히 어떤 성과를 거두지만, 그들의 태도는 잘못된 것입니다. 그들은 무거운 몸과 마음을 가지고 와서 마찬가지로 무거운 몸과 마음을 가지고 떠납니다. 정말 건강에 문제가 있다면 모르겠지만, 그렇지 않다면 선칠 기간 중에 자신의 몸에 대해 신경 쓰지 마십시오. 선칠 전에 있었던 일과 선칠 후에 일어날 일에 대해 신경 쓰지 마십시오. 가장 즐겁고 가장 내실 있게 마음을 현재에 집중하십시오. 이것이 바로 수행을 하면서도 마음을 운용하지 않는 법입니다. 수행을 하면서도 마음을 운용하지 않을 때는, 성불하겠다는 생각도 없고 오직 수행만이 있습니다.

3.4 애벌레에서 부처로

    중생에게는 마음이 없으니   衆生無心
    무심으로부터 중생이 나온다네.   依無心出

  부처의 마음[佛心]과 중생의 마음[衆生心]은 똑같은 것입니다. 그렇지 않다면 중생이 부처가 된다는 것은 있을 수 없겠지요. 이 지혜의 마음을 청정심 혹은 부처 마음(buddha-mind)이라고 부를 수 있습니다. 이 이치를 이해하고 받아들이는 것이 선 수행의 첫 단계입니다. 이것이 자기 자신과 불법에 대한 신심을 건립해 줄 수 있고, 우리가 번뇌를 부처 마음으로 바꾸어 나갈 때 수행에 대한 신심도 건립해 줄 수 있습니다.

적당한 조건에서 빛이 공기 중의 먼지들을 반사하면 햇살을 볼 수 있습니다. 만약 공기 중에 먼지가 없으면 햇빛과 그 빛이 비치는 대상들은 보겠지만 그 사이의 햇살은 볼 수 없겠지요. 우리는 자신이 햇빛을 본다고 생각하지만 실제로 보는 것은 먼지입니다. 마음도 그와 같습니다. 우리가 마음을 바라볼 때 (실제로) 보는 것은 번뇌의 움직임입니다. 여러분은 '나는 내 마음이 움직이는 것을 본다'고 생각하지만, 실은 자신의 번뇌를 보고 있을 뿐입니다. 이것은 마음이 존재하지 않는다는 뜻입니까? 그것은 우리가 광선을 보지 못하면 햇빛이 존재하지 않는다고 말하는 것과 같겠지요. 실은 먼지가 햇빛을 반사하든 않든 햇빛은 여전히 존재합니다. 그와 마찬가지로, 번뇌가 없을 때는 마음의 작용이 보이지 않지만 마음은 여전히 작용하고 있습니다. 여러분은 청정심이 존재한다고 말할 수 없습니다. 왜냐하면 번뇌심은 그것을 관찰할 수 없으니까요. 여러분은 또한 그것이 존재하지 않는다고도 말할 수 없습니다. 왜냐하면 부처들은 깨달았지만 여전히 작용하는 마음을 가지고 있기 때문입니다.

따라서 부처 마음과 중생 마음 간의 차이는, 부처 마음에는 번뇌가 없다는 것입니다. 하지만 우리는 번뇌심을 사용하여 우리의 마음에서 번뇌를 떨쳐버려야 합니다. 그래서 우리는 산란심을 수습하여 집중심으로 만들고, 그것을 다시 일심으로 만든 다음, 마지막으로 일심에서 무심으로 진입하는 것입니다. 일단 무심에 도달하면 부처 마음이 현전하고, 그러면 수행이라고 할 것도 없게 됩니다.

수행할 때는 우리의 마음을 운용해야 하지만, 만일 우리가 좋은 체험을 기억하고 거기에 집착하면 이는 번뇌심에 매달리는 것입니다. 이러한 기대는 더 많은 문제를 만들어냅니다. 따라서 기왕의 좋은 체험들이 아무리 즐겁고, 깊고, 유용하다 하더라도 역시 놓아 버리는 것이 최선입니다. 거기에 집착하여 그런 체험을 되풀이하려고 하면 어떤 틀에 빠집니다. 이것은 수행의 성공에 큰 장애입니다.

똑같은 즐거운 체험을 여러 번 하게 되면 여러분이 곧 또 한 번 그런 좋은 체험을 하게 될 거라는 익숙한 징후에 마음이 쏠리기 십상이고, 그래서 그것을 기대하게 됩니다. 이런 방식은 습관이 될 것이고, 그러면 수행은 순조롭고 즐거운 감각이 되어 진보는 멈추고 맙니다. 좋은 체험들을 기피해야 한다는 것은 결코 아닙니다. 그러는 것도 하나의 장애가 될 테니까 말입니다. 따라서 어떤 좌선 체험도 의식적으로 갈망하거나 기피하면 안 됩니다. 여러분이 뭔가 좋거나 나쁜 것을 체험하고 있지만 자신이 그것을 결코 소유하지는 않는다는 것만 아십시오. 이러한 자각은 여러분에게 어떤 체험도 휴게소나 목적지가 아니라는 것과, 여러분은 그냥 수행을 계속해 나가야 한다는 것을 상기시켜 줄 것입니다.

어떤 수행자들은 몇 번 선칠에 참가해 보고 나서 쉽게 이런 틀에 빠집니다. 그들은 열심히 수행하고 좋은 체험을 얻지만 그런 다음 정체되어 나아가지 못합니다. 선칠이 익숙한 일이 되어, 이런 즐거운 삽입곡을 되풀이하는 것이 그들의 목표가 됩니다. 그들은 더 이상 수행할 것이 없다고 생각하고, 계속 전진하기를 그만둡니다. 이러한 태도는 그들이 불법을 오해하고 있다는 것을 말해주며, 또한 그들이 선칠과 선칠 사이에는 수행을 별로 하지 않는다는 것을 시사합니다. 그들은 가끔씩 몰아서 수행하기를 좋아하여, 선칠 때는 열심히 하다가 일상생활 속에서는 다른 관심사를 추구합니다. 재가자들이 출가자들처럼 살아야 한다는 것이 아닙니다. 얼마든지 관심사와 취미를 추구하고 사회생활을 하십시오. 그러나 좌선을 희생하지는 마십시오. 다른 하나의 좋은 방법은, 정해진 시간에 불교 서적을 읽어 여러분의 불법에 대한 이해가 늘 신선하고 집중된 상태를 유지하게 하는 것입니다.

좋은 체험을 되풀이하려고 애쓰는 것은 번뇌심을 쓰는 것이고, 무명이라는 자신의 껍질을 타파하고 자신의 불성을 보는 것을 불가능하게 합니다. 그러면 여전히 번뇌의 거미줄에 얽혀 헤어나지 못할 것입니다.

범속함과 성스러움을 분별하여	分別凡聖
번뇌가 갈수록 심해지니	煩惱轉盛

저는 범부이고 제자들에게도 자기 자신을 그렇게 보라고 가르칩니다. 우리는 성인이 아닙니다. 저는 제가 "범속함과 성스러움 분별한다"는 것을 알지만, 그러는 데는 그럴 만한 이유가 있습니다. 첫째, 진정한 성인들은 자신이 깨달았다고 공언하는 일이 거의 없습니다. 선종의 조사祖師라 할지라도 그런 공언은 하지 않습니다. 자신이 성인이라고 주장하는 것은 그가 성인이 아니라는 확실한 표시입니다. 둘째, 성인을 알아보기란 결코 쉬운 일이 아닙니다. 자신이 성인이라고 주장하는 사람들은 몇 가지 기술에 정통하여 사람들에게 깊은 인상을 주는 범부에 불과한 경우가 많습니다. 가장 안전한 방법은 자신이 한 사람의 범부임을 인정하고, 성인이 되는 것에 대해서는 신경 쓰지 않는 것입니다.

성인에 적합한 기준으로 자기 자신을 판단하게 되면 문제를 야기합니다. 스스로 지혜롭다고 생각하는 것도 아주 잘못된 일이지만, 남들을 오도하는 것은 더 잘못된 일입니다. 또 그 반대의 문제도 있습니다. 즉, 성인이 되기 위해 얼마나 많은 대가를 치러야 하는지 알고 나면 여러분이 기가 죽을 수 있다는 것입니다. 여러분의 주위에 보이는 것은 온통 열심히 하는 수행자들인데 겉보기에 보살처럼 보입니다. 여러분은 자신을 마치 이 좋은 환경 속의 한 오점같이, 아름다운 토끼들이 가득한 풀밭에 있는 한 마리 쥐같이 여겨져 의기소침해지고, 심지어는 수행을 포기해 버릴지도 모릅니다. 실은 자신을 쥐로 생각해서도 안 되고, 더 이상 수행할 필요가 없는 순수하고 아름다운 토끼로 생각해서도 안 됩니다. 그저 자신을 평범한 수행자로 보십시오.

수행의 중점을 과정에 두어야지 결과에 두면 안 됩니다. 목표를 갖는 것은 좋지만, 수행을 할 때는 목표는 젖혀두고 오로지 수행만 하십시오. 수행은 여행과 같습니다. 여러분과 다른 여행자들이 같은 공항에 와서 여행을 시작합니다. 각 항공편마다 그 나름의 출발시간, 목적지, 그리고 도착시간이 있습니다. 여러분은 자기 표를 사서 자기 좌석에 앉고, 다른 사람들은 그들의 자리에 앉습니다. 일단 출발하면 항로나 도착시간에 대해서는 걱정할 필요가 없습니다. 결국에는 다른 사람들과 마찬가지로 목적지에 도착할 테니 말입니다.

한번은 우리가 뉴욕에서 대만까지 23시간 동안 비행하면서 알래스카와 한국에 기착했습니다. 제 옆에 앉은 사람이 이렇게 불평하더군요. "다른 항공사를 이용할 걸 그랬어요. 그러면 16시간밖에 안 걸리는데."

제가 말했습니다. "좋습니다. 그럼 뉴욕으로 돌아가서 그 다른 항공편을 이용하세요."

"안 되죠. 너무 늦었고 시간도 더 걸릴 테니까요."

그래서 제가 말했습니다. "그렇다면 그런 이야기는 할 필요도 없지요."

중국 속담에 "이왕 온 바에는 편안히 지내야 한다(旣來之, 則安之)"는 말이 있습니다. 바꾸어 말해서, 수행자가 된 바에는 뒤돌아보지 말라는 것입니다. 여러분은 이미 길을 나선 마당이고, 그렇다면 수행을 계속해 나가십시오. 자신을 다른 사람들과 비교하지 마십시오. 다른 사람들은 자기 나름의 인연이 있으니 자연히 자기 나름의 길을 발견하고 자기 나름의 경험을 하게 될 것입니다. 수행을 하면 여러분의 인연도 바뀔 것이고, 여러분의 경험도 바뀌겠지요. 수행의 결과에는 신경 쓰지 마십시오. 그 역시 오고 가고 변할 것입니다. 그저 현재의 순간에 신경 쓰는 것이 최선의, 가장 안전한 수행 방식입니다.

어떤 소녀는 자신이 못생겼다고 생각했습니다. 엄마가 말했습니다. "걱정 마라. 열여덟 살만 되면 아름다워질 테니까." 세월이 흘러 그녀가 18세가 되는 생일날, 이 처녀는 거울을 보고서 아직도 자신의 모습이 마음에 들지 않았습니다. 엄마가 말했습니다. "너는 어릴 때보다 많이 아름다워졌어. 네가 모를 뿐이지. 강아지가 큰 개로 자라도 여전히 개이고, 오리새끼도 백조가 되지는 않아."

이 이야기의 핵심은, 여러분은 수행하면서 자신의 진보에 대해 걱정하지 않느냐는 것입니다. 만일 여러분이 이 이야기의 소녀처럼 늘 자기 자신을 하찮게 보는 경향이 있다면, 매 순간이 모두 새로운 시작이며 모두 참신한 출발이라는 것을 기억하십시오. 수행은 영원히 시작입니다. 그러니 시간은 고려하지 마십시오. 자신이 다년간의 경험이 있는 구참[老參](veteran)이라는 것은 잊어버리십시오. 애벌레가 나비가 되려면 먼저 기고, 잎을 먹고, 오랜 시간 동안 고치가 되어야 합니다. 서두른다고 해서 더 빨리 나비가 될 수는 없습니다. 우리는 애벌레와 마찬가지로 시간이 걸려야 자연히 성숙합니다. 거듭 말씀드리지만, 성공을 구하거나 실패를 두려워하지 말고 그저 수행만 하십시오. 여러분이 이번 선칠에서 열심히 수행할 수 있으면 그것으로 이미 성공입니다.

🪷 파도 속에서 진보하기

| 이리저리 따지다 실재에서 멀어지고 | 計較乖常 |
| 진리를 구하면서 올바름을 등지네. | 求眞背正 |

'이리저리 따지기(計較)'는 비교와 분별을 뜻합니다. 예컨대 자기를 남과 비교하고, 자신의 현재를 자신의 과거 혹은 상상하는 미래와 비교하고, 좋은 것과 나쁜 것을 비교하는 것을 말합니다. 이런 분별을 하고 있으면 바른 길에서 벗어납니다. 사람들은 보통 사소한 것들을 놓고 이리저리 따지지만, 모든 비교와 분별은 장애입니다. 어떤 한 생각을 놓지 못하는 것만도 장애입니다. 여러분이 마음속으로 생각하는 모든 것은 변화를 겪지만 참된 원리는 변하지 않습니다.

수행상의 진보는 결코 일정하거나 직선적이지 않습니다. 오히려 파도와 같아서 올라가기도 하고 내려가기도 합니다. 하루는 수행이 썩 잘 되다가 다음날은 아주 엉망이 되기도 하고, 그 반대로도 됩니다. 심지어 앉는 시간마다 다르고, 순간순간도 다를 수 있습니다. 늘 상황이 갈수록 나빠진다고 여긴다면 여러분은 비교하는 마음을 가지고 있는 것입니다. 그러면 스스로 문제를 야기하게 될 것이고, 실망할 수도 있습니다. 자기 자신, 수행 그리고 불법에 대한 믿음을 모두 상실할 수도 있습니다. 수행에 대해 말하자면, 비교와 분별은 문제만 야기할 뿐입니다.

수행은 많은 요인의 영향을 받는데, 자신의 몸 상태도 거기에 포함됩니다. 여러분은 어떤 주기를 타고 있을 수도 있지만, 자신이 그것을 늘 제어하지는 못하고 심지어는 이러한 주기를 자각하지도 못합니다. 퇴보처럼 보이는 것이 실은 생리 작용이 일시적으로 떨어진 것일 수도 있습니다. 상태가 저조할 때는 부정적인 면만 보이고 기대할 것이 전혀 없어 보일 수도 있습니다. 그러나 긴 안목으로 보면 여러 해에 걸쳐 기복이 있고, 마치 파도 같은 진보가 있다는 것을 알 것입니다. 제가 예전에 어느 젊은 여성 수행자에게 수행이 어떻게 되어 가느냐고 물었습니다.

그녀는 이렇게 대답했습니다. "형편없습니다. 더 이상 나빠질 수가 없습니다."

제가 말했습니다. "그렇다면 더 좋아질 수만 있겠군요. 축하합니다!"

진보에는 실은 기복의 성질이 있다는 것을 알아차리는 것이 매우 중요합니다. 갖가지 많은 마음 상태를 겪기 때문에, 그런 주기들을 감내하려면 굳은 결의가 필요합니다. 진지하게 수행을 계속해 나가는 한 오늘을 내일과 비교하거나 상상하는 미래와 비교할 필요가 없습니다. 역량대로 해 나갈 뿐 (그런 관념에) 집착하지 마십시오. 수행은 졸졸 흐르는 시냇물처럼 가는 물줄기가 오래 흘러야지[細水長流], 홍수처럼 갑자기 밀어닥쳐 큰 피해를 주고 나서 사라져 버리는 것이어서는 안 됩니다. 그것은 기력을 운용하는 좋은 방식이 아닙니다.

어떤 사람들은 평생 특정한 방법[法門]으로 수행하는데도 뚜렷한 결과나 진보를 보지 못합니다. 그들은 시간을 낭비한 것입니까? 당연히 그렇지 않지요. 열심히 수행했으나 구체적인 결과를 보지 못했다 해도 실은 그 노력은 결코 헛되지 않습니다. 설사 깨닫지 못한 채 죽는다 하더라도 내생을 위해 선근善根을 심은 것입니다. 수행은 이를 닦는 것과 같이 매일 꼭 해야 하는 일이 되어야 합니다. 이렇게 하는 것이 뭐가 좋은지에 대해서는 걱정하지 마십시오. 여러분이 알아차리든 못 알아차리든 모두 큰 이익을 얻게 될 것입니다.

어느 유명한 공안에서 한 스님이 조주선사에게 물었습니다. "개에게도 불성이 있습니까?" 조주 선사가 대답했습니다. "무無." 만일 여러분이 조주선사의 대답을 화두로 만들면 "무엇이 무인가(什麼是無)?"가 됩니다. 여러분이 이 화두를 참구하되 심지어 마지막 숨을 거둘 때까지 하면 많은 이익을 얻게 될 것입니다.

또 선종의 우화가 하나 있는데 이런 것입니다. 어떤 스님이 있었는데 깨닫지는 못했지만 평생 바로 이 화두를 참구했습니다. 그 스님이 죽기 직전에 염라대왕이 저승사자 둘을 보내 아직 깨닫지 못한 이 스님의 마음을 붙잡아 오라고 했습니다. 그러나 이 스님은 죽어가면서도 자신의 화두 "무엇이 무인가?"를 계속 참구하고 있었습니다. 스님의 마음이 그 화두에 완전히 몰입해 있었기 때문에 저승사자들은 그것을 붙들 수가 없었습니다. 그들이 돌아가서 염라대왕에게 보고하자 염라대왕은 이렇게 말했습니다. "나는 그 물음에 대한 답을 모르지만 이 스님은 놓아줘야겠군!" 이 이야기의 요점은, 여러분이 깨닫든 못 깨닫든 수행은 이익이 된다는 것입니다.

어떤 사람은 이렇게 물을지 모릅니다. "제가 여기서 호흡을 되풀이해서 세는 것이 무슨 소용 있습니까?"라고 말입니다. 그 답은, 이 방법이 여러분의 마음을 훈련시켜 준다는 것입니다. 여러분이 수를 세다가 놓치고 난 뒤에도 늘 그 방법상으로 다시 돌아간다면, 그런 산란심이 여러분의 마음을 지배하지 못할 것입니다. 수행을 충분히 잘 하기만 하면 설사 그것이 완벽하지는 않다 하더라도 한 가닥 생명줄을 가지고 있는 셈이어서, 잠시 놓친다 하더라도 다시 붙잡을 수 있습니다. 바로 밑에는 깊은 심연이 있을 수도 있지만, 바닥으로 떨어지지 않고 늘 생명줄을 붙잡고 다시 올라올 수 있겠지요.

또 어떤 사람은 주력[持呪]*이 유익하겠다 싶어 주력을 하다가 수식

---

* [역주] 진언[呪]을 계속 염하는 수행법. 지주(持呪)라고도 하지만 한국불교에서는 흔히 주력이라고 한다.

으로 바꾸었는데, 그러면 더 좋은 결과가 나올 거라고 생각했기 때문입니다. 다른 어떤 방법에서 더 좋은 결과를 구하려는 것은 잘못입니다. "이 산에서 보면 저 산이 더 높아 보인다"고 하듯이, 수행도 이와 마찬가지일 수 있습니다. 여러분은 자신이 별로 성공을 거두고 있지 못하다고 느끼고 더 높은 봉우리에 도달하기를 바랄지 모르나, 그와 같이 분별하는 순간 바로 수행에서 벗어납니다.

"진리를 구하면서 올바름을 등진다"는 것은, 깨달음을 구하는 바람에 오히려 거기서 더 멀리 벗어난다는 것을 말합니다. 공중에 깃털 하나가 떠다니고 있는데, 여러분이 갑자기 그것을 붙잡으려고 하면 공기를 교란시켜 오히려 깃털이 더 멀리 달아납니다. 만약 수행에서 기대하는 것이 있거나 어떤 목표를 붙들려고 하면, 그것은 오히려 여러분과 더 멀어질 것입니다.

3.5 문제를 없애려는 그 자체가 문제이다

둘 다를 버리는 것이 치유책이니	雙泯對治
투명하고 밝고 깨끗하네.	湛然明淨

수행에는 두 가지 장애가 있습니다. 하나는 일어나는 문제들을 없애려고 하는 것이고, 또 하나는 아무 문제가 없다고 생각하는 것입니다. 첫 번째 상황에서는 문제들을 없애려고 하는 것이 피로와 번뇌를 가져올 수 있습니다. 앞에서 우리가 이야기한 "범속함과 성스러움을 분별하여 번뇌가 더욱 심해진다(分別凡聖 煩惱轉盛)"고 한 행을 생각해 보십시오. 번뇌를 없애려고 하는 그 자체가 바로 번뇌입니다. 망념을 없애려고

하는 것은 또 하나의 망념을 덧붙이는 것에 지나지 않습니다.

오늘 어떤 분은 마치 아주 미세한 깃털이 콧구멍에 있는 것같이 코가 가려웠는데, 그는 계속 스스로에게 이렇게 말했습니다. "아냐, 나는 여기에 동요되지 않겠어." 이렇게 말하면 말할수록 코는 더 가려웠습니다. 결국 그는 그 문제를 가지고 저를 찾아왔고, 저는 그에게 만금유萬金油(Tiger Balm-피부병 등을 치료하는 연고)를 좀 주었습니다. 그러나 만일 이분이 코가 가려운 것을 걱정하는 대신 자신의 방법에 좀 더 집중할 수 있었다면, 그렇게 마음이 분산되지는 않았을 것입니다.

저는 좌선할 때 다리가 아프면 그냥 아프게 내버려두고 몸을 움직이지 않습니다. 얼마 지나면 그 통증은 서늘한 느낌으로 변합니다. 만일 조금이라도 움직이면 통증이 돌아올 수 있고, 그래서 저는 그냥 가만히 앉아 있으면서 계속 그 상태를 유지합니다. 얼마 후에는 두 다리를 움직일 수 있고, 그러면 그다지 아프지 않습니다. 이런 훈련을 하면 가면 갈수록 더 오래 앉아 있을 수 있습니다. 그러나 강한 결의와 의지력을 갖춘 사람들만이 그렇게 할 수 있습니다. 다리가 많이 아플 때 주의력을 옮기거나 정신을 분발시킬 수 없다면, "좋아, 나는 주의력을 방법상에 집중하겠다"고 말해 봤자 아무 소용이 없습니다. 이럴 때 힐 수 있는 것은 주의력을 통증에 집중하여 그것을 참아내는 것입니다.

수행 중에는 늘 통증이 나타날 수 있는데, 그것을 없애려고 하지 마십시오. 그냥 그것을 받아들이거나 아니면 방법상에 집중하면 됩니다. 이 두 가지 중에서 하나라도 할 수 있으면 그 통증은 결국 스스로 사라질 것입니다. 어떤 때는 충분히 이완되어 있지 않으면 통증이 오고, 또 자기가 모르는 부상에서 통증이 올 수도 있습니다. 좌선을 하면 혈액 순환이 더 좋아질 수 있고, 그래서 기氣가 그런 부상당한 부위까지 도달할 수 있는데 이것은 좋은 현상입니다. 가능하면 통증을 받아들이고, 도망

가지 않는 것이 제일 낫습니다. 침을 놓을 때 침이 환부와 관련 있는 자리에 들어가고 몸에 반응이 나타난다면, 그 침은 확실히 정확한 위치에 들어갔을 가능성이 높습니다. 그러나 침이 잘못 꽂혀 있으면 그런 반응이 없을 수도 있습니다. 그와 마찬가지로 통증도 어쩌면 좌선시에 유익한 일이 일어나고 있음을 말해주는 것일 수 있습니다.

또 하나의 장애는, 사람들이 스스로 아무 문제가 없다고 생각하는데 실은 아주 큰 문제를 가지고 있는 것입니다. 이런 상황이 발생할 때는 수행에서 참된 진보를 이루기가 아주 어렵습니다. 그들에게는 자신이 신뢰할 수 있는 스승이 와서 이렇게 말해주어야 합니다. "그렇다. 그대는 큰 문제가 있는데, 그 문제는 그대가 그것을 인식하지 못한다는 것이다." 그런 지도의 말을 듣지 못하면 이런 수행자는 그런 식으로 오랫동안 수행을 계속할 가능성이 큽니다. 그는 수행할 때는 아무 번뇌가 없지만 일상생활에서는 여전히 많은 번뇌를 가지고 있습니다. 사실 알아차리기만 하면 이런 문제는 해결할 수 있지만, 아주 오랜 시간이 지난 뒤에야 비로소 문제를 알아차릴 수도 있습니다. 만일 좋은 스승이 있어서 그의 문제를 지적해 줄 수 있다면 한결 쉽고 빠르겠지요.

망념이 있다 하더라도 그것을 알아차릴 수 있기만 하면 문제는 없습니다. 좋지 않은 것은, 그것을 인식하지 못한 채 마음속으로 '오늘 오후에는 좌선을 아주 잘했고, 이런 온갖 것들을 생각했다' 고 생각하는 것입니다. 망념이 있는 것이 문제가 아니라 망념을 인식하지 못하는 것이 문제입니다. 좌선을 하는 어떤 사람들은 더 미세한 생각의 수준으로 들어가는데, 그것은 그들의 마음이 아주 맑고 고요하기 때문입니다. 그런데 어떤 사람들은 즐거운 생각에 빠져 버립니다. 이런 사람들은 자기에게 문제가 있다는 것을 알아차리지 못할 수 있습니다.

대만의 어떤 사람은 늘 시를 쓰곤 했는데, 나중에는 영감을 잃어 버렸습니다. 그가 만년에 출가하여 스님이 되자 다시 시를 쓰기 시작했습니다. 그의 스승이 물었습니다. "자네는 어떻게 해서 다시 시를 쓰게 되었나?" 그 스님이 말했습니다. "스님, 좌선을 가르쳐 주신 은혜에 크게 감사드립니다. 저는 지금 좌선을 하고 있으면 시가 그냥 흘러나옵니다." 만일 그가 좌선을 하여 얻은 것이 그것이라고 하면, 그는 문제가 있는 것입니다.

"투명하고 밝고 깨끗하다"는 구절의 의미는, 만약 특별히 처리해야 할 문제가 없다면 깨달음이 곧 현전할 거라는 것입니다. 오늘 한 분이 저에게 말했습니다. "저는 계속 기다리고 있습니다! 기다린다고요! 제 마음이 아주 고요하고, 아주 평온하기를 기다립니다. 제가 이런 침묵 속에 앉아 있으면 결국 무심에 도달하겠습니까?"

제가 말했습니다. "그런 침묵은 무심과 다릅니다. 그러나 당신이 이런 방향으로 계속해 나가면 무심에 도달할 수 있고, 어떤 때는 부지불각 중에 도달하기도 합니다. 그렇기는 하나 무심은 그냥 침묵과는 다릅니다. 침묵의 경계에서는 당신이 자기 마음이 아주 고요하다는 것을 체험하고, 따라서 마음속에 여전히 그 생각이 있습니다. 무심의 경계는 똑같은 침묵이지만 거기서는 아무 생각이 없습니다."

제4차 선칠

힘들게 애쓰거나 재주 부릴 것 없다

4.1 어린아이같이 되라

    힘들게 애쓰거나 재주 부릴 것 없네.   不須功巧
    어린아이 같은 행을 지켜라.   守嬰兒行

  지금 우리가 이 두 구절의 게송을 다루고 있다는 것이 좀 기이하군요. 오늘 아침 제가, 선칠을 할 때는 갓 태어난 어린아이같이 되라는 이야기를 했는데, 어떤 사람이 물었습니다. "만약 저희들이 어린애라면 기저귀는 어디 있습니까?" 갓난아이는 기저귀에 관해 아무것도 알 필요가 없습니다. 그것은 엄마 소관입니다. 이것은 여러분에게도 적용됩니다. 여러분이 아는 모든 것, 이제까지 배운 모든 것이 여기서는 다 필요 없습니다. 수행할 때는 그저 갓난아이같이 그렇게 하는 것이 좋습니다. 사람들은 이렇게 생각할지 모릅니다. 인생의 목적은 점점 더 많은 것을 부단히 배워가는 것인데, 법융선사가 여기서 우리에게 주는 것은 이상한 충고라고 말입니다. 그가 우리에게 이야기하는 것이 바로 우리가 배워야 하는 것 아닙니까? 맞습니다. 그러나 일단 배우고 나면 놓아 버려야 합니다.

여러분은 속눈썹이 얼마나 많이 나 있습니까? 그것은 바로 여러분의 얼굴에 있지만 여러분은 아마 모를 것입니다. 설사 안다 하더라도 그런 지식이 쓸모 있겠습니까? 일상생활에서는 지식을 사용하는 것이 올바르지만, 수행을 놓고 말하자면 많은 지식은 오히려 마음을 분산시킵니다. 만약 많은 것을 배우겠다고 선칠에 들어오면 별로 배우지 못할 것입니다. 또 자기가 이미 많은 것을 알고 있다고 생각하면 별로 진보하지 못할 것입니다. 이상적인 상황은 어린애같이 되는 것입니다.

어떤 사람들은 8년 내지 10년 동안 저와 함께 수행하고 나서 자기가 어떤 단계에 있느냐고 묻습니다. 여전히 초학자라고 말해주면 어떤 사람은 이렇게 말할 것입니다. "제가 초학자라면 지금 막 시작하는 사람들은 뭐라고 해야 됩니까?" 저는 이렇게 말합니다. "그들은 자기 자신에게 초학자이고, 그대는 그대 자신에게 초학자입니다. 만일 그대가 50년이 지난 뒤에 묻는다 해도 저는 여전히 그대가 초학자라고 말할 것입니다." 이해가 됩니까?

질문: 스님, 스님께서도 여전히 초학자이십니까?

답변: 그렇습니다. 저는 여전히 초학자이고, 언제나 초학자입니다. 왜 초학자입니까? 저는 이제까지 배운 적이 없기 때문입니다(我從來不學).

질문: 저는 어린아이같이 될 수는 있지만, 여전히 어른의 의식을 가지고 있습니다.

답변: 맞습니다. 어린아이같이 되고는 싶지만 진정으로 어린아이이고 싶지는 않은 거지요. 그대는 아직 어떤 방법을 사용해야 하고, 아직도 경전을 읽고 법문을 듣습니다. 그대가 진짜 어린아이라면 그런 것을 하지

못하고 제가 하는 말도 이해할 수 없겠지요. 어린아이같이 된다는 것은 옳다 그르다, 좋다 나쁘다, 진보했다 못했다 하는 그런 관념이 없다는 뜻입니다. 그러니 만약 그대에게 성공하려고 애쓰거나 실패를 두려워하는 그런 생각이 있다면, 그대가 결국 어떻게 될 거라고 생각합니까?

여기 있는 리처드는 아주 열심히 수행해 왔지만, 자기가 진보하지 못했다고 느끼고 있습니다. 제가 지켜보니 그는 아주 결의에 찬 표정을 하고 있었습니다. 그런 표정을 하고 있는 것을 한 동안 지켜보고 나서, 저는 그와 소참小參(면담)을 해야겠다고 생각했습니다. 그래서 그를 소참실로 불러 긴장을 풀라고 말했습니다. 수행은 늘 이완된 상태로 시작해야 하고, 어떤 이익도 구하지 않고 어떤 진보도 구하지 않아야 합니다. 그와 같이 시작할 수 있으면 빨리 전진할 것입니다.

만약 사막 가운데 있는데 물이 없다면, 살아남을 수 있는 유일한 길은 샘물을 발견할 때까지 줄곧 우물을 파는 것입니다. 파는 그 구덩이에서 물이 날 수 있다고 가정해도, 너무 급히 파게 되면 물 있는 데까지 파기도 전에 기력이 다해 버릴지도 모릅니다. 수행은 사막에서 우물을 파 물을 얻는 것과 비슷한 데가 있습니다. 물을 찾는 것이 급하기는 하지만 너무 바삐 할 수는 없습니다.

오늘 어떤 사람이 이렇게 말했습니다. "저는 아주 열심히 노력하지만, 열까지 세려고 할 때마다 다섯까지밖에 못 셉니다. 할 수 없이 하나부터 다시 시작합니다. 저는 다섯도 넘어서지 못합니다."

제가 말했습니다. "당신이 호흡을 세어 보지 않았더라면 자신이 다섯을 넘지 못한다는 것을 몰랐겠지요. 그래서 지금은 자기 마음이 산란하다는 것을 아는 것이니, 그것은 유용한 것입니다." 아이는 어떤 단계에서 열까지 셀 수 있습니까?

(대중이 대답한다. "두 살이나 세 살 때입니다.")

여기 우리는 어른들인데도 열까지 세지를 못합니다. 물론 여러분은 모두 어린아이와 같기 때문에 그것이 이해는 됩니다. 그렇다 하더라도 (호흡을 세는 데서) 즐거움과 열렬함을 느껴야 합니다. 너무 초조해 하면 둘까지 세고는 놓쳐 버릴 것입니다. 결국 이렇게 말할 수도 있겠지요. "관두자. 전에는 내가 꽤 똑똑했는데 지금은 멍청하군. 무슨 수행이 이래?"

만일 어떤 방법도 효과가 없거나 잘 해낼 수 없다고 느끼게 되면 기가 죽기 쉽습니다. 부디 실패를 두려워하지 마십시오. 수행을 놓고 말하자면, 실패 같은 것은 없습니다. 몸이 불편한 것도 정상이고, 졸음[昏沈]이 오는 것도 정상이며, 들뜸[掉擧]도 정상입니다. 저는 사람들을 속이겠지요—저는 그들에게 이렇게 말합니다. 선칠을 하여 사흘만 지나면 다리와 허리도 더 이상 아프지 않을 것이고 집중도 잘 될 거라고 말입니다. 그것은 확실히 그렇습니다. 왜냐하면 첫 사흘간이 좀 힘들고, 나흘째가 되면 보통 어느 정도 적응이 되어 그렇게 많은 문제는 없을 테니까 말입니다.

하지만 처음 며칠간은 사람들이 집에 갈 생각을 곧잘 합니다. 오늘 집에 가야겠다고 생각하는 사람은 없습니까? 당신? 또 누가 있습니까? 아마 내일은 집에 돌아가겠다는 사람이 더 나오겠지요. 사흘째 날은 조금 적어질 것이고, 나흘째가 되면 집에 가고 싶다는 사람이 없을 것입니다.

어떤 상황에서도 방법을 마음대로 바꾸면 안 됩니다. 사정이 있으면 먼저 저에게 물으십시오. 여러분에게 문제가 있다는 것을 제가 알면 여러분을 지도해 드릴 수 있습니다. 하지만 저에게 자신의 문제를 이야기하지 않고 가 버리면 제가 도와드릴 수 없습니다.

❂ 깨달음에는 지름길이 없다

| 또렷하게 알아도 | 惺惺了知 |
| 견해의 그물이 더욱 늘어나고 | 見網轉彌 |

    우리가 수행을 시작할 때는 보통 사람들과 마찬가지로 산을 보면 산이고, 물을 보면 물입니다. 수행이 깊어진 뒤에는 산을 보아도 산이 아니고, 물을 보아도 물이 아닙니다. 아주 일념으로 수행할 때 이런 현상이 나타나는데, 사람들은 심지어 여러분이 약간 멍하다고 생각할지 모릅니다. 이 단계에서는 거울에 비친 자기 자신도 알아보지 못할 수 있습니다. 최종적으로 깨닫고 난 뒤에는 산을 보면 다시 산이고, 물을 보면 다시 물입니다.

    처음 시작할 때는 우리가 자신의 집착과 감정으로 사물을 봅니다. 기분이 좋을 때는 바라보는 산과 물이 다 아름답지만 기분이 좋지 않을 때는 사정이 달라집니다. 한번은 제가 몇 사람과 함께 등산을 하고 있었습니다. 출발할 때는 다들 신바람이 나 있었지요. "이 아름다운 산 좀 보세요. 시내에서는 이런 경치 못 봐요." 하면서 말입니다. 세 시간쯤 지난 뒤 몇 사람의 기분이 변하기 시작하자 아름다운 산이 괴로운 산이 되어 "우리가 과연 산 정상에 올라갈 수 있을까?" 하는 것이었습니다.

    만일 어떤 깨달은 사람이 동행했다면 그 산을 어떻게 볼까요? 처음부터 그 산을 있는 그대로 봅니다. 그는 산이 얼마나 높건 관계없이 모두 정상까지 올라가야 한다는 것을 압니다. 도중에 신나서 들뜨는 느낌도 없고 싫증나서 맥이 풀리지도 않습니다. 사정이 어떻든 그는 줄곧 같은 느낌입니다.

    일전에 어떤 여사女士님이 흐느끼면서 저를 찾아왔습니다. 아이들은 컸는데 남편이 자기를 학대한다는 것이었습니다. 그들이 처음 결혼했을 때는 남편이 자기에게 아주 잘 해주었는데 7, 8년 지나고 나자 늘 싸우게 되었고, 어떤 때는 이혼하자는 말까지 나온다는 것입니다. 그러면서 저에게 조언을 좀 해 달라고 했습니다. 저는 그녀에게 이혼하지 말라고 타일렀지요.

그녀가 말했습니다. "이혼을 원하는 건 남편이 아니고 전데요."

제가 물었습니다. "당신은 사탕수수를 먹어 본 적이 있습니까?"

"먹어 보았습니다."

"사탕수수를 먹을 때 어느 쪽부터 씹기 시작합니까?"

그녀가 물었습니다. "무슨 차이가 있는데요? 양쪽 다 똑같지 않습니까?"

제가 말했습니다. "아니, 같지 않지요. 뿌리 가까운 쪽은 아주 달지만 잎 가까운 쪽으로 가면 거의 맛이 없어 차라리 끓인 물을 마시는 게 낫습니다. 만약 그쪽에서 시작하면 뿌리 쪽으로 가면 갈수록 달아집니다. 지금 남편과 당신의 관계는 사탕수수의 끄트머리 쪽에 있는 것과 같습니다. 당신이 남편과 함께 사탕수수를 거꾸로 먹어 내려간다면, 가면 갈수록 좋아질 것입니다. 지금 그다지 달지 않다고 해서 결혼 생활을 포기하지 마십시오."

수행도 이와 같습니다. 이해가 됩니까? 수행이 잘 안 되면 여러분은 이렇게 말할지도 모릅니다. "이건 시간 낭비다. 나는 여기서 수행을 해도 즐겁지도 않고 열의도 없어." 이런 태도를 가지면 상황이 더 나빠질 것입니다. 자신의 상황에 대해 덜 분별하면 할수록 수행을 더 잘하게 될 것입니다.

어느 자매는 결혼하기 전에 자기 남편 될 사람들에 대해 많이 알지 못했습니다. 그 중의 한 사람은 자신이 아주 억세고 힘 센 남자를 원한다고 생각했고, 또 한 사람은 자신이 온화하고 의젓한 남자를 원한다고 생각했습니다. 그러나 아주 억세고 힘 센 남편을 원한 사람은 온화하고 의젓한 남자와 결혼했고, 온화하고 의젓한 남편을 원한 사람은 아주 억세고 힘 센 남편을 만났습니다. 결국 두 자매는 각기 자기 남편과 함께 행복하게 살고 있습니다. 각자 자기가 원한다고 생각했던 것이 자기에게 정말 필요한 것은 아니었던 것입니다. 그와 마찬가지로, 수행할 때는 '내가 이렇게 지름길을 택하면 더 빨리 깨달음을 얻을 수 있겠지' 하는 그런 생각을 놓아 버리십시오. 여러분이 원한다고 생각하는 것이 여러분에게 필요한 것은 아닐 수 있습니다. 깨달음에는 지름길이 없습니다.

여러분이 꾸준히 노력한다면, 수행이 어려우면 어려울수록 결과는 더 좋습니다. 지름길을 찾는다고 해서 힘을 얻는 것도 아니고 크게 진보하는 것도 아닙니다. '지견의 그물(見網)'*이 촘촘하면 할수록 해탈을 얻기는 더 어려울 것입니다. 불교적 방법에 관한 지식은 유용하지만, 수행을 할 때는 그 지식을 가지고 어떻게 하면 더 잘 수행할 수 있을까를 생각하지 마십시오. 그 '지견의 그물'이 여러분을 단단히 옥죌 것입니다. 방법을 고수하면서 열심히 노력하고, 과거나 미래는 걱정하지 마십시오. 그렇지 않으면, 애초 곧바로 가던 길도 쓸데없이 둘러가는 길이 되기 일쑤입니다. 수행에 대한 이전의 모든 지식과 견해를 내려놓고, 마음이 방법상에 머무르게 하십시오. 공안에 대해서 생각한다든가 어떤 불교 용어가 무슨 뜻일까를 생각하는 따위는 절대로 하지 마십시오. 그런 건 일체 다 잊어버리고 어린아이같이 되십시오.

---

* 머릿속의 개념과 자신의 견해가 그물과 같이 자기를 속박하는 것을 비유했다.

4.2 참된 고요함이 선정이다

| 고요한 가운데 보는 바가 없이 | 寂寂無見 |
| 어두운 방에서 움직이지 않네. | 暗室不移 |

| 또렷하되 망상이 없고 | 惺惺無妄 |
| 고요하되 밝으면 | 寂寂明亮 |

어떤 수행인들은 선정을 깨달음으로 오인하는데, 이것이 바로 법융 선사가 말하는 "고요함 가운데 보는 바가 없다"는 것입니다. 지은이가 암시하는 것은, 고요하고 움직이지 않되 작용하지 않는 마음이란 어두운 방 안에 꼼짝도 않고 앉아 있는 것과 같다는 것입니다. 그에 반해 뒤의 두 구절이 묘사하는 것은 깨달은 마음입니다. 즉, 깨어 있지만 망념이 없고, 고요하며 또한 밝습니다. 이런 말들은 보통 깨달은 마음을 묘사하기 위해 사용됩니다. 고요하되 밝고, 그러면서도 여전히 작용하는 마음이지요. 우리의 수행을 놓고 말하자면 '또렷함(惺惺)'은 '관(觀)'을, '고요함(寂寂)'은 '지(止)'를 가리킵니다.

우리는 '관(觀)'의 방법을, 하나의 고요한 혹은 평온한 마음으로 생각을 관찰하는 것이라고 보아야 합니다. 초심자들에게는 이것이 마음의 긴장을 풀고 아무 생각 없이 그저 관찰해야 한다는 것을 의미합니다. 그렇게 할 수 있습니까? 여러분은 느린 경행(slow-walking meditation)을 할 때 마음이 산만해지지 않을 수 있습니까? 여러분이 몸에게 움직이라고 명령합니까, 아니면 몸이 스스로 움직입니까? 만일 여러분이 걸을 때 생각을 하고 있지 않다면 그렇게 걷는 것은 누구입니까?

참된 고요함[寂靜] 혹은 그침[停止]이 바로 선정입니다. 시작할 때의 고요함이란, 방법 외에는 다른 어떤 것도 생각하지 않는 것을 말합니다. 마음이 오로지 한 가지만 관하는 지점에 이르렀을 때 그것이 일심一心입니다. 마음이 하나에 오롯이 집중되어 움직이지 않으면 곧 '지止'와 같은데, 이것이 초기 단계의 '관觀'의 목표입니다. 즉, 마음을 평온하게 하는 것이지요.

지금 저는, 우리들 대다수가 자기 마음을 안정시키지 못하고 있다고 말해야겠습니다. 우리는 '관觀'을 할 때에도 여전히 다른 생각이 있는데, 설사 우리가 '지止'에 도달한다 하더라도 여전히 많이 취약합니다. 깊이 관하는 수준에 도달하고 의지가 견고하면 모를까, 그렇지 않으면 곧 '지止'에서 벗어나게 될 것입니다. 산란심을 제어하기 위해서는 다시 '관觀'을 들어야 합니다. '지止'와 산란함 사이를 오락가락하는 것이 정상입니다. 그러니 쉽게 생각했다가 좌절하지 마십시오.

선정의 경계[定境]에 들려면 마음을 한 점에 집중해야 합니다. 방법 이외의 다른 일체가 사라져야 하고, 마지막에 가면 방법조차도 사라져야 합니다. 수행 중에는 현상들을 분명히 지각하면서도 비교적 현상에 의해 동요되지 않을 수 있습니다. 이런 느낌은 좌선을 하고 난 뒤에도 지속될 수 있습니다. 이것은 좋은 경험인데, 초심자들에게 특히 그렇고, 일상생활에서도 유용합니다. 그러나 그것은 선정에 이르는 길은 아닙니다.

어떤 수행자들은 자신의 마음을 쓰지 않는 단계, 더욱이 무엇을 지각하거나 명료히 자각하지 않는 그런 상태에 도달합니다. 이것은 선정도 아니고 선정에 이르는 길도 아닙니다. 그것은 어두운 방 안에 갇혀 있는 것과 같습니다. 이것은 하나의 공백이지 진정한 삼매가 아닙니다. 왜냐하면 진짜 선정에서는 시간감이나 공간감이 없고, 자기도 의식하지 못하기 때문입니다. 「심명」에서 묘사하는 고요함 속에서의 자아, 시간,

공간에 대한 고요한 자각은, 선정이나 깨달음과는 다릅니다.

  자신이 선정의 경계에 들어 있다고 생각할 때, 실은 결코 선정이 아닙니다. 여러분이 진짜 선정에서 나올 때는 평상시에 느끼는 것과는 다르겠지만, 자신이 방금 선정을 경험했다는 말을 하지 않게 될 것입니다. 선정을 체험하는 사람들은 아주 명료하고 가뿐하게 이완되어 있지, 아무것도 지각하지 못하는 백치가 아닙니다. 만일 좌선을 하는 목적이 백치가 되는 것이라면 그렇게 많은 사람들이 와서 배우지 않겠지요.

마음을 거울같이 만들라

  "또렷하되 망상이 없다"와 "고요하되 밝다"가 수행할 때의 올바른 길입니다. 자기가 하고 있는 일과 주위에서 일어나고 있는 일을 또렷하게 알지만, 산란한 생각이 없고 주위에서 일어나는 일로 영향을 받지도 않습니다. 여러분은 사람들이 (선 센터) 바깥에서 걸어가고 이야기하는 것을 듣지만 마음은 거기에 고착되거나 달라붙지 않습니다. 이런 현상이 사라질 때도 마음은 그것들을 따라가지 않습니다. 마음은 거울처럼 그 앞에 있는 깃을 명료히 반사하지만 그 사물이 지나가고 나면 거울은 다시 비어 있습니다. 여러분의 마음을 맑은 거울[明鏡]처럼 만들 것이지 카메라처럼 만들지 마십시오. 카메라는 한 순간을 포착하여 그것을 고정하고 필름에 저장합니다. 만일 마음이 카메라와 같이 부단히 정보를 받아들이고 거기에 집착한다면 그것은 수행의 장애입니다.

  모든 생각은 필경 망념이지만, 이것이 바로 분별심이 작동하는 방식입니다. 분별심과 망념을 몰아내려면 그것들을 이용해야 합니다. 따라서 수식數息과 주력[持呪] 등의 방법은 그 자체 망념이지만, 우리가 지금 하고 있는 일에 대해서는 올바른 망념입니다. 방법 외의 다른 생각들은 외부에서 온 것이고 산란한 것이지만, 그것들을 격하게 다루는 것은 효과적인 전략이 아닙니다. 자기가 방법을 버리고 망념을 따라갔다는 것을 알아차렸으면, 그냥 그 생각을 떨쳐 버리고 방법상으로 돌아가십시오. 그러면 '올바른' 망념, 즉 방법으로 돌아가게 될 것입니다.

이 선 센터 뒤에는 화원이 하나 있습니다. 우리는 화초와 채소를 위하여 잡초를 뽑지만 잡초에 대해 짜증을 내지는 않습니다. 잡초는 자연적이고 피할 수 없는 것일 뿐더러, 우리가 그것들에 고마워해야 합니다. 왜냐하면 그것들은 우리가 건강하고 아름다운 화원을 유지할 수 있게 도와주기 때문입니다. 망념은 화원의 잡초와 같으니 그것을 저주하지 마십시오. 왜냐하면 그것이 우리의 집중력과 결의를 강화해 주니까요.

마음이 고요하고 잡념이 없을 때는 명징해질 것입니다. 저는 플로리다 주의 시월드(Seaworld)를 보러 가서 유리벽을 통해 해저 세계를 들여다본 적이 있습니다. 물이 너무 고요했기 때문에 마치 물이 전혀 없는 것 같았습니다. 우리의 마음도 이와 같아야 합니다. 명징하고 움직이지 않는 것이지요. 그것은 아직 선정은 아니지만, 선정으로 나아가는 길에서 자연히 이런 움직이지 않는 명징함을 체험하게 될 것입니다.

깨달은 마음은 선정에 든 마음[禪定心]과도 다르고 산만한 마음[散漫心]과도 다릅니다. 깨닫고 나면 그 사람은 결코 선정에 들어 있지 않지만, 마음은 선정에 든 사람의 그것과 비슷합니다. 깨달은 사람도 여전히 일상 활동을 하지만 마음에 좋고 싫음[好惡]이 없습니다. 이것은 깨달음의 정력定力(선정의 힘)에서 온다고 볼 수 있습니다. 그러나 대다수의 깨달음 체험들은 결코 영구적이지 않으며, 결국 정력도 희미해질 것입니다. 정력이 얼마나 오래 유지되느냐는 애초의 깨달음이 얼마나 깊은가에 달렸습니다.

깨달음에서 오는 정력을 체험한 사람과 정력을 체험하기는 했지만 깨닫지 못한 사람 간의 차이는, 전자는 본래 자기에게 다 갖추어져 있는 불성을 보았다는 것입니다. 여기서 분명하게 이야기해야겠습니다. 왜냐하면 제가 말하는 것은 서로 다른 두 가지 맥락에서의 삼매이기 때문입니다. 첫 번째 정력은 이미 참으로 안정된 마음을 닦은 데서 나오며, 이 힘은 선정에서 올 수도 있고 깨달음에서 올 수도 있습니다. 선정은 또한 좌선할 때의 몰입의 한 수준을 말하기도 하는데, 이때는 마음이 한 생각 위에 머물러 있고 다른 일체가 사라집니다.

대부분의 깨달음은 시간이 가면서 희미해집니다. 대다수 사람들에게 그것은 마치 하나의 섬광처럼 지나가는 인식이어서, 왔다가는 갑니다. 그 후에는 열심히 노력해야만 깨달음을 기약할 수 있습니다. 다른 한편, 참으로 큰 깨달음이 있는데, 그것은 좀처럼 보기 드문 것으로 (시간이 가도) 희미해지지 않습니다. 그 가장 좋은 예는 바로 부처님 자신의 철저한 깨달음[徹悟]입니다.

깨달은 사람의 마음은 거울과 같아서, 지혜의 작용을 통해 자연스럽게 중생들에게 반응합니다. 그러나 깨달은 사람은 어떤 깨달은 '나'가 있어서 사람들을 돕고 있다고는 전혀 느끼지 않습니다. 마치 거울이 그것에 반사되는 사물을 전혀 의식하지 못하듯이 말입니다. 일반 중생은 어떤 것은 아주 중요시하고 다른 것들은 배척하지만, 깨달은 사람은 일체를 평등무이平等無二한 것으로 봅니다. 그들은 중생들이 고통 받는다는 것을 알지만 자신은 더 이상 고통을 경험하지 않습니다. 그들은 자비심으로 우리에게 반응하지 동정심으로 반응하는 것이 아닙니다. 어떤 이들에게는 깨달은 사람이 우리를 인간답게 만드는 여러 가지 상황에 대해 너무 초연해 있는 것처럼 보입니다. 많은 사람들은 사실 그렇게 아무 동요가 없기를 바라지는 않겠지요. 우리는 욕망 때문에 감정과 번뇌가 있고, 또 욕망 때문에 고통을 받습니다. 따라서 무욕의 상태가 어떤 것인지 이해할 수가 없습니다. 우리는 자신의 경험과 감정을 이 상상된 깨달음 위에 투사하여, 그것이 텅 비고[空無] 소극적인 것이라고 간주합니다. 우리는 자신의 감정을 마치 그것이 우리를 규정하는 사물인 것처럼 꽉 움켜쥡니다.

자아중심에 집착하는 한 깨달을 수가 없습니다. 그러니 깨달음이 여러분을 목석같은 인간으로 만들 거라고 걱정하면서 시간을 낭비하지 마십시오. 허망한 마음이 이해하지 못하는 것들에 대해 신경 쓰지 마십시오. 그런 망념이 있을 때는 그냥 여러분이 수행하는 저 망념, 즉 방법상으로 돌아가십시오.

4.3 부처에게는 이룰 부처가 없다

모든 현상이 영원하고 참되며,   萬像常眞
삼라만상이 한 형상이네.   森羅一相

이 두 구절이 묘사하는 것은 깨달음 이후의 마음입니다. 깨닫기 전에는 일체의 현상이 다 허망한 것이며, 영원하지도 않고 진실하지도 않습니다. 우리가 상상하고 구별할 때는 우리가 축적하는 세간적인 생각과 지식들이 다 궁극적이지 않습니다. 그러나 일상생활 속에서는 대다수 사람들이 자신이 지각하는 것이 참되다고 말하겠지요. 어제 어떤 분이 저에게 말하기를, 자기는 평생 동안 몇 가지 일에 호기심을 느꼈다고 했습니다. 대다수 사람들은 천성적으로 호기심이 있습니다. 호기심은 우리가 무엇을 배우는 방식인데, 우리는 보통 자신이 배우는 것이 '참되다'고 여깁니다.

우리가 서로 다투는 까닭은 자기는 옳고 상대방은 틀렸다고 생각하기 때문입니다. 심지어 어떤 사람들은 자신들이 믿는 바를 위해 싸우려고 들기까지 합니다. 우리가 마음을 조화시키거나 집중하지 못하는 까닭은, 자신의 태도와 관념에 집착하기 때문입니다. 이것이 다른 사람들과의 충돌은 물론 자기 내면의 충돌까지 가져올 수 있습니다.

어제 제가 여러분에게 과거와 미래를 잊어버리고 그저 현재의 순간에서 노력하라고 했습니다. 어떤 분이 등을 구부정하게 하고 좌선하는 것을 보고 제가 그에게 뭐가 잘 안 되는 것이 있느냐고 물었습니다. 그는 자신의 에너지가 일어나기를 기다리고 있는 중이라고 했습니다. 그래서 내버려두었지요. 다음 입선 시간[一炷香]*에는 그의 에너지가 솟아나, 몸을 곧추 세우고 열심히 노력하기 시작했습니다. 오늘 아침에도 여전히 그러고 있었습니다. 그래서 제가 그에게, 어제는 어제고 오늘은 오늘이니 과거는 놓아 버리라고 했습니다. 그때 효과가 있었던 것이 지금도 반드시 효과가 있지는 않겠지요.

사람의 몸과 마음은 부단히 유전流轉하고 있습니다. 과거에 일어난 일에 집착하여 그것이 다시 일어나기를 기대하는 것은 번뇌를 유발할 수 있습니다. 기대하는 마음이 있으면 바라는 비를 잘 얻지 못합니다. 여기 한 우화가 그것을 잘 설명해 줍니다. 어느 날 한 어부가 큰 고기를 한 마리 잡았습니다. 나중에 그는 자신의 저번 행운을 기억해 내고 그 강가의 같은 장소로 갔습니다. 그러나 먼젓번에 고기를 잡았던 자리에는 때마침 부두가 하나 지어져 있었습니다. 그럼에도 그는 여전히 그 부두에서 낚싯줄을 드리우고 고기가 물기를 기다렸습니다. 그는 기대로

---

* [역주] '일주향(一炷香)'이란 '향 하나가 다 타는 데 걸리는 시간'이라는 뜻으로, 중국 선방에서 대중이 한 번씩 앉아 좌선하는 시간을 가리킨다.

인해 환상을 믿게 된 것입니다.

사건들은 일어날 당시에는 진실되지만 그 경험에 집착하는 것은 허망합니다. 사건들은 번개처럼 오고 갑니다. 오늘 어떤 사람이 저에게 말하기를, 자기는 좌선을 하다가 자기가 전생에 어떤 사람을 죽인 것을 또렷이 보았다고 했습니다. 제가 그것은 환의 경계[幻境]라고 했더니, 그는 과거에 일어난 모든 일이 환이냐고 물었습니다. 저는 그에게, 사건들은 그것이 일어날 당시에는 참되지만 기억의 형식으로 출현할 때는 망념이라고 말했습니다. 중요한 것은, 사건들이 일어나는 그 순간에는 그것이 진실되다는 것을 이해해야 한다는 것입니다. 만약 모든 일이 다 허망하다면 수행할 사람이 아무도 없겠지요. 왜냐하면 수행도 허망한 일일 테니까요. 수행한다는 생각은 허망하지만 수행 그 자체는 결코 허망하지 않습니다. 왜냐하면 여러분이 올바르게 수행할 때 마주하는 것은 현재의 순간이기 때문입니다.

그가 또 묻기를, 해탈도 망념이냐고 했습니다. 저는 해탈이라는 관념은 허망한 것이고, 자기가 해탈했다고 생각하는 것도 허망하다고 했습니다. 그러나 해탈 그 자체는 결코 허망하지 않습니다. 그렇지 않다면 수행도 아무 의미가 없고, 무엇을 한다는 것도 아무 의미가 없겠지요. 또 여러분이 뭔가를 하고 싶으면 뭐든지 해 버리겠지요. 왜냐하면 어떤 결과도 다 허망한 것일 테니 말입니다.

오늘 어떤 건설 인부들이 이웃집의 가스관을 고쳤습니다. 온종일 우리는 사람들이 이야기하고 기계가 돌아가고 착암기가 굴착하는 소리를 들었는데, 지금은 조용합니다. 만일 여러분의 마음이 아직도 그 소음에 반응하고 있다면 그것은 과거에 집착하는 것입니다. 만약 그것을 가지고 잠자리에 들면 잠을 못 잘 것입니다. 이것은 분명히 허망한 것입니다. 그렇지만 만일 낮에 누구와 다툰 것 때문에 밤에 잠들지 못한다면,

그 허망한 성품은 그렇게 분명하지 않을 수도 있습니다.

 이것은 말하기는 쉬워도 행하기는 어렵습니다. 수행할 때 현상들을 진실하지 않은 것으로 볼 수 있으면 그것을 내려놓기가 한결 쉬울 것입니다. 오늘 어떤 사람이 엉엉 울었습니다. 누가 '저 사람이 왜 저러지? 스님께서 도와주실 건가? 내가 도와주어야 하나, 아니면 그냥 좌선만 계속해야 하나?' 하고 생각한 사람 있습니까? 만약 이렇게 생각했다면 몇 초 사이에 분주한 마음이 바뀌어도 여러 번 바뀌었겠지요. 그녀가 운 것은 실제지만 그 울음이 여러분의 마음 속에서 유발한 생각들은 허망한 것입니다.

 불보살은 자비롭게 중생들을 돕지만 자신들은 영향을 받지 않습니다. 어떤 사람들은 불보살들이 무정하다고 볼지 모르지만, 그런 견해는 자아 관념에 대한 집착에서 나옵니다. 불보살은 자신과 중생들 사이에 구별이 없다고 봅니다. 그래서 중생을 별개의 개인들로 여기지 않습니다. 만일 독립된 자아 같은 것이 있다면 중생도 있을 것이고, 독립된 중생이 있다면 반드시 자아도 있겠지요.

 깨닫고 싶다는 생각을 늘 붙들고 있으면 속기만 할 것입니다. 일단 깨닫고 나면 그런 것을 늘 생각하지 않을 것이고, 만약 늘 생각한다면 그것은 참으로 깨달은 것이 아님을 말해줍니다. 그와 마찬가지로, 성불하겠다는 생각도 품지 마십시오. 부처에게는 이룰 부처가 없습니다.

 지금으로서는 집착을 놓아 버리고, 얻을 게 아무것도 없다는 마음으로 수행하십시오. 그러면 자연히 미래를 돌보게 될 것입니다. 제가 여러분에게 수행을 잘하고 있다고 말하면, 그 말이 입 밖에 나오는 즉시 과거의 일이 될 것입니다. 그러니 그것조차도 놓아 버리십시오. 제가 여러분의 노력이 부족하다고 비판해도 자책하지 마십시오. 그저 제 조언을 받아들이고 계속 수행하면 됩니다.

좋고 나쁜 것은 오고 간다

가고 오고 앉고 섬에　　　　　　去來坐立
그 무엇에도 집착하지 말라.　　　一切莫執

'가고 옴(去來)'이란 마음 속에서 생멸하는 현상들을 가리킵니다. 그것이 사람이든 생각이든 관념이든 감정이든 혹은 외부의 대상이든 관계없이 말입니다. 그냥 그것들을 모두 놓아 버리십시오. 한 입선 시간을 잘 앉고 나서 득의양양한 느낌이 들면, 여러분은 계속 그렇게 좌선할 수 있으면 좋겠다고 바랄지도 모릅니다. 또 한 입선 시간을 잘못 앉고 나면 좌선을 포기할까 생각할지도 모릅니다. 좋고 나쁜 것은 오고 가지만, 좋고 나쁨에 집착하는 것은 번뇌입니다. 만일 여러분이 오늘 잘 앉았다면 그것은 좋습니다. 이제 그것을 잊어버리십시오. 만약 놓아 버리지 못하면 내일은 잘 앉지 못할 것임을 제가 보증합니다. 여러분이 오늘 잘 앉지 못했다 하더라도 그 역시 잊어버리십시오.

우리에게 '앉고 섬(坐立)'은 좌선[打坐] 수행을 가리킵니다. 어떤 사람들은 좌선을 좋아하고 어떤 사람들은 경행(經行)을 좋아합니다. 분명히 어떤 사람들은 드러누워서 하는 좌선이나 심지어 잠을 자면서 하는 좌선을 더 선호하겠지요. 어떤 사람에게는 이 선 센터가 좋은 환경이지만 다른 사람에게는 그렇지 않습니다. 선칠을 시작할 때는 이런 요인들이 여러분의 수행에 영향을 주겠지만 며칠 지나면 환경에 적응해야 합니다. "어떤 것이 나에게 가장 좋은 환경인가" 하는 그런 어떤 관념도 놓아 버리십시오. 수행할 때는 환경이 여러분에게 맞든 안 맞든 상관없어야 하고, 여러분이 사용하는 것이 어떤 방법이든 상관없어야 합니다. 이 센터를 설립한 것은 수행을 돕기 위해서였습니다. 다른 일로 마음이 분산될 일이 없는 7일간의 이 기회를 잘 이용하십시오. 방법을 참으로 잘 해나갈 때는 그런 어떤 문제도 여러분을 괴롭히지 않을 것입니다.

　좌선, 경행, 절하기[拜佛], 일하기[出坡] 등 다양한 방식의 수행은 심신을 훈련시켜 어떤 상황에서도 잘 해낼 수 있게 해줍니다. 좌선을 통해서만 깊은 선정의 경지에 이를 수 있다는 이야기는 맞지 않습니다. 절을 하면서도, 심지어 경행을 하면서도 선정에 들 수 있습니다. 제가 여러분에게 마음을 사용하지 말고 몸이 저절로 걷게 하라고 하는 것은, 그것이 가능하기 때문입니다. 그럴 때는 몸무게를 느끼지 못할 것이고, 심지어 신체적 감각마저 잃어버릴 것입니다. 이런 모든 방법은 여러분이 집착을 떨쳐 버리도록 도와줄 수 있습니다.

4.4 선문禪門에 들기

| 어떤 방향도 정함이 없으면 | 決定無方 |
| 나고 듦이 있을 수 있으랴? | 誰爲出入 |

　'나고 듦(出入)'이란 선문禪門을 가리키는데, 선문은 형상도 없고 위치도 없지만 오히려 무한히 광대합니다. 여기 제가 오로지 선칠 때를 위해 남겨둔 이야기가 하나 있습니다. 여러분이 힘써 수행한 뒤에 선문에 도달하면, 문 앞에 문지기가 서 있다가 이렇게 말합니다. "먼저 당신은 무기를 내려놓아야 하오." 여러분은 그 문을 지나가기로 마음먹었기 때문에 두 번 생각할 것도 없이 모든 방어 수단을 내려놓습니다. 이어서 문지기가 말합니다. "그 다음에는 옷을 다 벗어야 하오." 여러분은 잠시 생각한 다음 남아 있는 집착을 전부 놓아 버립니다. 그런 다음 문지기가

말합니다. "이제 당신의 몸을 놓아 버려야 하오." 여러분은 한참 생각한 뒤에 깨달음을 위해서는 죽어도 좋다는 판단을 내리고, 몸을 놓아 버립니다. 마지막으로 문지기가 말합니다. "마음까지도 다 놓아 버려야 하오. 당신이 이 문을 들어갈 때는 아무것도 남아 있어서는 아니 되오." 여러분은 성공하겠다고 이미 결심한 터이므로 이 마지막 요구에도 동의합니다. 마음을 놓아 버리는 순간 그 문은 갑자기 사라집니다. 실은 통과해야 할 어떤 문도 없었고, 들어가야 할 아무 곳도 없었습니다.

여러분은 이런 정도의 결심과 신심을 가지고 있습니까? 집착을 놓는 것도 어려운데, 또 심신을 놓아 버리라고 요구 받습니다. 여러분은 선 수행이 이렇게 많은 것을 요구한다는 것을 알고 있었습니까? 여러분은 어쩌면 속는 것도 꼭 그렇게 나쁜 일은 아니라고 느낄지 모릅니다. 최소한 여러분은 아직도 존재하니까요. 저는 여러분에게 무엇을 하라고 강제할 권한은 없습니다. 모두 여러분에게 달렸습니다.

해탈을 위해 일체를 놓아 버린다는 이 비유는 무섭게 들릴지도 모르지만, 우리는 모두 초학자이고 모두 선문에는 아직 도달해 있지 않다는 것을 기억하십시오. 지금으로서는 여러분에게 필요한 것은 수행뿐입니다. 앞생각을 놓아버리고 뒷생각에 집착하지 마십시오. 다른 모든 것이 떨어져 나갈 때까지 현재 순간에 머무르십시오. 그러면 결국 아주 자연스럽게, 현재의 순간도 존재하지 않게 될 것입니다. 이것은 쉽습니다. 그렇지 않습니까? 만일 여러분이 중생들은 모두 이미 깨달아 있지만 자기가 그것을 모르고 있을 뿐이라는 이야기를 들었다면, 그것은 중대한 오해입니다. 여러분이 들었어야 할 이야기는, 우리가 본래 모두 부처이지만 자기가 아직 그것을 발견하지는(깨닫지는) 못했다는 것입니다. 깨달음이 바로 이러한 발견입니다. 부처는 모든 중생을 부처로 보지만, 중생은 중생을 그냥 중생으로 봅니다.

"어떤 방향도 정함이 없다"는 것은 부처님이 가르치신 모든 방법이 (우리를) 선문으로 데려다주지만, 일단 그곳에 도달하고 나면 무슨 '방향'을 이야기한다는 것이 아무 의미가 없다는 뜻입니다.

4.5 성불의 열차를 타라

합칠 것도 흩을 것도 없고	無合無散
늦지도 빠르지도 않네.	不遲不疾

첫째 구절은 공간을, 둘째 구절은 시간을 가리킵니다. 여기에는 한 쌍의 신혼부부가 있는데, 저는 그들에게 이 7일 동안은 접촉을 불허했습니다. 그들은 제가 그들을 갈라놓았다고 생각할지 모르지만 실은 갈라놓은 것이 아니고 그들은 여전히 부부입니다. 만일 그들이 참으로 나뉠 수 없는 사람들이라면 누구도 그들을 갈라놓을 수 없습니다. 또한 그 어떤 것도 그들을 완전히 일체가 되게 할 수 없습니다.

심지어 몸 안의 기관들조차 모두 별개입니다. 만일 압축하여 한 덩어리로 만들어 버리면 움직이지 않겠지요. 보통의 마음도 그와 같아서, 생각들이 늘 오고 갑니다. 만일 마음이 '하나'라면 어째서 어느 순간에는 탐욕을 느끼다가 다음 순간 만족을 느끼고, 어느 순간 슬픔을 느끼다가 다음 순간 쾌락을 느끼겠습니까? 그래서 우리는 몸과 마음이 환이라고 하는 것입니다. 그리고 사물들이 환인 한 어떤 통일도 없습니다.

오직 참마음—무심—만이 하나입니다. 안팎으로 어떤 분리도 없고, 따라서 공간을 이야기할 필요도 없습니다. 그러면 이 참마음은 어디 있습니까? 만약 도처에 있다고 말하면 그것은 참마음이 아닙니다. 통일심은 도처에 있지만, 무심은 공간과 전혀 무관합니다. 그것은 도처에 있으면서도 아무데도 있지 않습니다. 그래서 무심은 통일심을 초월해 있습니다. 통일심은 존재만을 인식할 뿐이고, 따라서 궁극적인 자각이 아닙니다. 무심은 거기서 한 걸음 더 나아가, 둘이 없이 평등하게[平等無二] 존재와 비존재를 인식합니다.

"늦지도 빠르지도 않다"는 것은 깨닫기까지 걸리는 시간과 깨달은 뒤의 시간을 가리킵니다. 많은 수행인들은 자신이 과연 깨달을지, 그리고 언제 깨달을지 궁금해 합니다. 어떤 연로한 분들은 제가 13세에 중이 되었다는 것을 알고 기가 꺾였습니다. 자신들은 깨달음을 얻을 시간이 부족하다고 생각한 것입니다. 말도 안 되지요! 깨달음은 순간의 일에 지나지 않는다는 것을 기억하십시오. 선문 앞에 사람들이 줄을 서 있습니까? 한 번에 한 사람씩만 들어갑니까? 성불하기 위해 번호를 받아 줄을 설 필요는 없습니다. 부처님들이 다른 이들보다 나이가 많습니까? 부처님들이 서로 누가 언제 깨달았고 어떻게 깨달았는지 비교합니까? 이것이 우습게 들리겠지만 어떤 사람들은 이와 같은 마음 과정을 겪습니다. '저기 저 사람은 바위처럼 앉아 있으니 필시 머지않아 깨달을 것이다. 나는 선칠을 스무 번이나 했는데 저 친구는 이제 처음 선칠을 하니, 내가 그보다는 깨달음에 더 가까이 있어야 한다.' 이런 생각들이 친숙하게 들립니까?

수행을 언제 시작해도 결코 늦지 않습니다. 성불을 향해 가는 첫 번째 열차를 놓쳤다 하더라도 이내 다음 열차가 옵니다. 중요한 것은 그 열차에 타서 차 안에 머무르는 것입니다. 일단 불법을 받아들여 수행을 시작했으면 계속 해나가십시오. 번뇌하고, 망념 속에서 길을 잃고, 집착하는 것 등은 결코 여러분이 열차에서 내리는 것을 의미하지 않습니다. 이런 장애들은 수행의 일부분이고 평생 여러분과 함께할 것입니다.

수행이란 바로 그런 장애들을 인식하는 것이고, 그럼에도 꾸준히 밀고 나가는 것입니다. 가장 중대한 장애는 깨달음을 기대하는 것인데, 그런 기대는 기력을 감소시킬 것입니다.

성불하게 되면 시간도 공간도 없고, 자기와 남이 둘이 아니며, 과거와 미래의 구분이 없습니다. 깨닫고 난 뒤에는 더 이상 집착이 없습니다. 보통 우리는 모두 자아중심적이어서 주로 자신의 이익을 위해 일을 합니다. 깨닫고 나면 우리가 남들을 이롭게 하기 위해 일을 합니다. 물론 저는 철저한 깨달음을 두고 하는 말입니다. 초기 단계의 깨달음 체험은 무아의 성품을 보았다는 것을 의미할 뿐입니다. 그것은 순간의 깨침[了悟]이고, 나중에 보면 여전히 자기는 부처가 아니고 번뇌와 집착을 가진 중생입니다. 그러나 그 체험에서 나오는 힘은 더 깊고 더 강한 수행으로 나아갈 수 있도록 우리를 고무해 줍니다. 그 힘이 얼마나 오래 유지될 수 있느냐는 우리가 노력하는 정도에 달렸습니다. 깨닫고 난 뒤에도 수행은 결코 끝나지 않습니다. 사실 깨달음의 체험 이후에는 두 배로 노력해야 합니다. 만일 제가 이야기하는 이런 것이 모두 수행에 관한 것으로 들린다면, 그것은 맞습니다. 그래서 우리가 여기 있는 것입니다—수행하기 위해서 말입니다.

제5차 선칠

밝음과 고요함은 있는 그대로이다

5.1 마음이 뜨고 가라앉게 하라.

밝음과 고요함은 있는 그대로여서	明寂自然
말로써 설명할 수가 없네.	不可言及
마음에는 다른 마음이 없으니	心無異心
정욕을 끊을 것도 없네.	不斷貪淫

'밝음(明)'은 지혜를, '고요함(寂)'은 번뇌가 없음을 가리킵니다. '있는 그대로(自然)'는 수행을 하든 하지 않든 밝음과 고요함이 있다는 것을 뜻합니다. 왜냐하면 수행이 지혜를 창조하는 것은 아니니까요. 『육조단경六祖壇經』에서 말하기를, "미혹되면 번뇌요 깨치면 보리(迷卽煩惱 覺卽菩提)"라고 했습니다. 보리菩提는 번뇌와 떨어진 적이 없습니다. 중생은 미혹되어 있기 때문에 보통 번뇌와 보리를 별개로 간주합니다. 그러나 부처들은 번뇌와 지혜가 동일하며, 소위 '번뇌를 떨쳐 버린' 그런

깨달은 존재 같은 것은 없다는 것을 이해합니다.

그래서 「심명」에서 "정욕을 끊을 것도 없다"고 하는데, 이것은 번뇌를 두고 하는 말입니다. 만일 여러분이 목표와 기대를 가지고 여기 왔다면, 제가 여러분이 시간을 조금 절약하도록 도와드리겠습니다. 즉, "여러분이 구하는 깨달음은 결코 존재하지 않습니다." 이것을 알고 나면 여러분이 지고 있는 무거운 짐이 떨어져 나갈 것입니다. 이제 여러분은 긴장을 풀 수 있으니, 모든 노력을 수행에 쏟고 어떤 얻고 잃음[得失]도 생각하지 마십시오. 「심명」에서는 지혜와 번뇌가 똑같다고 합니다. 그러니 무슨 얻고 잃음이 있겠습니까?

아무것도 얻을 것이 없다는 것을 알고 나면 여러분은 물을지 모릅니다. "그럼 왜 수행을 해야 합니까? 왜 선칠에 참가해야 합니까?"라고 말입니다. 핵심은, 만약 마음에 기대가 있으면 더 많은 번뇌를 일으킬 거라는 것입니다. 그러니 긴장을 풀기만 하면 됩니다. 망념, 번뇌, 혹은 심신의 상태 변화를 두려워하지 마십시오. 만일 무엇을 두려워해야 한다면, 무엇을 추구하고 회피하는 그 마음을 두려워하십시오.

기진맥진한 상태라고 느낄 때에도 자신을 핍박하거나 억압할 필요가 없습니다. 그것은 결코 여러분이 연약하다거나 실패자라는 것을 의미하지 않습니다. 기력이 고갈되고 마음이 완전히 분산되면 긴장을 풀고 좌복 위에 앉아서 쉬십시오. 방법조차도 신경 쓰지 말고, 심신이 회복되도록 하십시오. 억지로 힘을 써 봐야 자기만 더 피곤해지고 좌절감만 생깁니다. 만일 쉬고 싶지 않다면 일어나서 천천히 절을 하면 됩니다. 그러면 점점 마음을 가라앉힐 수 있습니다. 또 이런 동작은 여러분을 신체적인 나태함과 산만함에서 회복되도록 도와줄 것입니다.

성품이 공하여 스스로 떠나니　　　　　　性空自離

마음이 뜨고 가라앉게 내버려두네.	任運浮沈
맑지도 탁하지도 않고	非淸非濁
얕지도 깊지도 않네.	非淺非深

첫 구절은 "법의 성품이 공하므로 자연히 번뇌를 떠난다"로 보면 비교적 이해하기 쉽습니다. 법 혹은 현상은 본래 공한 것이어서 오래 가지도 않고 단독으로 존재하지도 않습니다. 법의 성품이 본래 공함을 알면 그것을 추구하거나 회피할 필요가 없습니다. 집착이 없으면 번뇌도 없습니다. 따라서 법이 공하다는 것을 이해하면 번뇌는 저절로 떠날 것입니다.

번뇌와 마주할 때 그것을 억누르고 반대하거나 그것에 집착하면 더 많은 번뇌와 장애를 만들어낼 뿐입니다. 저는 수행자들에게 망념에 주의를 기울이지 말라고 말합니다. 그러나 그들은 더러 이것을 망념을 억압하거나 차단하라는 말로 오인합니다. 실은 그것은 망념의 존재를 인정하되 그것에 집착하지 말라는 뜻입니다. 오는 것은 오게 하고, 가는 것은 가게 하십시오. 「심명」에서 말하듯이 "마음이 뜨고 가라앉게 내버려두라"는 것입니다.

마음이 뜨고 가라앉게 내버려두는 것은 진보의 확실한 표지입니다. 깨달은 사람에게는 망념이 더 이상 번뇌가 아닙니다. 만일 여러분이 어떤 선사가 제자들을 나무라는 것을 보았다면, 그것이 그 선사에게 번뇌이겠습니까? 이 선칠이 끝나기 전에 여러분은 그런 야단맞을 기회가 있을지도 모릅니다. 사람들은 보통 화내는 것을 번뇌로 여깁니다. 하지만 화내는 스승이나 조사들의 기록이 아주 많습니다. 한번은 문수사리(Manjusri) 보살이 칼을 쥐고 부처님께 말했습니다. "당신은 대체 어떤 부처님이십니까? 사람들에게 번뇌를 안겨주러 오신 것 같습니다. 아무래도 당신을 죽이는 것이 낫겠습니다."

완전히 깨달은 자들에게는 번뇌가 지혜요 지혜가 번뇌입니다. 따라서 화를 내는 반응도 그 근원은 지혜입니다. 부처님들은 중생들의 필요에 부응합니다. 분노가 필요하면 부처님들도 분노를 드러내지만, 그러고 나서는 그냥 다음 순간으로 넘어갑니다. 분노에 집착하게 되면 해로운 짓이나 해로운 말을 할 수도 있고, 심지어는 우리의 신체 생리도 영향을 받습니다. 그러나 깨달은 자들은 신상에 불운이 닥쳐와도 그로 인해 괴로워하지 않고, 행운이 찾아와도 그에 동요되지 않습니다. 왜냐하면 그들에게는 제법諸法이 공하기 때문입니다. 범부들은 이런 방식으로 세상을 상대하고 살아갈 수 없습니다. 자신이 행운과 불운에 영향을 받지 않는 척해 봐야 더 많은 번뇌를 야기할 뿐입니다.

보통 사람들은 깨달은 사람의 마음은 명징하고 심오한 반면, 범부들의 마음은 혼탁하고 천박하다고 생각합니다. 그러나 깨달은 사람에게는 명징과 혼탁, 심오深奧와 천박의 분별이 전혀 없습니다. 우리는 자신의 혼탁하고 천박한 마음이 실은 명징하고 심오한 것인 양 가장할 수 없습니다. 우리가 수행하는 것은 자신의 마음이 혼탁하고 산만하고 혼란스럽다는 것을 이해하기 때문입니다. 그렇지 않다면 시간을 들여가며 수행하지 않겠지요. 경험 있는 수행자들도 수행을 하면 마음이 맑아지고 통찰력[見識]이 깊어진다는 것을 압니다.

명징함에는 세 가지 수준이 있습니다. 첫 번째 수준은 좌선을 통해 도달할 수 있는 보통의 명징함입니다. 선칠이 끝날 무렵에는 여러분 대다수가 그런 명징함을 경험할 것입니다. 두 번째 수준은 선정에서 나오는데, 이것은 깊은 명징함입니다. 세 번째 수준은 깨달음에서 나오며, 이때는 명징함이 모든 상황에서 자연스럽게 생겨납니다.

오랫동안 부단히 수행하면 기氣가 시원히 뚫려 장애가 없을 것이고, 마음이 훨씬 맑고 밝아질 것입니다. 그러나 그런 결과를 추구해서는 안 됩니다. 만일 그런 현상이 일어난다면 그것은 자연스럽게 나타나는 부산물에 지나지 않습니다. 우리는 또 선정을 닦는 데 집중해서는 안 됩니다. 목표는 오직 마음을 수습하여 그것을 통일하고, 그런 다음 통일심을 초월하여 무심을 체험하는 것입니다. 이것은 결코 선정이 좋지 않다는 것은 아닙니다. 왜냐하면 선정은 적어도 우리의 번뇌를 잠시 줄여주고 우리의 마음을 맑혀주니까요. 그러나 어떤 사람에게는 선정의 즐거움이 집착과 함정으로 바뀝니다.

깨달음에는 얕은 깨달음[淺悟]과 철저한 깨달음[徹悟]이 있습니다. 얕은 깨달음은 자성自性을 보는 것인데, 그 이익이 일시적이라는 점에서 선정과 비슷합니다. 반면에 철저한 깨달음은 번뇌를 영원히 끊습니다. 철저히 크게 깨달은 사람에게는 번뇌도 없고 지혜도 없습니다. 번뇌를 가진 사람들에게만 지혜가 존재합니다.

지금 여기에서 여러분 대다수는 마음[心念]을 하나로 모으는 수준에서 집중을 닦고 있습니다. 일단 마음이 집중되면 선禪을 닦을 수 있습니다. 계속 수행해 나간다면 점차 명징함과 혼란, 지혜와 번뇌의 성품을 이해하게 될 것입니다.

5.2 본래마음은 바로 지금 있다

본래 옛것이 아니고	本來非古
지금도 새것이 아니네.	見在非今

지금 그것이 머무름이 없고	見在無住
지금 그것이 본래의 마음이니	見在本心
본래 그것은 존재하지 않았고	本來不存
본래가 곧 지금 이 순간이네.	本來卽今

여러분 중 어떤 사람이 이렇게 물었습니다. "부처와 번뇌가 본래 하나라면 중생은 어떻게 나왔습니까?" 상대적으로 말하면 시작과 끝이란 것이 있습니다. 사람들은 태어난 날과 죽는 날이 있는데, 이것은 분명한 것입니다. 궁극적으로 말하면 사실 어떤 시작도 없습니다. 만일 여러분이 직선으로 계속 나아가면 결국 기점起點과 만나게 될 것입니다. 물리학자들은 우주도 휘어져 있다고 믿고 있고, 어떤 사람들은 시간도 휘어져 있을 수 있다고 추측합니다. 사실 시간과 공간은 상호의존적입니다. 공간이 없으면 시간을 인식할 방도가 없고, 시간이 없으면 공간을 인식할 방도가 없겠지요.

시공은 시작이 없는 연속적인 순환체라는 관념을 이해하기는 쉽지 않습니다. 우리의 지각과 경험의 범위는 극히 한정되어 있습니다. 우리가 어디로 간다고 가도 제자리로 돌아올 뿐이라면, 어디로 갈 필요가 없는 것과 마찬가지입니다. 사실 그런 일이 드물게 일어납니다. 대다수 사람들은 둘러가고, 길을 잃고, 자기가 어디 있는지 잊어버리고, 멈추고, 돌아서고, 뱅글뱅글 돕니다. 그러나 계속 앞으로 나아가서 결국 한 바퀴 빙 돌아오는 이런 경험은 가치 있는 것입니다. 여행을 하면서 필시 재미있는 것들을 더러 발견하고, 배우고, 즐길 테니 말입니다. 길을 나서지 않는다면 그런 것을 경험할 수 없겠지요.

일직선으로 계속 걸어가 기점과 만나게 된다는 것은 선 수행에 대한 비유입니다. 시작할 때는 번뇌심인데 끝날 때는 지혜심인 것입니다. 그러나 앞서 말씀드렸듯이 번뇌와 지혜는 동일합니다. 여러분은 여전히 '여러분'이지만 '여러분'은 이미 변해 있습니다. 처음 시작할 때는 여러분이 혼란된 중생이었으나, 깨달았을 때는 자신이 다시 기점에 돌아와 있다는 것을 발견합니다. 여러분은 같은 여러분이지만 자신의 소견은 변해 있습니다.

"본래 옛것이 아니고"가 가리키는 것은 본래마음[本心]입니다. 기본적으로 그것은, 본래마음이 한때 존재하다가 지금은 더 이상 존재하지 않는 것은 아니라는 뜻입니다. 본래마음은 바로 지금 이 순간의 마음이며, 시작도 없고 끝도 없습니다. "현재에도 새로운 것이 아니네"라는 것은 번뇌에서 지혜를 만들어내는 것이 아니라는 것, 번뇌의 재 속에서 지혜가 생겨나는 것이 아니라는 것을 뜻합니다.

시간은 깨달음과 본래마음에 적용되지 않습니다. 여러분의 오늘 얼굴은 헌 것입니까, 새 것입니까? 여러분이 한 살일 때의 얼굴은 헌 것이었습니까, 새 것이었습니까? 이런 것은 아무 의미 없는 질문이지만 우리의 마음 속에는 일체를 과거-현재-미래의 연속체로 보는 습관이 굳어져 있습니다. 본래마음은 늘 헌 것이고, 늘 새 것이며, 늘 존재합니다.

여기 있는 한 수행자는 아내가 임신을 했습니다. 제가 그에게 묻습니다. "당신의 아내는 임신했는데, 그녀에 대한 지금 당신의 사랑은 그전과 같습니까, 다릅니까? 그녀를 더 사랑합니까 아니면 덜 사랑합니까? (더 사랑한다면) 그것은 당신의 마음이 달라져서, 먼저의 마음은 사랑으로 반쯤 채워져 있었는데 지금의 마음은 사랑으로 가득 차 있다는 것을 의미합니까?" 우리의 일반적 관점에서 보자면 상황, 장소, 시간이 달라짐에 따라 여러 가지 마음이 있는 듯이 보입니다. 번뇌심의 면모는 헤아릴 수 없이 많습니다. 그러나 「심명」에서 말하는 마음은 본래마음, 즉 번뇌가 없는 청정심입니다. 이 마음은 변치 않습니다.

여러분이 깨어나면 번뇌는 지혜가 되고, 과거의 마음[過去心]이 현재의 마음[現在心]과 차별이 없다는 것을 이해하게 될 것입니다. 따라서 여러분의 번뇌심에 대해 화를 낼 필요가 없습니다. 그저 열심히 수행하기만 하면 이 번뇌심이 자연히 지혜심으로 될 것입니다. 감산憨山 선사(1546-1623)—당나라 때의 시인 한산寒山과 혼동하면 안 됩니다*—는 깨닫고 나서 말하기를, 자신은 이제 콧구멍이 밑으로 향하고 있음을 알겠다고 했습니다. 그전에 그가 결코 바보였던 것이 아닙니다. 그냥 한 바퀴 완전히 돌아온 것입니다. 그전에는 번뇌심으로 자신의 콧구멍이 밑으로 향하고 있다는 것을 알았지만 이제는 지혜심으로 알게 된 것이지요. 이 세상 밖에 여러분이 노력하여 도달해야 할 어떤 정토淨土도 없습니다. 현상 그 자체가 진리입니다.

"지금 그것이 머무름이 없고, 지금 그것이 본래의 마음이니(見在無住 見在本心)." 『금강경』에서는 우리에게 "어디에도 머무름이 없이 마음을 내라(應無所住 而生其心)"고 이야기합니다. 본래마음은 어떤 것도 붙들지 않고, 따라서 바깥 경계에 속박되지 않습니다. 이것이 바로 '머무름이 없는 마음(無住之心)'입니다. 여러분은 수행할 때 이렇게 자문해 보십시오. "내 마음이 어딘가에 머무르고 있지 않은가?" 만약 그렇다면 그것은 바로 번뇌심입니다. 그렇다고 실망하지는 마십시오. 그곳이 우리가 시작해야 할 기점입니다. 산란심을 수습하여 그것을 단순하고 집중된 마음으로 만들려고 애쓰는 것입니다. 머무름이 없음[無住]에 도달하려면 먼저 마음을 한 곳에 머무르게 해야 합니다.

마음이 산란할 때는 그것이 많은 곳에 머무릅니다. 여기 저기 뛰어다

---

* [역주] 憨山과 寒山의 중국어 발음은 같은 Hanshan이다.

니고, 하나를 붙들었다가 다른 것에 의해 혼란에 빠집니다. 우리가 좌복 위에 가지고 가는 것이 바로 이런 마음입니다. 우리는 수행으로써 그 마음을 수습하고, 그것이 한 가지에, 즉 방법상에 머무르도록 훈련합니다.

좌선을 하면서 계속 몸을 움직이고, 가려운 데를 긁고, 한숨을 쉬거나 이런 짓 저런 짓을 한다면, 여러분의 마음은 어디에 머무릅니까? 그것은 여러분의 몸 상태와 생각에 끄달리고 있는 것입니다. 수행은 그 마음을 여러분이 원하는 곳에 머무르도록 점진적으로 훈련시키는 것입니다.

"본래 그것은 존재하지 않았고, 본래가 곧 지금 이 순간이네(本來不存 本來卽今)." 본래마음은 근원이 없습니다. 그것은 바로 이 순간의 이 마음입니다. 어떤 사람들은 다른 사람의 과거와 미래를 아는 능력이 있습니다. 하지만 그러기 위해서는 먼저 다른 사람의 마음 속으로 들어가야 합니다. 그러면 본래마음은 어디에 있습니까? 그것은 그들이 보는 과거의 마음입니까, 아니면 그들이 보는 미래의 마음입니까? 실은 어느 것도 아니고 현재 순간의 마음입니다.

부처 마음은 어디에도 머무르지 않기 때문에 그것은 존재하지 않습니다. 마음은 무언가에 머무를 때에만 존재합니다. 수행은 마음을 여러분이 원하는 곳에 머무르게 하기 위한 것입니다. 그것이 함부로 날뛰고 동분서주하는 일이 없게 하십시오. 선칠 중에는 생활이 단순합니다. 여러분의 마음을 방법상에 두십시오. 그 나머지는 저절로 해결될 것입니다.

5.3 산토끼 잡기

보리는 늘 있으니	菩提本有
그것을 지킬 필요가 없네.	不須用守
번뇌는 본래 없으니	煩惱本無
없애려고 할 필요가 없네.	不須用除

법융선사는 앞에서 본래마음이 본시 존재하지 않는다고 말하고, 이어서 보리는 늘 존재해 왔고 번뇌는 결코 존재한 적이 없다고 말합니다. 얼핏 듣기에는 모순되지만 그는 중요한 것을 말하고 있습니다. 보리가 늘 존재해 왔다는 것은 우리에게 신심과 용기로써 수행하도록 하여, 도달할 수 있는 하나의 목표를 향해 노력하도록 해 줍니다. 번뇌가 결코 존재한 적이 없다는 것은 우리를 그것의 속박에서 놓여나게 도와줍니다. 자신이 속박되어 있다고 느끼거나 반드시 번뇌에 빠져 있어야 할 필요는 없습니다.

어떤 사람들은 얻을 보리가 없다고 생각하고, 어떤 사람들은 보리를 얻고 나서 그것을 잃는 것을 겁냅니다. 『육조단경』에서는 신수神秀 스님(702년 졸卒)이 5조 홍인(602–675)에게 이런 게송을 바쳤다고 이야기합니다.

몸은 보리의 나무요	身是菩提樹
마음은 밝은 거울 같으니	心如明鏡台
시시로 부지런히 닦아	時時勤拂拭
먼지가 앉지 않게 하라.	莫使惹塵埃.

이 게송은 보리심을 유지하여 번뇌가 일어나지 않게 하겠다는 태도를 반영합니다. 보리가 오염될 거라는 걱정은 할 필요가 없지만, 그렇다고 해서 수행이 결코 의미가 없다는 뜻은 아닙니다. 「심명」은 깨달은 관점에서 말하고 있다는 것을 기억하십시오. 우리가 이 진리를 깨닫기 위해서는 수행을 해야 합니다. 만약 수행을 하지 않으면 보리가 늘 존재하고 번뇌는 존재하지 않는다는 것을 결코 알지 못할 것입니다.

신령스러운 지혜가 스스로 비추니	靈知自照
만법이 여여함으로 돌아가고	萬法歸如
돌아감도 없고 받음도 없어	無歸無受
관하기를 그치고 지킴도 잊네.	絕觀忘守

'신령스러운 지혜(靈知)'는 본래마음을 가리킵니다. 그것은 늘 존재해 왔고, 스스로 빛나며, 번뇌를 안 적이 없습니다. 만일 불성이 번뇌로 오염될 수 있다면 그것은 불성이 아니겠지요. 신령스러운 지혜는 늘 존재하며, 상실된 적이 없습니다. 우리가 미혹된 탓에 그것을 보지 못하는 것입니다. 비유를 들자면, 우리는 구름이 해를 가리고 있다고 말할 수도 있겠지만 실은 결코 그렇지도 않습니다. 아무것도 해를 가리는 것은 없습니다. 우리가 지구상이라는 한정된 관점에서 보니까 그렇게 보이는 것입니다. 해의 진면목을 보기 위해서는 우리가 해가 되어야 합니다. 자신의 본래 성품을 깨닫는 것은 구름장을 밀어젖히고 해를 보는 것과 같습니다. 그런다고 해서 우리가 바로 부처가 되는 것은 아니지만, 최소한 자신의 성품은 본 것입니다. 그것은 해 전체를 보는 것과는 같지 않습니다. 아직은 대기층이 해의 참된 성품을 희미하게 가리고 있습니다. 그러나 해 자체는 구름이나 대기층에 전혀 영향을 받지 않습니다.

마치 불성이 번뇌에 영향을 받지 않듯이 말입니다.

"만법이 여여함으로 돌아가고"는, 모든 현상[法]은―물질적인 것이든 정신적인 것이든―부단히 변화한다는 것을 의미합니다. 그러나 「심명」에서는 그것들이 실은 '여여하다(如, thus)'고 말합니다. 본시 그것들 간에는 차별이 없습니다. 표면상의 차별은 사실 환입니다. 마치 여러분이 보는 해가 하나의 환이듯이 말입니다. 우리에게는 법이 부단히 변하고 있지만, 본래의 지혜가 나타나면 모든 법이 '여여함으로 돌아간다(歸如)'는 것을 깨닫습니다. 그러나 '돌아간다'는 말은 오해를 야기할 수 있습니다. 사실 법에는 돌아갈 수 있는 어떤 곳도 없습니다. 어떤 큰 창고 같은 것이 있어서 (법들을) 저장하는 그런 것은 아닙니다. 이것이 바로 "돌아감도 없고 받음도 없어"의 의미입니다. 그것은 만물이 돌아가는 어떤 신神과 같은 것이 존재할 수도 있다는 관념을 해소해 줍니다.

"관하기를 그치고 지키기도 잊네"는 하나의 수행 방법을 이야기합니다. 본래적 지혜는 영원히 밝게 비추고 있기 때문에 수행을 필요로 하지 않습니다. 이것은 이상하게 보일 수 있는데, 특히 좌선에 많은 시간과 기력을 쓴 사람에게는 그럴 것입니다. 만일 이런 말이 여러분에게 해당된다고 느낀다면 집으로 돌아가도 좋습니다. 이런 소견은 신령스러운 지혜가 이미 일어난 사람의 관점에서 나온 것입니다. 그러나 우리는 아직 이 점을 깨닫지 못했기 때문에 수행을 해야 합니다. '관하기'라는 것은 방법에 오로지 몰두하는 것을 뜻하고, '지키기'란 것은 그것을 놓치지 말라는 뜻입니다.

방법을 가지고 노력하는 것은 산토끼를 잡는 것과 같아서, 인내심이 있어야 하고 주의 깊어야 합니다. 토끼가 여러분의 존재를 알아차리면 도망가 버리겠지요. 만일 여러분이 자기가 좌선을 잘 하고 있다는 것을 알면 마음 속으로 '나는 좌선을 잘 하고 있다'고 생각하는데, 그것은 토끼에게 여러분이 여기 있다고 말하는 것과 같습니다. 만일 여러분이 명징하고 집중되어 있다면, 그것을 자만하는 순간 방법은 이내 여러분을 떠나 버릴 것입니다. 그와 마찬가지로, 여러분이 다리와 허리가 더 이상 아프지 않다는 것을 인식할 때 그 통증이 돌아옵니다. 우리는 아직 자신의 신령스러운 지혜를 드러내지 못했고, 따라서 아직 법의 '여여함'을 말할 때가 아닙니다. '관하기를 그친다(絶觀)'는 말은 더더욱 해서는 안 됩니다. 우리는 자신의 현재 상태를 받아들이고 여기서부터 노력해 가야 합니다.

5.4 네 가지 덕

네 가지 덕은 생겨나지 않고	四德不生
세 가지 몸은 본래 있어	三身本有
육근이 경계境界를 만나도	六根對境
분별은 의식이 아니네.	分別非識

'네 가지 덕(四德)'은 열반의 네 가지 측면인 상常·락樂·아我·정淨을 가리킵니다. '세 가지 몸(三身)'은 부처의 세 가지 몸인 법신法身·보신報身·화신化身입니다. '육근六根'은 눈, 귀, 코, 혀, 몸, 마음[眼耳鼻舌身意]입니다. 분별을 넘어서 있는 의식은 깨달음의 체험이며, 이미 열려서 밝아진 마음입니다.

열반의 네 가지 덕은 불교의 안목에서 중생의 허망한 소견으로 간주하는 것과 동일해 보입니다. 이것은 모순입니까, 아닙니까? 먼저 우리는 불교에서 사람들이 망상에 대해 이야기하는 것을 탐구해야 합니다.

불교는 생사윤회의 네 가지 특색으로 무상無常·고苦·무아無我·부정不淨을 이야기합니다. 이것은 열반의 네 가지 덕과 상반되는 것입니다.

첫째, 일체가 무상하며 인연에 따라 나고, 모이고, 흩어지고, 소멸합니다[生住移滅]. 그 어떤 것도 영구적이거나 독립적이지 않습니다. 따라서 일체가 다 자성自性(self-nature)이 없습니다. 고苦는 인연에서 옵니다. 그 까닭은 우리의 몸과 마음이 오염되어 깨끗하지 않기 때문입니다.

여러분은 자신의 삶이 온전히 즐거움[樂]이라고 말할 수 있습니까? 그러리라고는 믿지 않습니다. 만일 여러분의 삶이 온전히 고통[苦]이라고 말한다 해도 저는 믿지 않을 것입니다. 불교의 고苦에 대한 관념은 무상의 관념과 밀접히 연관되어 있습니다. 불교도 즐거움의 경험을 인정합니다. 즐거움이 없다고 하면 인류가 계속 존재할 수 없겠지요. 즐거움을 체험해 보았기 때문에 우리는 더 많은 즐거움을 추구하는 것입니다. 어떤 사람들에게는 그들의 욕망도 일종의 즐거움입니다. 우리는 삶이 곧 즐거움의 추구라고 말할 수도 있겠지만, 우리가 즐거움만을 체험하고 있다고 말하면 그것은 옳지 않겠지요.

사실 우리는 고통도 체험하고 즐거움도 체험합니다. 만약 즐거움만 있다면 석가모니 부처님도 수행할 필요를 전혀 느끼지 못했겠지요. 그러면 우리가 느끼는 이 즐거움이란 대체 무엇입니까? 우리의 즐거움은 찰나적인 욕망의 세계[欲界]에서 우리가 체험하는 즐거움이지, 열반의 참된 즐거움은 아닙니다. 세간적 즐거움에 집착하는 사람들은 선정도 체험하지 못하는데, 깨달음은 더 말할 것이 없습니다.

고苦와 관계가 더 깊은 사람들은 수행에서 힘을 더 얻습니다. 왜냐하면 수행은 어느 정도의 결의를 요하기 때문입니다. 삶이 늘 즐거움으로 가득 찬 사람들은 그다지 노력하지 않을 수 있지만, 많은 고통을 겪어 본 사람들은 윤회에서 벗어나기 위해 수행할 수 있습니다. 이것이 바로 아라한의 방식입니다. 보살의 길[菩薩道]은 중생들이 '그들의' 고苦를 끝낼 수 있도록 돕겠다고 발원하는 것입니다. 그래서 삶이 가진 고苦의 본질을 깊이 이해하는 것이 대승 수행에 필수적입니다.

우리가 조석 예불을 할 때 "중생을 다 건지오리다(衆生無邊誓願度)" 하는 큰 서원을 창송唱頌합니다. 그러나 그 말의 깊은 의미를 여러분 중의 얼마나 많은 사람이 이해합니까? 아마 여러분은 그저 입으로 송념誦念할 뿐 중생을 돕겠다는 깊은 신념은 없을 것입니다. 이것은 결코 여러분이 무관심해서가 아닙니다. 우리 모두가 어느 정도는 남들에 대해 배려한다고 저는 믿습니다. 다만 우리가 아주 많은 고통을 진정으로 느끼고 있지는 않다는 것뿐입니다. 우리는 자신의 삶이 그런대로 나쁘지 않고, 우리 주위 사람들의 형편도 모두 그런대로 괜찮다고 느낍니다. 우리에게 강렬한 고苦의 느낌이 없기 때문에, 중생을 제도하겠다는 강렬한 욕망이 없습니다. 사실 여러분이 도처에서 남들의 해탈을 돕겠다고 하면, 필시 어떤 사람들은 쓸데없는 일에 참견하지 말라고 요구할 것입니다. 고苦가 삶 가운데 본래 있다는 것을 여러분이 진정으로 알 때에만 중생에 대해 진정한 관심을 가지게 될 것입니다.

닭, 소, 돼지는 고통을 받습니까, 받지 않습니까? 어떤 사람들은 그런 것을 전혀 생각도 하지 않고, 그저 이런 동물들은 우리의 음식물이 되기 위해 존재한다고 믿을 것이 분명합니다. 만일 우리가 도살을 기다리는 소들이라면 어떻겠습니까? 고통이 있겠지요. 우리는 결코 그런 상황에는 처해 있지 않지만……, 아니면 혹시 그런가요? 다른 한편 소, 닭, 돼지들은 고통을 받지 않을지도 모릅니다. 아마 그들은 자기가 도살당하리라는 것을 모르겠지요. 어쩌면 그들도 자신이 꽤 잘 살고 있다고 느낄지도 모릅니다. 먹을 것도 풍부하고, 사람들이 보살펴주고, 돌아다닐 수 있는 우리도 있습니다. 그런 식으로 계속되기만 한다면 그것도 확실히 좋은 생활입니다.

제가 이 비유를 드는 것은, 많은 사람들이 이런 동물과 마찬가지로 자기가 고통 받고 있다는 것을 모르기 때문입니다. 우리는 서로 충돌하고 자기 자신과도 충돌합니다. 우리는 세계를 제어하지 못하고, 우리의 몸을 제어하지 못하며, 우리의 마음이나 감정을 제어하지 못합니다. 우리는 한시도 번뇌가 없을 때가 없지만, 누가 물어보면 자신이 꽤 잘 살아가고 있다고 대답할지 모릅니다. 바로 이런 점에서 우리는 자기가 사육했다가 도살하는 가금, 가축들과 큰 차이가 없습니다. 정말 가엾은 일이지요!

고통은 무상과 부정不淨에서 나옵니다. 즐거움이라 해도 결국에는 고통으로 변합니다. 왜냐하면 그것이 오래갈 수 없으니까요. 결국 우리는 자기가 사랑하는 것을 잃게 될 것이고, 병들고, 죽을 것입니다. 상락아정의 네 가지 덕은 열반, 지혜 그리고 불성을 가리킵니다. 이런 것들은 시작도 끝도 없고[無始無終], 그래서 영원합니다[常]. 열반은 우리가 성불할 때 시작되는 것이 아니라 무시이래無始以來로 늘 존재해 왔습니다. 불성도 마찬가지입니다. 여러분이 수행을 하기 때문에 불성이 시작되는 것이 아니라 그것은 늘 존재해 왔습니다. 신령스러운 지혜도 마찬가지입니다. 이런 것들이 참으로 영원한 것입니다. 상常은 무상에서 생겨날 수 없습니다. 참으로 영원한 것[眞常]은 늘 영원한 것입니다.

또 참된 즐거움[眞樂]은 오고 가지 않으며, 끊어짐이 없고 항구적입니다. 매일 저녁 저는 여러분에게 묻습니다. "오늘은 잘 보냈습니까?" 어떤 사람은 잘 보냈다 하고 어떤 사람은 잘 못 보냈다고 하며, 어떤 사람은 말이 없습니다. 잘 보냈다고 하는 사람들은 그 하루를 참으로 잘 보냈습니까? 참으로 잘 보내려면 좋은 날이 어떤 것인지를 이해하고 있어야 합니다. 여러분이 줄곧 좋은 날들을 체험해야 하고, 모든 날이 똑같이 좋아야 합니다. 만약 오늘은 잘 보냈는데 어제는 잘 보내지 못했다고 말한다면, 오늘도 참으로 좋은 날은 아니고 어제와 비교해서만 좋은 셈입니다. 내일은 더 좋을지도 모릅니다. 그것은 오늘이 여러분이 상상했던 것만큼 좋지는 않다는 뜻입니까? 만일 여러분이 자신의 모든 날이 좋았다고 말했는데, 선칠을 마치고 나가서 차에 받혀도 "오늘은 잘 보냈어"라는 말을 고수할 수 있겠습니까?

우리가 경험하는 모든 즐거움은—그것이 신체적인 것이든 정신적인 것이든 감정적인 것이든—욕망의 세계에서 나오고 모두 일시적입니다. 따라서 그것은 참된 즐거움이라고 할 수 없습니다. 천인天人들이 희락喜樂을 체험하는 것은 그들은 우리처럼 육체적 제약을 받지 않기 때문입니다. 그러나 그들의 즐거움도 한계가 있고 일시적입니다. 선정에 든 사람들은 선열禪悅을 체험하지만—몸, 공간, 시간을 초월하지만—선정도 결국에는 사라집니다. 선열을 체험한 사람들은 좌선을 하여 그런 큰 즐거움을 다시 얻고 싶어 하지만, 불행히도 그 또한 한계가 있고 무상합니다.

또한 사람이 어떤 즐거움을 체험하느냐에 관계없이, 고통의 경험에 비해서 즐거움은 늘 짧은 것처럼 보입니다. 이것은 우리의 주관적 관점에서 이해할 수 있습니다. 예를 들어, 만일 편안하고 평화롭고 느긋한 잠을 자게 되면 시간이 금방 지나가는 것같이 보입니다. 반면에 악몽을 꾸게 되면 한없이 오래 계속되는 것같이 느껴질 것입니다. 좌선을 잘 하면 시간이 금방 지나가는 것 같습니다. 그러나 다리가 아프면 좌선을 끝내는 경쇠 소리가 영영 울리지 않을 것같이 느껴집니다. 객관적인 시간은 동일합니다. 그러나 우리의 주관적인 관점에서 볼 때, 고통은 얼른 사라지지 않지만 즐거움은 늘 금방 지나갑니다.

우리가 일상생활 속에서 경험하는 자아는 진정한 자아가 아니고, 상상과 번뇌에 근거하여 나오는 환각입니다. 우리 한 번 생각해 봅시다. 자아란 무엇입니까? 그것은 많은 환각과 생각들이 한 꿰미로 엮여서 일어납니다. 우리는 자아를 마치 '나'에게 속한 것, '내 것'인 것, 혹은 '바로 나'인 것같이 이야기합니다. 그러나 자아는 일련의 연속되는 생각들, 즉 앞생각이 뒷생각을 일으키는 것에 지나지 않고, 이 모든 생각이 자아라는 환각을 창조하는 것입니다. 번뇌는 허망한 마음을 일으킬 뿐인데, 이 번뇌는 다시 근본무명根本無明(근원적인 무지)에서 나옵니다. 그리고 근본무명은 시작이 없습니다.

우리의 생각들은 부단히 변하고 있습니다. 쉼 없이 흘러가는 생각들 속에서 자아는 어디에 있습니까? 오직 불성, 열반, 그리고 지혜만이 영원불변이며, 오직 이런 것들만이 진정한 자아(true self)입니다. 우리가 아는 일반적 자아는 하나의 환각일 뿐입니다.

진정으로 청정한 것은 결코 변치 않지만, 근본적으로는 어떤 '정淨'도 없고 '부정不淨'도 없습니다. 이런 것은 우리의 혼란과 분별로 인해 생겨나는 구별입니다. 분별이 있는 한 진정한 청정은 영원히 있을 수 없고, 분별은 허망한 마음과 번뇌의 마음[煩惱心]에서 나옵니다.

상락아정의 진정한 상태들이 열반의 각 측면입니다. 그러나 만일 열반에 들었을 때 이 네 가지 덕이 아직 있다면, 그것은 실은 집착이며 아직은 진정으로 열반에 든 것이 아닙니다. 이 소위 네 가지 덕이란 것은 우리를 열반으로 이끌어주는 목표일 뿐입니다. 열반에 들게 되면 더 이상 어떤 분별도 남아 있지 않고, 따라서 네 가지 덕을 이야기할 필요도 없습니다.

'세 가지 몸(三身, trikaya)'은 부처님의 초월적인 몸들을 가리키는데, 그것은 중생들의 관점에서 볼 때 3신의 분별이 있는 것일 뿐입니다. 법신 法身(*dharmakaya*- '진리의 몸')은 두루 편재하고 움직이지 않는 것이며,

특정한 지점에 존재하지 않습니다. 또한 특정한 형상이나 형식을 가지고 있지도 않습니다. 그것은 무소부재하고 보편적으로 존재하는 것입니다.

보신報身(sambhogakaya)['과보'나 '향유'의 몸]은 부처님들의 정토에 존재하는 것으로 부처님들만이 볼 수 있습니다. 이 정토에는 중생들도 있을 수 있지만, 그들이 보는 정토와 부처님들이 보는 정토는 같지 않습니다. 초지初地 이상의 보살들* 만이 특정한 부처님의 보신을 볼 수 있겠지만, 그렇다 하더라도 그것은 그들 자신의 지각이지 부처님의 지각은 아닐 것입니다.

우리는 자신이 보는 것이 같은 선당禪堂(Chan Hall)이라고 생각할지 모르지만, 사실 각자가 보는 것이 모두 다릅니다. 여러분 가운데 어떤 사람들은 이곳에 귀신들이 있다고 생각합니다. 아마 여러분이 귀신으로 보는 것이 제가 볼 때는 불보살, 아라한이겠지요. 우리의 마음 상태가 다르기 때문에 보는 것도 다릅니다. 그래서 설사 어느 부처님의 정토에 살고 있는 사람들이라 하더라도 그들이 보는 것과 부처님이 보는 것은 다릅니다.

사실 저도 이 선당에서 분명히 귀신들을 보지만, 그들은 여러분이 생각하는 것과는 다릅니다. 선칠을 하던 어떤 사람은 죽은 사람들의 귀신을 보았다고 합니다. 제가 보는 것은 이곳에 있는 여러분 모두의 귀신입니다. 여러분은 평생을 귀신들과 함께 보내고 있습니다. 여러분은 자신의 습관, 편견, 번뇌, 탐욕, 성냄, 어리석음, 의심이라는 귀신들과 상대하고 있습니다. 이 법문을 듣고 있을 때나 좌선을 할 때에도 그런 귀신들은 여전히 여러분에게 붙어 있습니다.

---

* [역주] 대승불교의 『화엄경』에서는 깨달음의 경지에 오른 보살들을 초지初地부터 십지十地까지 10등급으로 나눈다.

부처님의 화신化身(nirmanakaya)['변화신' 또는 '응신應身']은 중생을 제도하는 부처님의 일면인데, 언제 어디에서도 나타날 수 있습니다. 화신은 두 가지 형태로 올 수 있습니다. 한 가지 화신은 사람으로 태어나서 세상에 오는데, 석가모니 부처님의 경우와 같습니다. 또 한 가지 화신은 부처님의 형상으로 출현할 수도 있지만, 다른 어떤 형상으로도 출현할 수 있습니다. 여러분의 수행과 삶을 어떤 식으로든 도와주는 것은 모두 부처님의 화신으로 보아야 합니다.

어떤 사람은 의식적으로 그러는 것은 아니면서도 수행 과정에서 여러분을 도와줄 수도 있습니다. 그럴 때, 바로 그런 의미에서, 그 사람은 부처님의 화신인 것입니다. 그 도움은 드러나게 적극적인 것일 수도 있고 부정적이거나 해로운 것일 수도 있지만, 그것이 여러분을 불법 수행으로 한 걸음 더 나아가게 이끌어준다면, 그것은 곧 화신의 도움입니다. 수행인으로서 우리는 모든 중생을 무수한 부처님의 화신들로 간주해야 합니다. 그것은 친구일 수도 있고 낯선 사람일 수도 있고 적일 수도 있으며, 거미나 파리 혹은 쥐일 수도 있습니다. 모든 사람, 모든 사물이 부처님의 화신입니다.

"육근이 경계를 만나도, 분별은 의식이 아니네." 이 두 구절은 이미 부처 마음이 드러난 존재들을 가리킵니다. 그런 사람들도 여전히 그들의 6식六識(눈·귀·코·혀·몸·마음의 각 인식)을 충분히 운용하지만, 그들의 6식은 더 이상 일반적인 의식에 의해 통제되지 않습니다. 오히려 그것들은 모두 지혜의 작용이 됩니다. 일반적 의식은 감정적이고 그 속에 집착이 뒤섞여 있지만, 지혜는 무집착에서 나옵니다. 제가 지난번에 근본지根本智(fundamental wisdom)와 후득지後得智(acquired wisdom)를 이야기한 적이 있는데, 그것은 이렇게 이해할 수 있습니다. 근본지는 어떤 사람이 깨달을 때 일어나는 것이고, 6가지 감관을 통해 이러한 지혜를 운용하는 것이 후득지라고 말입니다.

여기서 우리는 불보살에 대해 이야기하고 있습니다. 그러나 일반 중생들은 다릅니다. 우리가 좌선을 할 때 일어나는 어떤 현상도 모두 환입니다. 여러분 가운데 어떤 분은 오늘 좌선을 하던 중 토끼 한 마리를 보고 그것을 잡았다고 생각했습니다. 어떤 사람들은 선당에 들어온 파리들 때문에 동요됩니다. 분명 이 건물 안에 토끼는 없습니다. 그러나 수행자의 관점에서는 토끼나 파리를 포함한 모든 현상을 허망한 것으로 보아야 합니다.

좌선할 때는 여러분의 마음이 이런 외부의 현상과 서로 어울리지 않게 하십시오. 어떤 일이 일어나도 여러분의 마음이 동요되면 안 됩니다. 일체를 환으로 여기고, 여러분 자신을 하나의 불상이라고 생각하십시오. 불상이 파리에 동요됩니까? 여러분의 몸을 하나의 불상으로 만들어 두고, 여러분의 움직이는 마음을 가지고 공부하십시오.

깨달은 자의 6식은 여전히 환경에 반응하지만, 그들은 그것이 귀찮은 파리든 미묘한 음악이든 그 어떤 것에도 동요되지 않습니다. 지금 우리는 아직 이런 수준에 도달하지 못했습니다. 수행에 힘쓰려면 방법상에 머물러 있으면서 어떤 일이 일어나도 상관하지 마십시오. 그런 다음, 여러분의 신상에 어떤 일어난다 하더라도 그것을 여러분과 무관한 것으로 취급하십시오. 반드시 깨달아야만 이러한 태도를 본받을 수 있는 것은 아닙니다. 하지만 일상생활은 다릅니다. 여러분이 무슨 일을 하고 있든, 손이 어디에 가 있든, 마음이 그곳에 있어야 합니다. 이것이 바로 깨어 있음[覺知]인데, 이것은 좋은 수행입니다. 여러분이 하룻밤 사이에 깨닫지 못할지는 모르지만, 탄탄대로를 걷게 될 것입니다.

제6차 선칠

일심에는 망념이 없다

6.1 수행도 하나의 망념이다

일심에는 망념이 없으니　　　　　　　一心無妄
온갖 연緣이 조화롭고　　　　　　　　萬緣調直

몸과 마음의 모든 번뇌가 망념입니다. 오늘 어떤 사람이 『금강경』의 "머무르는 바 없이 마음이 일어난다"는 구절을 인용하면서, 그것은 아무 동기가 없다는 뜻인지, 아니면 아무것도 하지 않는다는 뜻인지 물었습니다. 사실 이 구절은 깨달은 뒤의 상태를 묘사하고 있는데, 이때는 지혜가 일어나고 마음이 어떤 것에도 집착하지 않습니다. 여러분이 좌선을 하겠다는 마음을 냈을 때, 수행하려는 그 의지는 여전히 하나의 망념입니다. 우리가 열심히 수행하고 있을 때 사용하는 것도 여전히 이 거짓된 마음[망념]입니다. 반면에 참마음[眞心]은 곧 무심입니다. 만일 무심이라면 수행은 어떻게 합니까?

좌선을 포함하여 여러분이 하는 모든 일은 거짓 마음[假心] 아래 있습니다. 그러나 이 거짓 마음을 사용해서라도 수행하지 않으면 참마음에는 결코 도달하지 못할 것입니다. 수행의 과정은 산란심에서 집중심으로, 다시 통일심으로 가고, 그런 다음 일심―心(통일심)에서 무심으로 갑니다. 앞 세 단계―산란심, 집중심, 통일심― 는 모두 허망한 것입니다. 그러나 이 세 단계를 거치지 않고 곧바로 무심에 도달할 수 있는 사람은 아주 드뭅니다.

바로 지금, 여러분 대다수는 산란심에서 집중심으로 가고 있습니다. 이 단계에서 성공을 경험하는 것만도 훌륭한 수행입니다. 아마 여러분은 이 선칠 기간 동안 집중심을 찰나적으로만 경험하겠지요. 만일 선칠 기간 내내 여러분의 일상생활을 생각하고 있다면, 그것은 여전히 산란심에 머물러 있는 것입니다. 그래서 우리에게는 산란심을 집중심으로, 다시 통일심으로, 그리고 그 너머까지 이끌어주는 방법이 필요한 것입니다.

사람들은 종종 자기가 이미 깨달았다고 생각하지만, 실은 통일심을 체험한 것일 뿐입니다. 그들은 그 경험을 즐겁고 자유로운 것으로 묘사할지 모르지만 여전히 분별이 존재합니다. 통일심은 심지어 몇 가지 다른 수준으로 나뉘기까지 합니다. 그 첫째 수준은 몸과 마음의 통일이고, 둘째 수준은 자아와 경계의 통일이며, 셋째 수준은 보편적이고 무한한 통일입니다.

여러분 가운데 어떤 사람들은 이미 첫째 수준의 통일을 맛보았을 수 있습니다. 여러분이 이미 자기를 잊어버려서 더 이상 자신의 몸과 생각을 인식하지 못한다면, 그것은 좋습니다. 둘째 수준에 도달할 때는 더 큰 희열을 느끼게 될 것입니다. 왜냐하면 더 이상 남과 나를 구별하지 않을 것이기 때문입니다. 깊은 선정에 들었을 때만 무한한 통일에 도달할 수 있는데, 이런 사람들은 자기에게 더 이상 번뇌가 없다고 느낄지 모르지만 실은 미세한 분별이 여전히 남아 있습니다.

무심 속에 있을 때는 해야 할 일이 아무것도 없다고 느끼지만 그래도 뭔가를 합니다. 여기서 다시 "머무르는 바 없이 마음이 일어난다"고 하는『금강경』구절로 돌아오는군요. 이때는 자기나 다른 사람들의 존재에 집착하지 않지만, 여전히 다른 사람들과 상호작용 하고 그들을 돕습니다. 겉으로 보기에도 여느 사람과 다르지 않아 보입니다.

「심명」이 여기서 말하는 '일심'은 오해를 야기할 수 있습니다. 왜냐하면 그것은 통일심이 아니라 무심을 가리키기 때문입니다. 그것은 모든 부처님들이 체험하는 참마음과 같은 것입니다. 범부의 일심[통일심]과 부처님들의 일심[무심/참마음]을 구별하는 것이 중요합니다.

"온갖 연이 조화롭고"라는 구절을 일심을 체험하는 희열과 같다고 보면 안 됩니다. 그런 상태를 조화롭고 미묘한 것으로 생각한다면, 그것은 여전히 하나의 집착입니다. 이것은 좋은 현상이기는 하나 무심은 아닙니다. 부처님들의 일심은 만법을 있는 그대로 관찰하며, "이것은 미묘하다"나 "이것은 평화롭다"를 덧붙이지 않을 것입니다.

여러분은 "만약 사물이 미묘하고 평화롭게 보이지 않는다면 깨달음이 왜 필요한가?" 하고 의아해 할지 모릅니다. 핵심은, 이런 것들은 허망한 마음의 여러 측면이며, 추함이나 폭력만큼이나 허망하다는 것입니다. 만약 부처님들이 폭력이 난무하는 전쟁을 만나면 어떻게 하겠습니까? 분명 그분들은 자신의 안위는 별 안중에 없겠지요. 그분들은 다른 사람들이 고통을 겪고 부상을 당하고 있다고 볼까요? 그 답은, 그렇기도 하고 그렇지 않기도 하다는 것입니다. 한편으로 그분들은 만법이나 현상을 있는 그대로 대합니다. 그래서 전쟁도 그냥 전쟁일 뿐입니다. 다른 한편 그분들은 중생들이 그것을 고통으로 본다는 것을 지각할 것이고, 그래서 할 수 있는 모든 것을 다해 중생을 도울 것입니다.

⚛ "이것은 무엇인가?"

| 마음과 성품이 본래 평등하여 | 心性本齊 |
| 함께 있으되 서로 이끌지는 않네. | 同居不攜 |

'마음'은 지혜를 통해 작용하는 부처 마음입니다. '성품'은 만법의 본연적인 불성으로서, 우리가 덧붙인 분별이 없는 것입니다. 마음에 번뇌가 없을 때 만법의 불성을 볼 수 있습니다. 범부의 마음은 분별과 번뇌를 통해 작용하고, 그래서 만물이 본래 갖추고 있는 불성을 지각하지 못합니다. 우리는 사물들을 서로 비교하는 버릇이 있습니다. "이것이 낫다, 저것은 못하다, 나는 더 똑똑하다, 너는 더 아름답다"는 식으로 말입니다. 이런 식의 분별심이 있으면 부처 마음을 체험할 수 없습니다.

한번은 제가 향판香板(incense board)*을 들고 어느 수행인 앞에 서서 물었습니다. "이것이 무엇입니까?" 그는 향판의 다른 쪽 끝을 잡고 말했습니다. "이것은 이것입니다." 그것이 무분별입니다. 그것이 나무토막이든 동물이든 사람이든 혹은 사랑이든, 전혀 상관없습니다. 그 순간 그의 마음 속에는 분별이 없었고, 그래서 그는 무슨 말을 하거나 무슨 행동을 해도 좋았습니다. 특정한 말이나 행동을 한 것은 전혀 중요하지 않습니다.

유명한 공안公案이 이 점을 설명해 줍니다. 백장선사百丈禪師(720-814)가 그의 수좌首座** 스님과 위산潙山이라고 하는 또 한 스님(그는 당시 공양주였습니다) 앞에서 자신이 아끼던 화병을 치켜들고 말했습니다.

---

* [역주] 중국 선방에서 쓰는 경책 도구. 맑게 깨어 있지 못한 좌선자의 어깨를 때려 정신이 들게 하는 것이다. 우리나라 선방에서 쓰는 장군죽비보다 때리는 면이 더 넓다.
** [역주] 선원의 대중들 가운데 우두머리.

"이것을 화병이라고 부를 수는 없다. 이게 뭔지 말해 보라."

수좌가 답했습니다. "나무토막이라고는 부를 수 없습니다." 그 의미는, 만일 그것을 화병이라고 부를 수 없다면 어떤 것이라고도 부를 수 없다는 것입니다.

백장 스님은 잇따라 위산 스님에게도 같은 질문을 했습니다. 위산은 화병을 걷어차 깨트려 버렸습니다. 백장 스님이 다시 묻자 위산 스님은 아무 대답도 하지 않고 방을 뛰쳐나가 버렸습니다. 대답을 하면 군더더기가 되지만, 만약 화병을 걷어차지 않았다면 그 질문에 전혀 대응하지 않은 것처럼 보였겠지요.

수좌 스님은 뒤에 남아 기다리다가 어떻게 된 건지, 자신의 답변이 옳았는지 궁금했습니다. 백장이 그를 보고 말했습니다. "그는 알지만 자네는 모른다." 이 일화의 핵심은, 수좌 스님은 상황이 어떻게 된 건지, 자신의 답변이 옳았는지 궁금했다는 것입니다. 그러나 위산 스님은 마음 속에 아무것도 없었습니다. 옳다거나 그르다거나, 이기거나 진다는 생각이 전혀 없었던 것입니다.

보통 사람에게는 화병은 화병이고 그 형태와 기능이 있습니다. 어떤 사람이 화병을 화병이라고 말하면 그는 분별심을 사용하고 있습니다. 만일 거꾸로 제자가 백장선사에게 같은 질문을 했다면, 여러분이 생각하기에 선사는 어떻게 대답했을 것 같습니까? 백장이 "화병이다"라고 했다면 맞는 말이겠지요. 제자도 "화병입니다"라고 했다면 그것도 맞는 말일 수 있습니다. 그러나 백장선사는 이미 그런 답을 배제했습니다. 왜냐하면 그는 제자들의 마음에 어떤 집착이—아니면 뭔가가—남아 있는지 알고 싶었기 때문입니다. 집착의 마음은 한정된 방식으로 사물을 봅니다. 무집착의 마음은 일체를 평등하게 봅니다. 일체를 평등하게 보는 것이 바로 불성을 보는 것입니다. 왜냐하면 마음과 성품은 본래 평등하기(心性本齊) 때문입니다.

"함께 있으되 서로 이끌지는 않네"라는 것은 마음과 성품의 차이를 말합니다. 부처님의 일심은 만법을 평등하게 보고, 번뇌심은 일체를 분별로써 봅니다. 그러나 마음과 성품의 본질은 평등하여 둘이 아닙니다. 우리가 본래 마음을 깨달을 수 있는 것은 이 때문입니다. 하루 좌선을 하고 났는데 여러분은 평등심을 가지고 있습니까, 아니면 여전히 분별하고 있습니까?

열심히 수행할 때 우리는 망념을 사용하고 있는데, 그것은 바로 번뇌심입니다. 더 이상 망념을 계속 사용할 수 없을 때 비로소 지혜가 일어날 것입니다. 우리는 집중의 방법들을 사용하여 마음을 통일합니다. 몸과 마음이 통일된 뒤에는 화두로 전환하여 그 통일심을 타파합니다. 통일심을 넘어서야 우리는 집착이 없는 가운데 일어나는 지혜를 체험할 수 있습니다.

저는 여러분이 이번 선칠을 이용하여 산란심에서 집중심에 도달하고, 결국에는 통일심에 도달하기 바랍니다. 통일심에 도달하는 최선의 방도는 망념을 두려워하지 않는 것입니다. 방법상에 머물러 있기만 하면 됩니다. 자신이 하고 있는 수행이 좋은지 나쁜지를 분석하지 마십시오. 그것은 방법에서 벗어났다는 것을 말해줍니다.

6.2. 만물에 수순하기

일어남이 없이 만물에 수순하고	無生順物
어디서나 그윽이 머무르네.	隨處幽棲

'일어남이 없다(無生)'는 말은 불교 경전 도처에서 볼 수 있습니다. 그것은 무념, 무집착, 무번뇌, 무오염을 의미합니다. 철저히 깨달은 수행자들에게는 어떤 번뇌도 없습니다. 그들은 만물에 수순隨順하며, 만법을 인식하면서도 거기에 간섭하지 않습니다.

일전에 제가 여러분에게, 부처님들이라면 전쟁과 살육에 어떻게 반응할 것 같으냐고 물은 적이 있습니다. '만물에 수순한다(順物)'는 것은, 깨달은 이들은 자신들은 영향을 받지 않으면서도 주어진 상황에 여전히 정상적으로 반응할 것이라는 뜻입니다. 따라서 부처님들은 현상에 수순하면서 그에 따라 행동할 것이고, 폭력이나 전쟁에 아무 반응이 없지는 않을 것입니다. 한 걸음 나아가 말한다면, 깨닫지 못한 수행인들도 어떤 사람이 죽는 것을 보고도 그것을 어떤 사람이 죽는 것으로 보지 못하거나, 어떤 집이 불이 난 것을 보고도 뭔가가 불에 타고 있는 것으로 보지 못할 수 있습니다.

어느 거사의 집에 도둑이 들었고, 그의 부인은 속이 상했습니다. 그가 부인에게 말했습니다. "상관없소. 도둑이 모든 것을 다 털어간 건 아니잖소. 사실 그는 자기 물건을 훔친 것뿐이라오." 도둑은 그 남편이 하는 말을 듣고 그가 바보라고 생각하고 돌아와서 그 부인을 납치해 갔습니다. 부인이 물었습니다. "이제 당신은 어떻게 하실래요?"

남편이 대답했습니다. "상관없소. 그는 자기 아내를 데려가는 것뿐이고 나와는 무관하오." 이 사람은 자신이 자기 것과 남의 것을 분별하지 않는다고 생각했습니다. 여러분은 이런 식의 무분별심에 도달하기를 바랍니까?

저의 한 제자는 보석 가방 하나를 아이들 몇 명에게 도둑맞았는데도 여전히 그 아이들이 귀엽고 천진하다고 믿었습니다. 한번은 선칠이 끝난 뒤에 어느 제자가 자기가 가진 돈과 물건을 친구와 낯선 사람들에게

다 주어 버리고, 남에게 줄 만한 가치가 없다고 생각되는 물건들은 내버렸습니다. 가까운 친구들이 그에게 정신병원에 가서 진찰을 받아 보라고 했지만, 그는 오히려 미친 것은 다른 사람들이라고 항변했습니다.

이런 일화들은 이와 같은 상황이 옛날이야기에만 나오는 것이 아니고, 오늘날에도 여러분이나 저와 같은 사람들에게 일어난다는 것을 말해줍니다. 더 중요한 것은, 이것이 경전에서 이야기하는 '일어남이 없다' 나 '만물에 수순한다' 는 말의 의미가 아니라는 것을 저는 강조하고 싶습니다. 저는 이 세 사람의 행동이 비이성적이었다는 것을 말하는 것이 아니라, 그들은 깨닫지 못했고 '만물에 수순하지' 도 않았다는 것입니다. 수행 과정에서는 여러 가지 마음 상태가 일어날 수 있습니다. 그래서 이런 수행자들이 무엇을 체험했는지 우리는 분명히 알 수 없습니다. 그들의 행동이 허망한 것이었을 수도 있고, 그들이 체험한 것이 중간 단계의 수행이었을 수도 있습니다.

"어디서나 그윽이 머무르네"라는 것은 무슨 뜻입니까? 만물에 수순하는 수준에 도달한 사람은 산림이나 어디에 은거할 필요가 없습니다. 어디에나 머무를 수 있고, 번잡하든 고요하든 다 좋습니다. 어떤 의미에서, 그런 사람은 어디로 가든 홀로 수행할 때의 평온함을 가지고 갑니다. 그래서 모든 장소에서 차이 없이 똑같이 머무릅니다. 이러한 평온함을 얻기 위해 수행이 꼭 심오한 수준에 도달해야 할 필요는 없습니다. 여러분 가운데 어떤 사람들은 지금도 어느 정도의 평온함을 체험할 수 있습니다. 선칠의 첫째 날 여러분 대다수는 거리의 소음에 방해를 받았지만, 시간이 가면 갈수록 그런 현상에 방해를 덜 받을 것입니다. 물론 그것이 선정은 아닙니다. 만약 선정이었다면 아무 소리도 못 들었을 테니 말입니다. 그러나 주위에서 나는 소리를 인식하고도 그에 반응하지 않으면서 자신의 방법만 계속해 나간다면, 그 수행은 이미 힘을 얻은 것입니다.

 수행을 하다 보면 여러분 대다수는 외부 환경과의 통일을 체험할 것입니다. 그러나 저는 여러분이 재산을 전부 남에게 주어 버리지는 않을 거라고 확신합니다. 이것은 제가 아까 말한 그 사람들이 미쳤다는 것이 아니라, 그런 일은 그리 흔치 않다는 것입니다. 어떤 단계의 수행은 "산은 산이 아니고 강은 강이 아니다"로 묘사되는데, 이것은 수행에서 정상적인 단계이지만 사람마다 행동방식은 서로 다릅니다. 이런 수행 수준을 체험하는 대다수 사람들의 행동거지는 결코 이상하지 않습니다.

 선칠이 끝날 때 저는 모든 사람에게 평소와 같이 생활해 나가라고 말합니다. 수행한다고 해서 자기가 남들과 다르다는 그런 생각은 어리석은 것입니다. 선칠이 여러분에게 이상하게 행동해도 되는 특권이나 구실을 주지는 않습니다. 그런 일이 일어난다면 일어나는 거지만, 유별나게 보이기 위해 이상하게 행동한다면 그것은 잘못된 것입니다. 문제를 야기하고 싶지 않다면, 여러분의 배우자나 연인을 계속 존경과 사랑으로 대할 것이지 그들의 존재가 자신과 상관없다고 말하지는 말라고 당부 드리겠습니다.

 선禪은 모든 사람이 할 수 있는 것입니다. 특정한 유형의 사람일 필요도 없고, 특정한 방식의 삶을 살아야 할 필요도 없습니다. 또한 산중에 살 필요가 없고, 어디서나 다 수행할 수 있습니다. 불교 역사상 혜능선사와 법융선사를 포함한 많은 큰 스승들이 이렇게 말했습니다.

깨달음도 하나의 망념이다

깨침은 깨치지 못함에서 일어나고	覺由不覺
깨쳤다 해도 깨친 바가 없네.	卽覺無覺

깨달음이 존재하는 이유는 오직 깨닫지 못한 중생들이 있기 때문입니다. 만일 여러분이 깨달음을 얻는다면 그때도 깨달음이라고 할 것이 있겠습니까? 여러분에게는 없고 다른 사람들에게는 있습니다. 따라서 깨닫지 못한 사람들은 깨달음을 추구해야 합니다. 하지만 깨닫지 못한 사람들이 추구하는 깨달음은 하나의 환상이요 망념이며 거짓된 생각입니다. 일단 깨닫고 나면 깨달음 경계[悟境]는 더 이상 존재하지 않습니다.

사람들이 저에게 천상에는 얼마나 많은 수준이 있느냐고 물으면 저는 이렇게 대답합니다. 천상도 우리의 삶과 마찬가지로 각자에 따라 다르다고 말입니다. 이 선칠은 각자에 따라 다 다릅니다. 여러분의 체험과 다른 사람의 체험은 전혀 무관합니다. 여러분은 자신의 선칠을 하고 있고, 그들은 그들의 선칠을 하고 있습니다. 여러분이 보는 스승[師父]과 다른 사람이 보는 스승도 다릅니다.

비슷한 환경에서 태어난 사람들이라 해도 그들의 삶은 각자 다릅니다. 불경에서 말하기를, 물고기가 경험하는 물은 하나의 궁전이고 아귀餓鬼(배고픈 귀신)들이 경험하는 물은 냄새나는 고름이지만, 인간들이 경험하는 것이 바로 물이라고 합니다. 그와 마찬가지로 사람들은 각기 다른 수준의 깨달음을 체험합니다. 예전의 어느 대선사는 자기가 큰 깨달음을 36번, 작은 깨달음은 무수히 했다고 말했습니다.

깨달음에 이런 여러 종류가 있다는 이야기는 어쩌면 사람들에게 혼란을 주겠지요. 여러분은 작은 깨달음은 구름이 갈라지면서 별이 드러나는 것, 중간 깨달음은 달이 드러나는 것, 큰 깨달음은 해가 드러나는 것이라고 생각할지 모르지만, 그것은 그렇지 않습니다. 이런 비유를 사용하여 깨달음을 여러 수준의 밝음으로 묘사하는 것은 너무나 한계가 있습니다.

이 선사는 어떻게 해서 연속적으로 그렇게 많은 깨달음을 경험했습니까? 왜 어떤 것은 큰 깨달음이고 어떤 것은 작은 깨달음입니까? 깨달음의 체험을 하는 동안은 번뇌가 없지만, 그런 체험의 힘이 사라지면 번뇌가 돌아옵니다. 번뇌가 얼마나 빨리 돌아오느냐는 물론 그것들이 애초에 얼마나 강했느냐에 달렸습니다. 그러나 부처님이 크고 원만한 깨달음을 체험했을 때는 번뇌가 영원히 단절되었습니다. 우리의 깨달음의 본질은 부처님의 그것과 동일한데, 다만 그렇게 깊지 않고 그렇게 넓지 못할 뿐입니다.

그러나 선칠 중에는 깨달음에 대한 생각을 가지고 있으면 안 됩니다. 오직 방법만 유지하십시오. 깨달음은 길거리의 소음처럼 여러분과 무관합니다. 지금으로서는 둘 다 망념입니다.

6.3 만법이 일법一法이다

얻고 잃음의 두 가지에 대해	得失兩邊
어떻게 좋고 나쁨을 말하리오?	誰論好惡
일체의 유위법은	一切有爲
본래 만들어진 바가 없다네.	本無造作

「심명」에서 말하는 '얻고 잃음'이 무엇입니까? 번뇌를 얻고 지혜를 잃는 것입니까? 아니면 지혜를 얻고 번뇌를 잃습니까? 저는 누구나 후자를 더 좋아할 것이라고 확신합니다. 실은 두 가지 가능성 모두 범부의 관점입니다. 수행인은 늘 이렇게 물어야 합니다. "누구나 본래 부처라면, 우리는 언제 지혜를 잃고 번뇌를 얻어 중생이 되었나?"라고 말입니

다. 사실 지혜와 번뇌는 늘 함께 있고 분리할 수 없습니다. 지혜를 얻을 때는 번뇌도 얻고, 번뇌를 얻을 때는 지혜도 얻습니다. 헷갈립니까? 한마디 더 하자면, 만약 지혜를 놓아버리면 번뇌도 놓아버리게 되고, 번뇌를 놓아버리면 지혜도 놓아버리게 됩니다.

지혜 그 자체가 번뇌입니다. 중생의 입장에서는 보살의 지혜가 곧 번뇌입니다. 그들은 그것을 다른 방식으로는 보지 못합니다. 그러나 보살의 안목에서는 중생들의 번뇌와 (자신들의) 지혜가 다르지 않습니다. 부처님의 관점에서 말한다면 지혜도 없고 번뇌도 없습니다. 여러분은 아직 부처가 아니기 때문에 이것을 이해하지 못합니다. 보살이 아니면 지혜를 가늠할 수도 없고, 아는 것이라고는 번뇌뿐입니다.

얻고 잃음과 같은 구별을 할 때마다 분리, 극단, 양극, 비교, 판단이 생겨나게 됩니다. 우리가 아직 깨닫지 못하고 있는 한, 그럴 수밖에 없습니다. 우리에게는 아직도 얻고 잃음, 지혜와 번뇌가 있습니다. 많은 분들이 뭔가를 얻으리라는 희망을 안고 선칠에 들어옵니다. 여러분 중 어떤 사람은 이런 생각을 했을 것이 분명합니다. "이 선칠에서 내가 뭘 얻게 될까? 뭔가 소득만 있다면, 내가 집에 가지고 돌아갈 수 있는 가치 있는 뭔가만 있다면, 열심히 수행도 하고 비싼 대가를 치를 용의가 있다." 저는 여러분이 좀 다른 관점을 가졌으면 합니다. 제가 볼 때는, 여러분이 가지고 가는 것이 가져온 것보다 적으면 그 선칠은 성공한 것입니다. 올 때는 짐이 하나뿐이었는데 떠날 때 오히려 두 개라면 딱한 일입니다. 그 짐이 얼마나 무겁겠습니까! 그런 경우에 그 선칠은 여러분이 시간과 노력을 들인 만큼의 가치가 없다고 해야겠지요. 선칠을 할 때는 잃어버리는 것이 많으면 많을수록 좋습니다.

가장 좋은 것은, 너무 많이 잃어버려 더 이상 잃어버릴 것이 없게 되는 것입니다. 그럴 때 여러분은 무엇을 얻습니까? 일체를 잃어버리는데 무엇을 어떻게 얻겠습니까? 여러분이 자아마저 놓아버린다면 무엇이 여러분의 것으로 남아 있겠습니까? 저는 이런 함축적인 질문을 하지만, 여러분은 이것을 자신의 짐에 보태지 말기를 바랍니다. 우리가 '자아' 혹은 '나'라고 말할 때 그것은 자아에 대한 집착을 의미합니다. 자아집착(self-attachment)이 사라지면 더 이상 얻고 잃음이 없습니다. 여러분은 "그러면 얻음과 잃음 중 어느 것이 더 좋습니까?" 하고 물을지 모릅니다. 철저한 깨달음을 체험한 사람에게는 그런 이야기가 아무 의미가 없습니다.

어제 어떤 사람이 자신의 자아집착이 너무 심한 것을 보고 나서 눈물을 흘리면서 저를 찾아왔습니다. 제가 그에게 아직도 집착이 있느냐고 물었더니 "예, 하지만 조금 적어졌겠지요." 하고 대답했습니다.

제가 그에게 말했습니다. "최소한 당신은 뭔가를 잃어버렸군요. 선칠이 끝날 때까지 더 많이 잃어버리기 바랍니다. 어쩌면 당신이 너무 많이 잃어버려, 집에 돌아가면 약혼녀가 당신을 알아보지 못하지 않을까요." 우스운 이야기 같겠지만, 어떤 수행인들에게는 그것이 걱정거리이기도 합니다. 이전의 어느 선칠 때 한 참가자가 그런 걱정을 이야기했습니다. "제가 사물들을 계속 놓아버리면 어느 단계에서는 일체를 잃어버릴 수도 있습니다. 그럴 때 저는 어떤 사람이 됩니까? 그럴 때 저는 어떤 모습이 됩니까?" 결코 우스갯소리가 아닙니다. 언젠가는 여러분도 그런 상황에 처해 있는 자신을 발견할지 모릅니다. 자아집착은 여러분으로 하여금 무엇을 호락호락 놓아버리지 못하게 할 것입니다. 여러분이 무엇을 잃어버리기 직전이거나 이미 무엇을 잃어버렸을 때는 마음 속에서 자연히 공포감이 일어납니다. 그리고 이 공포감과 함께 다른 어떤 것을 붙들려고 하거나 심지어는 새로운 집착을 만들어내려고 시도하게 됩니다. 이것이 번뇌인데, 중생들의 자연스러운 반응입니다. 수행자라면 이것을 알아차려야 하고, 부단히 수행해 나가기만 하면 그러한 두려움, 기대, 욕망은 줄어든다는 것을 알아야 합니다.

"일체의 유위법은 본래 만들어진 바가 없다"는 것은 모든 현상[만법], 행위, 혹은 나툼(현상 세계)을 가리킵니다. 「심명」의 이 두 구절은 복잡한 대목으로, 상식과 모순되는 것처럼 보입니다. 그것은 난데없이 어떤 결과가 나타난다는 의미입니까? 내가 공부하고 노력하지 않고 박사나 교수가 될 수 있습니까? 그것은 정말 말이 안 되겠지요. 현상들은 다른 어떤 것, 어떤 일이나 노력에서 일어난다고 생각하는 것이 한결 자연스러울 것입니다. 예를 들어 이 건물은 건축 재료와 노동의 결과로 만들어졌지 무無에서 나온 것이 아닙니다. 우리는 이 건물이 만들어진 것이 아니라고는 말하지 못합니다. 분명 「심명」은 다른 어떤 것을 가리키고 있습니다.

매일 저녁 우리는 예불문의 이런 구절을 창송唱頌합니다. "삼세의 모든 부처님을 알고자 하거든 마땅히 법계法界(dharmadhatu)*의 성품을 관하라. 일체는 마음이 만들어내는 것이다(若人欲了知 三世一切佛 應觀法界性 一切唯心造)." 이것은 중생의 관점입니다. 우리는 법계 내의 일체가 마음에 의해 창조된다고 말합니다. 현상들이 생겨나는 것은 중생들의 공업共業(집단적인 업)과 별업別業(개인의 업)에서 나오며, 일체가 이러한 업력業力들의 성숙 혹은 나툼[示現]에 지나지 않습니다. 「심명」에서 모든 현상이 본래 만들어진 바가 없다고 할 때, 그것은 깨달은 자의 관점을 취한 것입니다. 깨달은 자에게는 어떤 구별도 없습니다. 현상들은 여전히 존재하지만, 그것들을 분류하거나 등급을 나누거나 판단하거나 의미를 부여하지 않습니다. 남자와 여자, 불과 물, 도덕과 비도덕을 구

---

* [역주] 만법이 일어나고, 머무르고, 사라지는 영역. 전 우주와 마음의 경계를 포함한다.

별하는 것은 우리입니다. 우리에게는 이런 관념들이 서로 다른 의미를 가지고 있지만, 깨달은 자는 이런 자아중심적인 구별을 하지 않습니다. 만물은 있는 그대로 존재할 뿐입니다.

깨달은 자들은 만법을 일법一法같이 본다고 말하는 것조차 맞지 않습니다. 깨달은 자에게는 뭐라고 말할 어떤 법도 없습니다. 만약 그런 법이 있다면 그것은 구경究竟의 상태가 아니겠지요. 그런데 한 법도 없다면 창조가 어떻게 있을 수 있습니까? 혼란은 여기서 일어납니다. 사람들은 깨달은 상태에서는 공空과 무無만 있다고 잘못 믿고 있습니다. 깨달은 자에게도 현상들이 여전히 존재하지만, 그것들을 볼 때 집착이나 분별이 없습니다. 그래서 이러한 상태를 '무법無法(no-dharma)'이라고 합니다. 이것은 현상의 존재를 배척하는 것이 아닙니다. 우리가 창조하는 현상들은—만들어 내거나 집착하는 현상들은—여전히 존재합니다.

불법은 결코 세계와 현상을 부인하지 않고, 사람들에게 세간에서 도피하라고 가르치지도 않습니다. 불법은 사람들에게 세계를 긍정하되 동시에 거기에 집착하지 않음으로써 자아를 해방하라고 가르칩니다. 철저히 깨달은 자는 여전히 존재하면서 세상에서 온전히 활동합니다. 그들은 다른 중생들과 상호작용 할 수 있고 또 사실 그렇게 합니다. 드문 경우를 제외하면, 깨달은 존재들과 선종의 조사들은 사물의 정상적인 질서를 결코 깨트리지 않을 것입니다.

저는 대만의 다른 종교 설교자에 관한 기사를 읽은 적이 있습니다. 이 사람은 인간의 진화에 대한 최근의 논란에 대응하여 원숭이 한 마리를 공개 석상에 데리고 나와 이렇게 말했습니다. "만일 인간이 정말 원숭이로부터 유래했다면, 이 원숭이는 여러분의 조상들의 후손이므로 여러분은 이 원숭이도 그런 방식으로 존경해야 합니다. 그러나 만약 진화가 사실이라면, 왜 이 원숭이는 그대로 원숭이고 우리는 더 고등한 생물로 진화했습니까?" 그는 또 부처님이 모든 중생은 불성을 가지고 있다고 말씀하신다는 것을 들었기에, 많은 고양이와 개, 곤충들을 구해와서 대중에게 설교했습니다. "여러분 불교도들은 불상에 절을 할 필요가 없습니다. 만약 중생이 다 동일하다면 여러분은 이 동물들에게도 절을 할 수 있겠지요." 이 사람은 불법을 오해했습니다. 선종의 조사, 선사들은 깨닫고 나서도 불상과 경전들을 존중했습니다. 그러면서도 그들은 불상이 부처는 아니며 경전이 실은 불법은 아니라는 것을 잘 알고 있었습니다.

하지만 선사들의 특이한 행동에 대한 이야기들은 전해집니다. 어떤 일화에서는 스님들이 어느 유명한 선사가 불상 앞에서 오줌을 누는 것을 보고, 그를 끌어내려 하면서 말했습니다. "당신 같은 선사께서 어찌 이런 무지하고 불경스러운 행위를 하십니까?" 선사가 자신이 무엇을 잘못했느냐고 묻자 그들이 말했습니다. "이것은 불상이고, 부처님들이 계신 곳입니다."

선사가 말했습니다. "부처가 없는 곳이 어딘지 말해주시오. 그러면 거기서 오줌을 누리다."

이것은 선종의 어느 경전에 나오는 고사故事로, 선사가 수행자들과 제자들의 강한 집착을 타파하려고 노력한다는 것을 보여줍니다. 이런 일은 평생에 한 번 만나기 어려운데, 그 선사는 적당한 때를 골라서 가르침을 준 것입니다. 반면에 그가 늘 불상 앞에서 오줌을 누었다면 괴짜로 간주되지 선사는 아니겠지요. 대부분의 경우 깨달은 조사들의 말과 행동은 보통 사람들과 마찬가지여서, 사물의 질서나 사람과 사람 사이의 관계 혹은 공인된 행위준칙을 위반하지 않을 것입니다.

수행자로서는 일부러 대중과 다르게 보이려고 하면 안 됩니다. 깨달은 사람은 어떤 모습일 것이라고 상상한 다음, 그런 상상에 기초해 행동하는 것은 더 많은 짐을 축적하는 것입니다. 그것도 하찮은 짐들을 말입니다. 우리는 「심명」이 여기서 설하는 것을 배워야 합니다. 얻고 잃음에 관한 그 가르침을 학습하십시오. 얻고 잃음에 대한 생각이 전혀 없을 때 비로소 참으로 수행할 수 있습니다. 만약 마음속에 그런 생각이 있다면, 얻는 것이라고는 번뇌입니다. 돌아가서 사람들에게 이야기할 만한 뭔가를 얻으려고 애쓰는 것은 그릇된 태도일 뿐더러 시간 낭비입니다. 다른 사람의 경험을 흉내 내려고 애쓰는 것도 시간 낭비입니다. 자신을 다른 사람과 비교하게 되면 우월감이나 열등감, 자만이나 질투를 느끼게 됩니다. 자신의 현재의 경험을 과거의 경험과 비교하지도 마십시오. 그런 모든 것은 번뇌에 지나지 않고, 수행을 해도 힘을 얻지 못합니다. 상황이 좋아 보이지 않을 때에도 실패했다고 생각하지 말고, 상황이 아주 좋아 보일 때에도 성공했다고 생각하지 마십시오. 왜 이런 소위 적극적이고 긍정적인 생각들을 해서는 안 됩니까? 얻고 잃음의 마음을 일으키지 않기 위해서입니다. 물론 우리는 적극적인 사고를 해야 하지만, 여기서 선칠을 할 때는 그런 태도에도 집착하지 마십시오. 그저 매 순간 온 힘을 다하십시오. 여러분이 하는 일에만 신경 쓰고, 무슨 일이 일어나든 집착하지 마십시오. 가장 좋은 태도는 현재 순간에 자리하고, 방법에 머무르는 것입니다.

6.4 번뇌가 점차 떠나게 하라

마음은 마음이 아님을 알지니	知心不心
병도 없고 약도 없다네.	無病無藥
미혹되었을 때는 일을 버릴지니	迷時捨事

깨닫고 나면 하등 다를 바가 없다네.　　　悟罷非異

　우리는 어떻게 하면 평소의 산란한 상태에서, 혹은 더 나아가 일심의 수준에서 무심에 도달할 수 있습니까? 무심에 도달하는 두 가지 선법禪法이 있는데, 하나는 묵조이고 또 하나는 공안, 혹은 화두라고 하는 것입니다. 두 가지 다 돈오적頓悟的 법문法門(수행법)입니다. 묵조를 통한 깨달음은 보통 얕게 시작하여 계속 수행해 나감에 따라 깊어지는데 반해, 화두는 보통 더 명확한 깨달음을 가져오지만 그것이 얕을 수도 있고 깊을 수도 있습니다.

　『능엄경』에서는 일종의 묵조와 비슷한 방법을 묘사하고 있는데, 그것은 관자재보살이 소리를 듣는 법문*을 극점까지 추구하여 자성을 통찰한 방식입니다. 그러나 자성에는 아무 소리가 없기 때문에 이 방법은 본질적으로 묵조입니다.

　허운虛雲 노스님(1840-1959)은 마음의 순정純正한 자성을 관조하는 하나의 수행 방법을 묘사하셨는데, 이런 자성은 고정된 특징이 없습니다. 우리가 이것을 참으로 통찰하는 순간에는 곧 부처입니다. 이 마음이 부처고, 부처가 이 마음입니다[即心即佛, 即佛即心]. 이 순간에 도달하는 수행 방법은 자신의 자각을 내면으로 돌려 관찰하고 경청하는 것입니

---

* 『능엄경』, 「이근원통장(耳根圓通章)」에서는 관세음보살의 수행법문을 이렇게 말한다. "처음에는 듣는 것 가운데서 흐름에 들어가 대상이 없어졌고, 대상과 들어감이 고요해지자 움직임과 조용함의 두 가지 모습이 명료히 일어나지 않았으며, 이와 같이 점점 향상되자 들음과 들리는 것이 다하였고, 들음이 다함도 머무르지 않게 되어 자각과 자각되는 것이 공해졌으며, 공하다는 자각이 극히 원만해져서 공함과 공해진 것이 소멸하였고, 생멸이 멸하사 적멸이 현전하였습니다. 홀연히 세간과 출세간을 초월하자 시방세계가 원만히 밝았고, 두 가지 수승함을 얻었으니……"(初於聞中 入流亡所 所入旣寂 動靜二相 了然不生. 如是漸增 聞所聞盡. 盡聞不住 覺所覺空. 空覺極圓 空所空滅. 生滅旣滅 寂滅現前. 忽然超越 世出世間 十方圓明 獲二殊勝……).

다. 그러다 보면 점차 번뇌와 망념이 줄어들다가 결국 사라집니다. 일체의 망념이 그칠 때 남아 있는 것은 바로 자성의 소리입니다. 그러나 이것은 하나의 표현방식일 뿐입니다. 왜냐하면 자성에는 어떤 '소리'도 없기 때문입니다. 따라서 허운 노스님의 방법도 관자재보살의 방법이나 묵조와 비슷합니다. 이 방법은 초학자들에게는 힘들어 성공하기 어려우므로, 갓 시작한 사람들은 호흡을 세는 수식數息이나 호흡을 주시하는 수식隨息부터 시작해야 합니다. 그러나 만일 호흡 세기나 호흡 주시가 자연스럽게 떨어져 나가는 지점에 도달한다면, 이런 방법들도 묵조에 상당하는 것입니다.

관자재보살의 방법은 진짜 소리를 경청하는 것으로 시작하지만, 들리는 어떤 소리도 없을 때에야 참으로 이 법문을 실현하게 됩니다. 지금 여러분의 수준에서는 이 방법을 따라 하려고 하지 마십시오. 만일 여러분이 호흡을 세는 수식을 하고 있다면, 세는 숫자가 자연히 떨어져 나갔을 때 묵조나 화두를 시작해야 합니다. 아직 망념과 씨름하고 있으면서 숫자를 놓아버리는 것은 자신을 기만하는 것에 지나지 않습니다. 호흡법(호흡 세기나 호흡 주시)을 사용하여 몇 시간이나 연속적으로 좌선을 하면서도 망념이 아주 적거나 드러나는 망념이 전혀 없을 때는 마음이 고요함에 접근한 것이고, 이때 그런 다른 방법들을 효과적으로 사용할 수 있습니다. 고정불변의 어떤 규칙은 없고, 수행해 나가다 보면 바로 화두나 묵조를 시작할 수 있는 경우도 있습니다. 단지, 호흡을 가지고 시작하다가 마음이 어느 정도 맑아지고 안정되었을 때 다른 방법으로 전환하는 것이 한결 쉬울 거라는 것입니다.

화두법에는 많은 수준이 있습니다. 예를 들어, "나는 누구인가[我是誰]?"라는 물음을 가지고 점점 깊이 들어가다가 더 이상 참구할 것이 아무것도 없는 것처럼 보이는 지점까지 이를 수 있습니다. 그러면 여러분은 화두가 끝났다고 생각할지 모릅니다. 이럴 때 어떤 스승이나 학파들은 새로운 화두를 주겠지만 그것은 불필요합니다. 계속 깊이 들어갈 수 있습니다. 궁극적으로 뭔가가 다시 열릴 것이고, 그 화두 속으로 더 깊이 들어갈 수 있게 될 것입니다. 또다시 더 이상 참구할 것이 없어 보이는 어떤 지점에 도달할 것이고, 그런 다음 어떤 새로운 수준이 출현합니다. 평생 하나의 화두를 가지고 공부할 수도 있는데, 심지어 죽는 순간에도 여전히 참구해야 할 더 많은 수준들이 있을지 모릅니다.

묵조가 화두와 다른 것은 이런 점에서입니다. 즉, 시작할 때 아무것도 가지고 있지 않기 때문에, 계속 참구할 것이 아무것도 남아 있지 않은 단계에 이른다는 느낌이 전혀 없을 것이고, 그러다가 새로운 수준들이 출현합니다. 계속 수행해 나가면 그 수준들이 보이지 않는 가운데 점점 더 깊이 들어갈 뿐입니다.

화두는 사실 아무 의미가 없고 재미도 없는 것이, 마치 솜을 씹는 것과 같이 따분하고 아무 맛이 없습니다. 초학자들에게 화두는 이런 식입니다. 즉, 화두를 붙들고 씨름하되 마치 개가 계속 솜을 씹듯이 하다 보면 그 방법의 맛을 보기 시작하는 것입니다. 영리한 머리를 가지고 화두를 탐색하는 것은 시간과 노력의 낭비입니다. 영리한 머리로 내놓는 어떤 답변도 그것이 아닙니다. 열심히 노력하고 나서 어떤 깊은 체험적 이해처럼 보이는 해답을 내놓을 수도 있지만, 그것도 아닙니다. 다른 씹는 비유 하나를 들어 보겠습니다. 화두를 참구하는 것은 볍씨를 씹는 것과 같습니다. 처음에는 겉껍질을 씹을 뿐인데 그것은 아무 영양분이 없습니다. 여러분은 영양분이 있는 부분을 씹었다고 생각할지 모르지만 실은 아닙니다. 껍질을 씹어서 벗겨내고 나면 여러분은 '나는 얻었다!'고 생각합니다. 그러나 그것은 시작에 불과합니다. 이제는 쌀을 씹고 씹어 더 잘게 만들어야 합니다. 그러나 영양분은 아직도 그 안에 숨어 있습니다. 계속 씹어서 나중에는 쌀이 보이지 않을 정도까지 씹습니다. 여기서 저는 이 비유를 내버려야겠습니다. 왜냐하면 사실 수행의 수준들은 더 깊기 때문입니다. 쌀이 사라진 뒤뿐만 아니라, 쌀을 씹는 사람인 여러분도 사라지는 지경까지 이르러야 합니다. 성불하고 난 뒤라야 비로소 수행이 완성되었다고 볼 수 있습니다.

임제종은 흔히 사람들에게 '무無' 자 화두를 가지고 시작하게 하지만, 많은 초학자들에게는 이것이 수식數息과 별 차이가 없습니다. 그것은 '염화두念話頭'에 지나지 않습니다. 왜냐하면 그 단계에서 필요한 요소 하나가 빠져 있기 때문입니다. 그것은 바로 마음속의 참된 의정疑情입니다. 이것은 일반적인 의심을 말하는 것이 아니라, 열렬하고 잠시도 틈이 없이 견지되는, 문제의 뿌리까지 도달하겠다는 그런 의심을 말합니다. 단, 그 물음은 해답이 없지만 말입니다. 막 시작했을 때 이런 의정을 갖는 사람은 보기 드물고, 초학자들은 대개 화두를 주문같이 계속 되풀이하여 염하는 데 그치겠지요. 의정이 일어나야만 진정한 화두 수행이 시작됩니다. '선禪'이라는 말의 부분적인 의미는 '참구한다' 혹은 '의심한다'는 것입니다. 화두를 의심하거나 참구하는 것이 올바른 수행이지만, 저는 제자들에게 먼저 호흡법으로 시작하여 자기 마음을 수습하고 집중한 다음 비로소 화두를 참구하라고 권합니다.

어떤 사람들은 도저히 화두나 묵조가 안 되는데, 그것은 왕왕 그들의 기氣의 흐름이 마음이 안정되는 것을 어렵게 하여 그런 방법을 수용하기 어렵게 만들기 때문입니다. 수식數息, 화두, 묵조와 같이 마음을 훈련하는 방법들이 있고, 몸과 기를 훈련하는 방법들이 있습니다. 그러나 몸과 마음은 긴밀히 연결되어 있고, 그래서 어떤 때는 마음을 훈련하는 방법들이 신체적 반응들을 야기하기도 합니다. 만일 수행자들이 자신의 기를 적절히 제어하거나 흐르게 하는 법을 터득하면 수행이 한결 순조로워지겠지요.

기가 순조롭게, 조화롭게 흐를 때는 몸 상태가 안정되고 강건해지며 마음도 비교적 고요해집니다. 이것은 수행의 좋은 기초입니다. 만일 여러분의 기에 문제가 있으면 몸을 이완하려고 노력하면서 계속 수행하십시오. 그러면 십중팔구 문제가 저절로 해결될 것입니다. 수행 그 자체가 여러분의 기를 조절하는 데 도움을 줄 것이고, 또 여러분은 장래의 수행을 위한 튼튼한 토대를 놓게 될 것입니다.

기는 여러 가지 형태로 느껴집니다. 진동, 가려움, 열감, 서늘함, 압력, 막힘[不通] 등으로 말입니다. 가끔 사람들은 기 같은 것을 느끼지만 실은 그게 아닙니다. 예를 들어 제가 어떤 분에게 잠시 화두법을 쓰지 말라고 권했습니다. 그는 이 방법을 쓸 때 너무 용을 쓰기 때문입니다. 그러면 머리에 압력이 가해져서 두통이 옵니다. 이것은 기가 아니라 실은 머리에 진짜 피가 쏠리는 것입니다. 어떤 때는 몸의 열기가 기로 인해 생겨나지만 어떤 때는 다른 원인에서 옵니다. 예를 들어 여러분이 좌선을 한다고 해도 기력이 필요한데, 그러면 몸에 열이 납니다. 열은 다른 방식으로도 생길 수 있습니다. 선정에 들면 어떤 열이 일어나 실제로 번뇌를 증발시켜 버립니다. 우리 모두 이런 열을 사용할 수 있습니다.

사람들이 흔히 하는 오해는, 열심히 수행하고 마음의 힘을 집중할 때는 긴장하고 많은 압력을 가해야 한다고 생각하는 것입니다. 그러면 심장 박동이 빨라지거나 혈압이 올라갈 수 있습니다. 마음의 힘을 과도하게 집중하면 이러한 변화를 느낄 때 걱정이 될 것이고, 그러면 도리어 방법을 잃어버릴 수 있고 번뇌가 증가할 수도 있습니다. 그래서 저는 늘 이렇게 말합니다. "몸과 마음의 긴장을 풀고 오로지 노력하라[放鬆身心只是用功]"고 말입니다. 그 의미는 집중하되 긴장이나 압력 없이 하라는 것입니다. 생리적 감각에 불편함을 느끼더라도 놀라서 겁먹지 말고 그냥 이완하십시오. 주의를 발바닥이나 몸의 무게중심에 두고 이완하십시오. 그러면 기가 편안하게 가라앉을 것입니다. 기가 순조롭고 조화롭게 몸을 운행할 때는 그것을 알아차리지 못합니다. 그냥 차분하고, 건강하고, 예리하게 깨어 있고, 활력이 있다는 것만 느끼게 되고, 긴장되거나 초조하지 않을 것입니다.

「심명」에서는 말합니다. "미혹되었을 때는 일을 버릴지니, 깨닫고 나면 하등 다를 바가 없다네(迷時捨事 悟罷非異)." 미혹된 마음은 번뇌를 얼른 놓아버릴 수 없습니다. 수행 과정이란 여러 단계에 걸쳐 점차 놓아버리는 것입니다. 우선 과거와 미래를 놓아버리십시오. 그 다음에는 주위 환경을 놓아버리십시오. 세 번째로는 앞생각과 뒷생각을 놓아버리십시오.

앞생각과 뒷생각을 놓아버리기는 쉽지 않습니다. 왜냐하면 단 한 생각만 있을 때에도 여러분은 여전히 그것을 과거, 현재, 미래와 연결짓기 때문입니다. 마음을 멈추게 하고 과거와 미래를 놓아버릴 수 있으면 현재도 사라질 것입니다. 이것이 곧 무심입니다. 깨닫고 나면 놓아버릴 필요가 없습니다. 왜냐하면 무엇을 놓아버릴 것도 없고 무엇을 집어들 것도 없기 때문입니다.

6.5 득실에 상관하지 않다

본래 취할 것이 없으니	本無可取
지금 버린들 무슨 소용 있으랴?	今何用棄
누가 마군魔軍을 본다고 말한다면	謂有魔興
공空을 말할 수는 있으나 현상은 있다네.	言空象備

외관상 득실에 상관하지 않는 듯이 보이는 사람은 깊이 깨달았을 수도 있고, 그냥 아예 무관심한 것일 수도 있습니다. 대만의 어느 절에 있던 사미승은 어릴 때 게을렀습니다. 다그치고 야단을 쳐야 초등학교에 등교했고, 중등학교 때도 그랬습니다. 그는 상점에서 빈둥거리면서 만화책 보기를 더 좋아했습니다. 부모님이 어떻게 그를 대학에 가게 했는지 불가사의한데, 그는 아주 마지못해 원서를 내고 그저 그런 대학에 들어갔습니다. 대학에서도 자기가 해야 하는 것 말고는 아무것도 하지 않았습니다. 느긋하게 야간 수업을 받고 4년이 훨씬 지나서 졸업했고, 졸업한 뒤에도 아무것도 할 생각을 하지 않았습니다. 그는 이미 12살 때 출가하여 스님이 되어 있었습니다. 그를 받아준 분은 저의 스승님이셨는데, 나중에는 저에게 그를 떠맡기셨습니다. 그의 태도는 "나는 이미 중인데 뭘 신경 쓰나?" 하는 식이었습니다.

물론 저는 야단을 쳤지요. 자기 맡은 소임을 하지 않았으니까 말입니다. 사실 그는 어떤 일도 별로 하지 않았습니다. 외부인이 보기에는 저의 방식이 가혹하게 보일지도 모릅니다. 다른 제자들이 저를 찾아와서 말했습니다. "스님, 그를 나무라시면 안 됩니다. 그의 행위는 깨달은 사람의 행위에 부합합니다. 그는 이 세상에서 해야 할 일이 아무것도 없다는 것을 참으로 이해하고 있습니다. 저희같이 깨닫지 못한 바보들이나 머리 없는 닭처럼 이리저리 쫓아다니며 온갖 문제를 자초합니다. 만약 저희들을 믿지 못하신다면 『육조단경』을 보십시오. 6조 혜능대사가 말씀하시기를, 깨달은 사람은 '싫고 좋음에 상관 않고, 두 발 뻗고 눕는다 (憎愛不關心 長伸兩脚臥)'*고 했습니다. 그는 쉬어도 됩니다."

---

* [역주] 이 구절은 6조 스님의 '무상송(無相頌)'에 나오는 구절이다. 무상송은 『육조단경』 돈황본에는 없고 덕이본(德異本)에 있다.

이 제자들은 한 가지는 맞게 이야기했습니다. 이 게으른 스님은 잠자는 것만큼은 일류였습니다. 하루에 한 끼만 먹어도 아무 문제가 없어 다른 스님들이 놀라워했지만, 자신의 잠만은 끔찍이 수호하여 남들보다 일찍 자고 늦게 일어났습니다. 그 점에 대해 제가 물어보니 그는 이렇게 말했습니다. "스님, 스님께서 중요하다고 생각하시고 하시는 일들은 제 문제가 아닙니다. 저에게는 그런 것들이 사소한 일이고 제 시간을 낭비할 만한 일이 못 됩니다."

그런 사소한 일들 가운데는 자기 옷을 빠는 일도 포함됩니다. 그는 양말을 신고 또 신고, 뒤집고 또 뒤집어 신다가 못 참을 만하게 되면 버렸습니다. 제가 남들 앞에서 그를 나무라자 제법 여러 명의 제자들이 그를 두둔했습니다. "스님, 그를 나무라시면 안 됩니다. 그도 나름대로 이유가 있고, 그 나름의 관점이 있습니다."

"그게 어떤 관점이란 말인가?" 제가 물었습니다.

"발을 씻고 양말을 빠는 것이 필요하다고 느끼는 것은 스님이나 다른 사람들이지만, 모두가 그래야 합니까? 소들이 자기 발 씻는 것을 걱정합니까? 그것은 그의 발이고 그의 양말이지 스님의 것이 아닙니다. 그의 양말이 냄새가 난다고 생각하시면 그것은 스님의 문제이지 그의 문제가 아닙니다."

결국 이 스님은 저를 떠났는데, 나중에는 자기 절까지 가지게 되었습니다. 실은 그의 성품은 인자하고 태평스러워서 마치 어떤 일도 그를 동요시킬 수 없을 것처럼 보입니다. 노老보살들이 그를 가장 반기는데, 아마 지금은 그들이 그의 양말을 빨아주겠지요. 그러면 이 이야기의 교훈은 무엇입니까? 아마 제가 평생 멍텅구리였고, 머리 없는 닭이었겠지요.

사실 제가 이 이야기를 하는 것은, 사람들이 다른 사람의 행위에 의해, 심지어 자기 자신의 행위에 의해 얼마나 쉽게 우롱 당하는지 보여주기 위해서입니다. 만일 여러분이 상황을 자세히 살펴보고 의미를 충분히 왜곡하면, 경전을 이용하여 자신의 어떤 행위도 정당화할 수 있을 것입니다. 요는, 이 스님이 참으로 지혜가 있었다면 최소한 그 일부라도 남들이 알아차렸을 거라는 것입니다. 정말 안타까운 일입니다. 왜냐하면 그는 몇 가지 좋은 성품을 가지고 있었기 때문입니다. 물질적 재부財富에 집착하지 않는 것이라든가 유순한 성품은 수행의 좋은 기초가 되었을 테니 말입니다. 게다가 그런 성격에 끌리는 사람들에게는 그가 어떤 역할을 하고 있습니다. 만약 여러분이 그의 스타일을 선호한다면, 이 선칠이 끝난 뒤 그의 절을 찾아가는 길을 제가 가리켜 드릴 수 있습니다.

그래서 제가 여러분이 선칠에 들어오는 것은 무엇을 얻기 위해서가 아니라 무엇을 잃어버리기 위해서라고 이야기할 때, 그것은 게으름의 미덕을 찬양하는 것이 아닙니다. 제가 말하는 '얻음'은 더 많은 집착과 번뇌를 가리킵니다. 무관심이라는 다른 극단은 지혜를 제어하여 지혜를 얻으려고 노력하는 것이지만, 그것은 기대와 초조함을 야기할 뿐입니다. 7일이 지났는데도 이렇다 할 아무것도 체험하지 못하면 여러분은 이 선칠에서 실패했다고 생각하겠습니까? 만일 그것이 여러분이 원하는 경험이라면, 여러분의 집 근처 영화관에서 그런 경험을 찾을 수 있겠지요. 7일 후 여러분이 대부분의 시간 동안 방법을 가지고 노력했다고 말할 수 있으면 그것은 성공한 선칠입니다. 여러분이 떠날 때 자신은 아무것도 얻지 못했고 아무것도 잃어버리지 못했다고 생각할 수도 있지만, 이번 선칠은 분명히 여러분에게 영향을 줄 것이라는 것을 제가 보증합니다. 다만 한동안은 그것을 자각하지 못할지도 모릅니다. 저는 단지 여러분에게 이 시간과 환경을 잘 이용하라고 할 뿐입니다. 왜냐하면 이곳의 시간과 환경은 집중적이고 장애 없는 수행을 위해 설계되었기 때문입니다. 만일 부드럽고 편안한 환경 속에서 7일을 보내고 싶을 뿐이라면 그것은 시간을 낭비하는 것입니다. 저 태평스런 스님이 오히려 여러분이 원하는 스승의 모습일지 모릅니다.

기율紀律이 잘 잡힌 삶을 유지하는 것은 더할 나위 없는 가치가 있고, 정념正念을 잘 지니는 것은 금은재화보다 더 귀중합니다. 만일 선칠 참가가 여러분에게 한동안이나마 그런 가치를 심어준다면 시간을 낭비했다고 할 수 없습니다. 여러분이 해야 할 일은 자신의 방법을 닦는 것이 전부입니다. 아마 여러분은 이렇게 생각하겠지요. '기율을 유지하고 정념을 잘 지니는 것은 뭔가를 얻는 것 아닌가?'라고. 아직 무심에 도달하지 못한 사람들에게는 여전히 얻고 잃음이 있는 것이 분명합니다. 지혜는 얻고 번뇌는 잃고, 공덕은 얻고 업장은 잃으며, 명징함을 얻고 산란심을 잃습니다.

어두운 방에서 성냥을 켜면 빛을 보탰다고 말할 수 있습니다. 그러나 환한 햇빛 아래서 성냥을 그으면 무슨 빛을 보탰다고 말할 수 없겠지요. 여러분은 근본적으로 무한하지만 그것은 마음이 없을 때만 그렇습니다. 마음이 있는 한 한계가 있습니다. 마음이 없으면 자아가 없고, 따라서 잃거나 얻을 것이 아무것도 없습니다. 그러나 수행을 할 때는 자아라는 어두운 방 안에서 시작합니다. 여러분이 수행하는 것은 이 자아중심을 놓아버리기 위해서입니다. 그것을 완전히 놓아버릴 때가 바로 무심의 상태입니다. 그때는 불을 밝혀야 할 어두운 방이 없고, 이미 환한 햇빛 아래 있습니다.

불법은 이 자아를 놓아버리는 것과 관련되는 어떤 지침들을 제공합니다. 우선 사홍서원四弘誓願(Four Great Vows),* 특히 그 첫 번째인 "중생무변서원도(衆生無邊誓願度)"의 서원을 발하십시오. 여러분이 갈수록 자신의 욕망에 대해 덜 생각하고 주의력을 다른 사람들의 욕구로 돌릴 때, 자아중심은 자연히 경감될 것입니다. 다른 중생들의 존재를 인정하고 먼저 그들을 위해 행위하려고 애쓰십시오. 마찬가지로, 불·법·승 삼보三寶(Three Jewels)를 인정하고 존경하십시오.

여러분은 이렇게 생각할지 모릅니다. '나는 여기 좌선하러 왔지 세상을 구원하러 온 것이 아니다. 내가 먼저 자신을 돌볼 수 없다면 어떻게 남들을, 특히 그 서원에서 말하는 무수한 중생을 도울 수 있겠는가? 어째서 나 자신이 아니라 남들을 돕는 것이 나의 자아중심을 약화시킬 수 있단 말인가? 사실 그러다가 내가 화가 나거나 비참한 느낌이 들 수도 있고, 그러면 나의 자아중심이 더 견디기 힘들어질 것이다.' 이런 생각을 하는 것은 자연스럽습니다. 여러분이 처음 수행을 시작할 때는 사홍서원과 삼보가 부자연스럽습니다. 사실 우리는 그런 서원들을 그 완전한 의미에서는 거의 상상할 수가 없습니다. 그러나 저는 이렇게 말씀드리겠습니다. 남들을 돕는다는 생각이 처음 보기에는 두려움을 야기할 수도 있겠지만, 그것은 여러분이 시간을 할애할 만한 가치가 있는 거라고 말입니다. 새 옷을 입으면 처음에는 뻣뻣하고 불편한 느낌이 들 것입니다. 여러분은 그것을 의식하고 어색하게 느끼지만, 나중에는 갈수록 더 편하게 느껴지다가 결국은 그것이 마치 제2의 피부처럼 여러분의 일부가 됩니다. 오랫동안 수행하여 깊은 체험을 얻게 되면 왜 삼보와 사홍서원이 여러분의 존경을 받을 만한지 이해할 것입니다. 여러분이 삼보

---

* [역주] 『육조단경』에서 혜능선사가 가르친 다음의 네 가지 큰 서원이다. 1) 중생무변서원도(衆生無邊誓願度)- 가없는 중생을 다 건지겠습니다. 2) 번뇌무진서원단(煩惱無盡誓願斷)- 끝없는 번뇌를 다 끊겠습니다. 3) 법문무량서원학(法門無量誓願學)- 한량없는 법문을 다 배우겠습니다. 4) 불도무상서원성(佛道無上誓願成)- 위없는 불도를 다 이루겠습니다.

와 사홍서원, 그리고 중생들에 대해 얼마만큼의 존경을 가지고 있느냐에 따라, 여러분의 성취도 그에 비례합니다.

위대한 수행자들은 그들이 하는 위대한 공헌으로써 알아볼 수 있습니다. 그들은 자아집착이 없고, 그래서 겸허합니다. 보살들은 자부심이나 오만이 없습니다. 자기가 중생들을 돕고 있다고 보지 않으며, 그저 삼보의 일을 하고 있을 뿐입니다. 보살의 눈에는 중생들이 그들 자신의 공덕과 행위에 의해 해탈을 얻습니다. 제가 여러분을 구제합니까? 제가 여러분을 해탈시킵니까? 열심히 수행하는 것은 여러분이고, 자신의 태도를 바꾸는 것도 여러분입니다. 저는 삼보의 일을 하고 있을 뿐이지만, 마침 그것이 저의 관점이기도 합니다. 만일 여러분이 저에게 은혜를 입고 있다고 생각한다면, 그것은 여러분의 관점입니다. 바라건대 여러분은 또한 삼보의 은혜를 입고 있다고 느끼십시오. 사실 저에게나 삼보에 은혜를 입고 있다고 느끼는 것이 나쁜 것은 아닙니다. 이런 태도가 없다고 하면 여러분의 자아가 부풀어 올라 이런 자만심으로 충만할지 모릅니다. '나는 좌선을 한다. 나는 불법을 배운다. 나는 자신을 인도하여 수행의 장애들을 통과하며, 곤란이 닥쳐올 때는 나 자신이 그것을 극복한다'고 말입니다. 수행의 목표는 우리 자신을 '나'에 대한 그런 집착에서 벗어나게 하는 것입니다. 우리가 자아에 대한 집착에서 벗어나면 날수록 얻고 잃음이 없는 마음[無得失心]에 더 가까이 다가갑니다.

티베트 불교 까규파의 제16세 카르마파 린포체(Karmapa Rinpoche)가 한번은 뉴욕 롱아일랜드의 보리정사菩提精舍(Bodhi House)를 방문했습니다. 어느 종교학 교수가 그에게 자기 장서에 있던 불경들을 보여주고 있었습니다. 카르마파는 영어나 중국어를 몰랐지만, 티베트어로 쓰여진 불경을 보자 삼배를 했습니다. 그를 모시던 어떤 사람이 말했습니다. "성하, 당신께서는 이미 완전한 깨달음을 얻으신 분이고 부처님과 동등하십니다. 이 경전들은 당신께 아무 소용이 없습니다. 왜 절을 하십니까?"

카르마파는 그에 대한 답변으로 다시 삼배를 하고 나서 말했습니다. "남들은 나를 부처라고 할지 모르지만 나는 부처가 아니오." 불법이 없다면 우리는 어떻게 수행할지 모를 것입니다. 그래서 삼장三藏(Tripitaka)은 부처님의 법신이 남겨놓은 유물입니다. 카르마파는 물론 이 점을 알고 있고, 그래서 경전에 대해 그런 존경심을 가지고 있는 것입니다.

"누가 마군을 본다고 말한다면, 공을 말할 수는 있으나 현상은 있다네(謂有魔興 言空象備)."「심명」에서 말하는 마군[魔]이 누구입니까? 무엇입니까? 머리에 긴 뿔이 나고 예리한 이빨과 혀끝이 갈라진 부류입니까? 여러분은 그런 마군을 본 적이 있습니까? 여러분 마음 속의 마군은 어떻게 생겼습니까?『능엄경』에서는 많은 종류의 마군에 대해 이야기하고 있습니다. 어떤 마군은 여러분의 마음속에서 일어나고, 어떤 마군은 바깥에서 오는데 소위 천마天魔가 그것입니다. 큰 수행자라야 이런 천마가 다가오니 여러분은 걱정할 필요가 없습니다. 여러분 자신도 이미 허다한 마군 때문에 마음이 분주한데, 그것들은 여러분의 마음이 창조해낸 마군입니다.

마군은 여러 가지 많은 모습으로 옵니다. 예를 들어, 여러분이 좌선을 잘 하고 있다가 갑자기 마음이 배우자에 대한 생각으로 가득 찹니다. 어떤 때는 그런 생각이 너무 강력해서 그 사람이 바로 여러분 앞에 서 있는 것 같습니다. 그것이 진짜든 가짜든, 이런 생각들이 바로 여러분 자신의 마음에서 나오는 마군입니다. 이것은 여러분의 생각 속에 나타나는 그 사람들이 악마라는 뜻은 결코 아닙니다. 집에 돌아가서 그들을 나무랄 필요는 없습니다. 여러분 자신의 마음이 그런 마군을 만들어내어 자신의 수행을 장애하는 것입니다.

여러분을 장애하는 모든 마음 활동이 마군입니다. 그것들이 반드시 무섭거나 고통스러운 것은 아니지만, 그것이 여러분을 수행에서 떠나게 하는 한 마군인 것입니다. 여러분은 불법에 의지하여 자신의 마음을 훈련해야 합니다. 왜냐하면 불법은 부처님의 근본 원리는 물론, 수행을 어떻게 하는지와 어떤 수행방법을 채용할 것인지를 가르쳐주기 때문입니다. 따라서 그런 말씀과 묘사는 비록 공한 것이기는 하나 여전히 큰 도움이 됩니다.

불법의 모든 가르침은 자아중심에 대한 여러분의 집착을 줄여주기 위한 것입니다. 먼저 자신의 몸을 조복調伏 받고, 그런 다음 마음을 조복 받아야 합니다. 몸이 여러분으로 하여금 어떻게 느낄 것인지 결정하지 못하게 하십시오. 만일 한 자세로 너무 오래 앉아 있어서 몸이 불편하다고 느끼면, 그것이 어떤 편안한 느낌이라고 생각하고 계속 수행하십시오. 아무 이유 없이 졸음이 엄습해 온다고 생각되면 자신에게 "피로하지 않다"고 말하고 계속 수행하십시오. 이것이 바로 자신의 몸을 조복 받는 것입니다.

자기 마음을 제어하는 것에 대해 말하자면, 망념이 들어올 때 그것을 무시하십시오. 만일 자기가 이미 망념 속에서 헤매고 있다는 것을 발견하면 마음을 거두어 다시 방법상으로 가져가십시오. 사실 모든 것은 마음과 관계됩니다—망념, 통증, 가려움, 심지어 수행의 가르침과 방법까지도 말입니다. 근본적으로 그것들은 공합니다. 하지만 우리에게는 그것들이 존재하고, 그래서 어떤 가르침이나 방법들은 아주 중요합니다.

제7차 선칠

범부의 정情을 없애려고 하지 말라

7.1 감정이나 집착이 없는 자각

범부의 정情을 없애려고 하지 말고　　　莫滅凡情
생각을 그치는 법만 가르쳐 주라.　　　唯敎息意

여기서 '정情'(emotions)이 가리키는 것은 생각, 몽상, 감정, 환상, 그리고 우리의 이 분별심에서 나오는 기타 모든 작용입니다. 마음 활동은 사람의 정상적인 상태로서, 우리가 일상 활동을 하든 잠을 자든 혹은 수행을 하든, 줄곧 우리를 따라오는 것입니다. 결국 일상생활도 수행입니다. 어떤 사람은 두어 해 동안 지관타좌를 수행했는데, 자기에게는 그 방법이 힘들다고 말했습니다. 그는 지관타좌를 수행할 때는 마음속에 그 방법 말고는 아무 생각도 없어야 한다고 생각했습니다. 저는 우리가 어떤 방법을 사용하든, 그 방법 자체 외에는 다른 어떤 생각도 없어야 한다고 말했습니다. 예를 들어, 수식數息을 할 때 마음속에 있는 유일한 생각은 호흡과 그 수를 세는 생각뿐이어야 합니다. 수행하는 사람은 다 알지만, 이 수준은 도달하기가 쉽지 않습니다.

만약 수행을 통해 범부의 정[凡情]이 없는 상태에 도달했다면, 그것은 깊은 선정에 든 것이거나 아니면 일어나는 생각들이 더 이상 어떤 욕망이나 혐오도 일으키지 않는 상태입니다. 그러나 이 두 구절이 가리키는 것은 자아중심적인 분별과 집착에서 나오는 감정입니다.

이러한 수준에 도달하려면 힘써 노력해야 합니다. 그러나 만일 선정에 집착한다면 그런 감정들은 범부심[凡心]의 산물입니다. 사람들은 처음 선정을 체험하고 나면 종종 거기로 다시 돌아가기를 갈망하고, 그리하여 새로운 장애를 만들어냅니다. 더러 잠깐씩—어쩌면 불과 몇 초 동안—그들은 자기에게 분별이 없다고, 자기가 무심의 수준에 도달했다고 생각할지 모릅니다. 이런 생각은 큰 만족과 희열을 가져다 줄 수 있지만, 이것은 범부심입니다. 그들이 무심이라고 믿었던 것은 실은 무관심이었거나 아니면 마음이 명징하지 않아서 그것을 가득 채우고 있던 생각들을 분별해 내지도 못한 것입니다. 참된 무심의 상태, 분별이 없는 상태는 일어나는 일들을 명료히 자각하면서도 감정이나 집착을 일으키지 않습니다.

저는 시골에서 선칠을 주재하면 가끔 참가자들에게 밖을 돌아다닐 때 눈과 귀는 사용하되 마음은 사용하지 말라고 가르치지만, 정말 그렇게 할 수 있는 사람은 드뭅니다. 가끔 그들은 보고 듣는 것이 평소에 보고 듣는 것과 다른 중간적 단계에 도달하기도 합니다. 그들이 그것을 설명하지는 못하지만, 나무와 하늘과 다른 사람들이 좀 다르게 보인다고 말합니다.

우리가 좌선을 하는 한 가지 이유는, 생각을 체험하되 그에 상응하는 집착이 없도록 자기를 훈련하기 위해서입니다. 그것은 점진적 과정이지, 혼란에서 명료함으로 단선적으로 나아가는 것이 아닙니다. 여러분은 앞서 입선 시간에는 명료했다가 다음 입선 시간에는 망념에 휩싸일 수도 있습니다. 망념에 대해 화를 내 봐야 자신의 번뇌만 늘어날 뿐입니다. 생각과 번뇌가 들어올 때는 마음을 방법상에 두십시오. 번뇌심은 여러 가지 형태로 오므로 잘 알아차려야 합니다. 그것은 '다리가 아프다'거나 '나는 좌선하는 척하면서 시간만 낭비하고 있다' 혹은 '이건 느낌이 좋군. 하루 종일 앉아도 되겠다' 일 수도 있습니다.

어느 선칠에서 어떤 젊은이가 제 앞에 와서 말했습니다. "스님, 저는 떠나야겠습니다. 더 이상 있다가는 누군가를 죽이고 말 것 같습니다." 저는 그에게 누구를 죽이려고 하느냐고 물었습니다.

"스님이죠! 제가 죽이려고 하는 사람은 바로 스님입니다."

그 사람은 다리와 허리가 아팠고, 자신의 불운만 탓하고 있었습니다. 그가 생각할 수 있는 것은 그런 모든 고통을 안겨준 그 사람, 즉 저에게 보복하는 것이었습니다.

제가 말했습니다. "좋다. 그야 해결하기 어렵지 않지. 자네에게 칼을 줄 테니 나를 죽여."

"글쎄요, 지금은 당신을 죽이고 싶지 않고, 또 감히 그러지도 못합니다." 그가 말했습니다.

"그렇다면, 자네 좌복으로 돌아가서 계속 좌선을 하게." 제가 말했습니다.

자기 자신을 생각과 감정에 휘둘리게 놔두는 것은 더 많은 장애를 야기할 뿐입니다. 집착하거나 혐오함이 없이 그것들이 여러분을 통과하게 하십시오. 「심명」의 "범부의 정을 없애려고 하지 말라"는 구절에서 배우십시오. 왜냐하면 그것은 불가능한 일이기 때문입니다. 여러분이 할 수 있는 것은 그런 범상한 마음 활동으로 촉발되는 생각들을 그치는 것입니다.

7.2 청정심에 도달할 수 있다

생각이 없으면 마음이 사라지고 　　　　意無心滅
마음이 없으면 행위가 끊어지네. 　　　　心無行絕

　이 두 구절은 생각과 마음의 관계를 묘사하고 있습니다. 생각들은 허망한 것이고, 오고 가며, 감정과 경계境界에 의해 촉발됩니다. 뒤집어 말하면 그것들은 또한 다른 생각, 말, 행위의 무대가 됩니다. 범부들의 허망한 마음은 그런 생각들과 상호작용 합니다. 생각이 그칠 때 소멸하는 것은 범상하고 오염된 마음입니다. 순수하고 청정한 마음은 소멸될 수 없는데, 왜냐하면 그것은 생각에 의지하지 않고 허망하지 않기 때문입니다. 오염심汚染心과 청정심淸淨心의 차이에 대해 생각해 봐야 소용없습니다. 그러기 위해서도 생각을 사용해야 하니까요. 우리는 오염심의 허망한 본질 안에 빠져 있으면서 그것을 진짜라고 여깁니다. 우리는 이 오염심으로 세계를 관찰하고, 자신을 표현하며, 감정을 일으키고, 행위를 합니다. 오염된 마음을 가지고 있을 때는 자신이 순수한 마음[純淨心]이라고 생각하는 것을 기초로 행위하지 못합니다. 그런 생각에 의지하는 한 오염심의 존재를 받아들여야 하고, 또한 우리가 청정심에 도달할 수 있다는 믿음을 가져야 합니다.
　선칠에 들어오면 우리 모두 자신의 산란심을 예민하게 자각합니다. 우리는 명료한 생각과 혼란된 생각을 구분하려고 노력할 수 있지만, 사실 이 둘 사이에 진정한 구분은 없습니다. 불교에서 생각은 원래 혼란된 것입니다. 혼란되지 않은 생각은 생각이 아니라 지혜―즉, 순수하고 청정한 마음의 작용이겠지요. 감정과 생각은 원래부터 줄곧 우리로 하여금 생각하고 행위하게 만들고, 그리하여 번뇌를 만들어냅니다.

사람들이 선칠에 들어오는 것은 자신이 미혹되어 있다는 것을 알기 때문입니다. 그것이 시작입니다. 자신이 미혹되어 있다는 것을 모르는 사람들은 문제가 더 심각합니다. 주위를 한번 돌아보십시오. 우리가 이른바 '정상'이라고 하는 세계는 갈망과 혐오에 의해 지배되는 사람들로 가득 차 있습니다. 그들의 생각은 어지럽고 감정은 뒤죽박죽입니다. 그들은 자신과 남들에게 문제를 야기하면서 동분서주합니다. 선 센터 밖은 많은 중생들의 그런 혼란과 미망을 관찰할 수 있는 좋은 장소입니다. 어느 선칠 참가자[禪衆]가 저에게 말하기를, 그녀의 친구들은 자기가 선칠에 참가한다고 하니까 자신의 정신건강을 걱정하더라고 했습니다. 그들은 그녀가 정신과 의사를 만나 문제를 해결해야 한다고 생각한 것입니다. 여러분은 웃을지 모릅니다. 우리가 그녀의 친구들 해법에 동의하지 않는다 해도 그들이 아주 틀린 것은 아닙니다. 왜냐하면 우리는 모두 깊이 미혹되어 있기 때문입니다.

생각과 마음의 차이는, 생각은 늘 흩어지고 혼란되어 있는 반면 마음은 우리가 그것을 일정한 방향으로 이끌고, 집중하고, 통일할 수 있다는 것입니다. 우리는 산란심에서 진보하여 집중심, 통일심에 이르고, 무심에 이릅니다.

"생각이 없으면 마음이 사라지고"라는 구절은, 산란한 생각들을 없애면 무심에 도달할 수 있다는 것을 암시하는 것같이 보입니다. 그러나 그렇게 간단하지가 않습니다. 생각은 의식, 곧 분별심의 한 작용인데, 그것은 산란스러울 수도 있고 집중되어 있을 수도 있습니다. 집중심에 도달해 있는 것은 아주 좋고, 일심과 무심으로 나아가기 위한 선결조건입니다. 그러나 일심의 수준에 도달해도 분별이 없는 것은 아닙니다. 일반적인 표준으로 말하면 일심의 수준에서는 아무 분별이 없는 것으로 보이겠지만, 일심도 여전히 그 한계와 경계선이 있습니다. 왜냐하면 일심이라고 할 수 있으려면 마음이 어떤 것과 결합해야 하기 때문입니다. 더욱이 마음이 어떤 것과 결합하는 것을 지각한다는 것은 아직도 어느 정도의 분별이 존재한다는 것을 말해줍니다. 따라서 일심은 구경究竟의 상태가 아닙니다.

동양사상의 한 원리는 '일一'은 '이二'에서 오고 '이二'는 '일一'에서 온다는 것입니다. 무無는 유有인 것을 낳을 수 없다는 거지요. 이런 관념은 우리가 잘 아는 음과 양의 기호에서 분명하게 드러납니다. 서양 종교들은 신이 모든 것에 앞서며 모든 것을 창조했다고 말합니다. 바꾸어 말해서, 하나[一]가 다른 일체를 낳는다는 것입니다. 만약 누가 이 신은 어디서 왔느냐고 물으면 신은 과거, 현재, 미래에서 영원히 스스로 존재하는 자라는 답변이 나오겠지요. 그러나 불법에서는, 영원불변한 것은 다른 어떤 것을 창조할 수 없고, 또 다른 어떤 것에 의해 창조되지도 않는다고 말합니다. 만일 하나의 사물이 다른 어떤 하나의 사물을 창조할 능력이 있다면, 그것 자체도 필시 창조되어야 할 것입니다. 따라서 일심은 결코 절대적이지 않으며, 단독으로 존재할 수 없고 어떤 틀 속에서 존재합니다. 마치 음이 양의 틀 속에서 존재하고, 양이 음의 틀 속에서 존재하듯이 말입니다. 그 어느 쪽도 단독으로 존재하지 못하고, 그 어느 쪽도 영원하거나 불변이 아닙니다.

저녁 예불 때 우리는 이런 구절을 창송합니다. "삼세(과거, 현재, 미래)의 모든 부처님을 알고자 하거든 마땅히 법계法界의 성품을 관하라. 일체가 마음이 만든 것이니라." 여기서 '마음'은 분별심을 가리키고 '법계의 성품'은 무한한 법, 또는 현상계를 가리키는데, 각각의 법이나 현상들은 저마다 특징과 경계선이 있습니다. 모든 현상은 분별심에서 만들어져 나온 것이고, 분별심이 생각과 관념을 낳으며, 이것들은 더 많은 생각, 말, 행위를 일으킵니다. 이러한 생각, 말, 행위가 나중에 좋거나, 나쁘거나, 아니면 좋지도 않고 나쁘지도 않은 미래의 과보[後果]를 야기하는 원인이 되는데, 우리는 이러한 과보에 대처하고 또 그것을 받아들여야 합니다. 이것이 바로 업(karma)입니다. 그것이 부단히 변하는 환경을 만들어냅니다. 우리는 이 환경 속에서 행위하고, 행위하면서 더 많은 업을 만들어냅니다. 그래서 이런 순환이 순간에서 순간으로, 생에서 생으로 이어지며 윤회를 형성합니다.

"마음이 없으면 행위가 끊어지니"라는 것은 분별심이 그치면 더 이상 업을 짓는 행위를 저지르지 않게 되고, 그럼으로써 그 사람이 윤회에서 해방된다는 뜻입니다. 선칠은 한동안 시간을 내어 분별심을 놓아 보려고 하는 것입니다. 이런 말을 들으면 어떤 사람은 겁이 날지도 모릅니다. 사람들은 자신의 신분(identity), 존재 그리고 가치가 분별심의 존재에 의존한다고 생각합니다. 만약 이 마음이 소멸된다면 여러분은 누구이겠습니까? 똑같은 그 사람이겠습니까? 자기가 사랑하는 사람들을 기억하겠습니까? 여러분이 자신의 정상적인 생활로, 가정과 직업으로 돌아갈 수 있겠습니까?

여러분이 생각도 감정도 없는 백치가 될 거라는 걱정은 하지 마십시오. 선칠은 미치광이를 만들어내는 공장이 아닙니다. 분별심에서 나오는 것은 혼란스러운 생각과 허망한 감정이고, 무심의 상태에서 나오는 것은 참된 지혜입니다. 석가모니 부처님은 완전한 깨달음을 얻으신 뒤에도 여전히 당신의 가족과 제자들을 인식했고, 주변의 일체를 자각했습니다. 그렇지 않다면 우리가 어떻게 그분을 지혜로운 분이라고 말할 수 있겠으며, 사람들이 왜 그분의 말씀을 들으려고 했겠습니까?

분별심을 놓는다는 것은 집착을 놓는다는 뜻입니다. 수행을 통해 여러분은 비로소 집착을 놓을 수 있게 되고 해탈을 체험하기 시작합니다. 여러분이 부처님같이 그렇게 완전히 깨닫지는 못할지 모르지만, 분별심이 없이 좌선하는 매 순간 번뇌가 없을 것입니다. 「심명」은 숭고한 목표를 이야기하지만 우리는 첫걸음부터 시작해야 합니다. 수행 방법상에서 열심히 노력하십시오.

7.3 거짓 공과 참 공

공空을 확인할 필요가 없으니,	不用證空
자연히 명료한 이해가 있다네.	自然明徹

「심명」과 모든 불경이 이야기하는 공空은 아무것도 없는 것[虛無]을 뜻하는 것이 아닙니다. 이런 오해 때문에 늘 불교가 허무하고 비관적인 것으로 인식됩니다. '공'이 불교에서 의미하는 바는 무상無常, 즉 모든 것이 인因과 연緣에 의해 부단히 변해가고 있다는 사실입니다.

어느 선칠에서 제가 어떤 사람에게 물었습니다. "당신은 이름이 무엇입니까?"

그가 대답했습니다. "저는 이름이 없습니다."

"그럼 당신은 누굽니까?"

"저는 존재하지 않는데, 어떻게 누구일 수 있겠습니까?"

"당신은 어디 있습니까?"

"아무것도 존재하지 않는다면, 제가 어떻게 어디에 있을 수 있습니까?"

이 수행인이 말한 것은 틀리지 않고, 그는 필시 그런 느낌과 관념을 체험하고 있었을 것입니다. 원래 그는 이름이 없었는데 태어난 뒤에 다른 사람이 이름을 붙여주었습니다. 어머니가 그를 낳았지만, 태어나기 전에는 그가 존재하지 않았습니다. 그리고 지금은 어른이니 분명히 같은 몸뚱이가 아닙니다. 만약 그렇다면, 몸은 참으로 존재합니까? 만약 몸이 존재하지 않는다면 그것이 존재하는 공간을 우리가 어떻게 이야기할 수 있겠습니까? 이런 것들은 우리가 철학적으로 토론하고 논리적으로 연역할 수 있는 관념이지만, 그것이 깨달음은 아닙니다. 스승의 지도 없이 수행하는 사람들은 이런 의미를 오해하고, 자신이 깨달았다고 생각할 수도 있습니다.

사람들은 이따금 세간사가 지루하고, 실체가 없고, 비실재적으로 보이는 그런 단계들을 지나갑니다. 한번은 선칠이 끝난 뒤에 어떤 여자가 저에게 말하기를, 자기는 남편과 자식에 대해 더 이상 신경 쓰고 싶지 않다고 했습니다. 제가 물었습니다. "그러면 당신은 무엇을 원합니까?" 그녀가 말했습니다. "실은 아무것도 원치 않습니다. 그러나 만약 생각을 해 본다면, 출가를 고려할지도 모릅니다." 제가 말했습니다. "당신이 출가한다고 해도 스승이 필요할 것이고, 나중에는 아마 제자들도 생기겠지요." 그녀가 대답습니다. "아뇨, 저는 그런 것을 원치 않습니다. 그냥 출가하고 싶을 뿐입니다." 제가 말했습니다. "만일 당신의 태도가 그렇다면 출가할 자격이 없습니다." 얼마의 시간이 지난 뒤 그녀의 그런 감정은 사라졌습니다. 그녀는 결코 불교의 공空을 체험한 것이 아닙니다.

이런 이야기에 나오는 사람들이 보여준 것은 거짓 공[假空]입니다. 참 공[眞空] 혹은 구경究竟의 공으로 말하자면, 일체가 다 존재하지만 그것들에 집착하지 않습니다. 『반야심경』에서 말하기를, 자아를 구성하는 오온五蘊*, 곧 색·수·상·행·식色受想行識(형상·감각·인식·의

---

* [역주] '오온'은 불교 이론에서 중생을 구성하는 다섯 가지 요소이다. '온蘊(skandha)'은 '쌓임' 또는 '집적'이라는 뜻이며, 색수상행식의 다섯 가지 요소가 한데 합쳐져서 하나의 자아를 가진 개인이 존재한다는 환상이 출현한다.

지·의식)이 공하다고 합니다. 그것은 결코 오온이 유령이나 환영幻影이라는 뜻은 아닙니다. 참으로 존재하지는 않는 것은 우리의 이른바 '자아'입니다. 오온은 존재하지만 지속적이고 개별적이고 독립적인 자성自性이 없습니다. 이것을 직접—다시 말하자면 깨달음에 수반되는 이해를 통해서—깨닫는 것이 참 공을 체험하는 것입니다.

『금강경』에서는 만법이 "꿈과 같고 허깨비 같고 물거품 같고 그림자 같다(如夢幻泡影)"고 합니다. 우리는 이것을 토론하여 어떤 지적인 공동 인식에 도달할 수는 있지만, 그것은 한갓 추측에 지나지 않을 것입니다. 예를 들어, 벽은 그것이 단단하다는 의미에서 실재합니다. 즉, 우리가 그것을 볼 수 있고, 만져볼 수 있고, 거기에 부딪치면 우리가 다친다는 의미에서 말입니다. 그러나 불교적 관점에서 보자면 그것은 무상합니다. 그것은 자기 스스로 존재하지 않고, 따라서 실재하지 않습니다. 과학자들은 물질이 본질적으로 양자, 중성자, 전자로 이루어져 있다고 말하지만, 직접 체험하지 않으면 이 역시 이론이고 사변입니다. 마음이 자·타自他에 대한 어떠한 관념에도 집착하지 않을 때 자연히 공空의 성품을 이해하게 될 것입니다.

「심명」에서는 "공空을 확인할 필요가 없다"고 말합니다. 그것은 몸 바깥의 어딘가에 숨겨져 있어 발견하거나 체험해야 하는 보물이 아닙니다. 그것은 분명하고, 바로 지금 있고, 우리가 본래 다 가지고 있고, 없는 곳이 없습니다. 오늘 아침 어떤 사람이 방귀를 뀌어 악취가 사방에 가득했습니다. 그것은 어떤 사람의 소화가 잘 안 되었다는 것을 의미할 수도 있고, 그 사람이 좌선을 잘 하지 못하고 있었다는 표시일 수도 있지만, 그것은 그때고 지금은 지금입니다. 지금은 더 이상 악취가 없습니다. 사물들이 공할 때에만 이런 일이 일어날 수 있습니다. 우리가 실재한다고 여기는 것들은 사실 그 본질이 공空입니다.

「심명」에서는 "자연히 명료한 이해가 있다"고 말합니다. 집착과 장애가 없을 때는 마음이 명징하여 단박에 그 성품을 이해합니다. 이런 명징함은 종종 빛에 비유되기도 하지만, 그것은 잘못된 비유입니다. 왜냐하면 빛은 어디나 뚫고 들어가지는 못하기 때문입니다. 장애물이 있으면 어둠이 있습니다. 깨달음의 명징함에는 장애물이 없습니다. 그것은 마음의 명징함이지 눈의 명징함이 아닙니다. 이 명징하고 밝은 마음이 무심, 곧 무집착의 마음[無執之心]입니다.

색·수·상·행·식의 오온을 실재한다고 여기는 한 참된 깨달음은 없습니다. 여러분은 자신의 몸, 자신의 관념, 자신의 사고방식 그리고 감정에 집착합니까? 그런 것에 집착하지 않는 어떤 사람을 혹시 알고 있습니까? 이런 것들은 사람이라면 누구나 경험하는 것의 일부이고, 그 때문에도 우리가 수행을 합니다. 수행을 하면 우리가 공空의 참된 성품을 보는 데 도움이 되기 때문입니다. 방법을 꾸준히 견지해 나가기만 하면 집착이 하나하나 떨어져 나갈 것입니다. 점차 오온이 모두 공하다는 것을 인식하게 될 것이고, 그럴 때 여러분은 참된 자유에 도달해 있을 것입니다.

그래서 우리는 거짓 공과 참 공을 구분할 필요가 있습니다. 제가 앞에서 든 그런 예들이 거짓 공이라면 참 공은 무엇입니까? 그 답은, 참 공 안에서는 현상들이 존재하기는 하지만 마음이 어떤 것에도 집착하지 않는다는 것입니다. 바꾸어 말해서 '자아'의 관념이 없습니다. 『반야심경』에서 말하기를, 우리의 현상적 존재를 구성하는 오온은 독립해서 존재하지 않는다고 합니다. 참으로 '자아'라고 부를 수 있는 것은 아무것도 없습니다.

질문: 저는 약간 이해가 되는 것 같습니다만, 많이는 아닙니다. 스님

의 말씀은, 모든 것이 원래 그러한 것처럼 존재하지만, 만일 우리가 일반적인 관점에 집착하여 그것을 일종의 신기루로 보지 않으면 헤매게 된다는 것입니까?

답변: 기본적으로는 맞는 말입니다. 아까 한 이야기지만 『금강경』에서는 모든 법, 곧 우리가 존재한다고 여기는 모든 현상이 실은 다 환이어서 물거품이나 그림자와 같다고 했습니다.

질문: 제가 보기에 불교에서 가장 어려운 점은, 컵이 일반적으로 말해서는 실재하지만 동시에 그것이 기본적으로 실재하지 않는다고 보는 것입니다. 이 두 가지 측면을 동시에 자각하기는 아주 어렵습니다.

답변: 우리가 어떤 것이 '존재하지 않는다'고 말할 때는 기본적으로 그것이 항구적인 실재성을 결여하고 있다, 그것이 무상하다고 말하는 것입니다. 이것을 우리는 늘 마음에 새기고 있어야 합니다. 그렇지 않으면 우리의 몸과 신분을 포함한 현상과 사건들을 모두 실재하는 것으로 여기게 될 것입니다. 그러나 그것들은 사실 그런 실재성을 갖추고 있지 않지요.

질문: 아무것도 실제로는 존재하지 않는다, 모든 물질은 에너지 혹은 방사(radiation)에 불과하다는 관념은 서양의 과학과 철학에서도 오랫동안 존재해 왔습니다. 우리는 그런 지적인 정보를 가지고 있지만, 이 진리에 대한 직접적인 체험은 가지고 있지 않습니다. 어떻게 하면 이런 직접적인 체험을 얻을 수 있습니까? 제가 생각하기에는 그것이 실로 저희들이 이루려고 애쓰는 것입니다만.

답변: 마음이 집착에서 완전히 벗어났을 때 이 체험이 저절로 나타날 것입니다. 그러니 '공'을 우리가 체험해야 하는 바깥의 어떤 사물로 생각하지 마십시오. 다시 말씀드리지만, 마음에 집착이 없고 장애가 없을 때 자연히 명료한 이해가 있습니다. 그럴 때 자신의 성품을 이해합니다.

이런 일이 일어날 때 관찰되거나 보이는 어떤 것이 있습니까? 이런 명료함은 햇빛이나 어떤 종류의 빛으로도 비유되지 않습니다. 햇빛이 있는 곳에서는 사물이 보입니다. 햇빛이 뚫고 들어가지 못하는 곳에는 사물이 어둠 속에 있습니다. 그러나 여기서 말하는 그런 명료함에는 어떤 장애도 없습니다. 그것은 눈으로 보는 그런 명료함이 아닙니다. 그것은 마음의 명료함, 순수한 자각의 마음입니다.

우리의 강해講解로 다시 돌아갑시다. 우리는 무심이 집착 없는 명징한 마음이라고 말했습니다. "자연히 명료한 이해가 있다"는 이 구절은 거짓 공의 체험에 관해 우리에게 경고합니다. 사람들이 아직 해탈하지 못한 까닭은 오온을 자신의 참된 자아로 여기기 때문입니다. 수행을 꾸준히 해나가기만 하면 집착은 하나하나 떨어져나갈 것이고, 점차 명징한 마음을 체험할 것이고, 오온이 참으로 공하다는 것을 보게 됩니다. 그럴 때 여러분은 해탈과 참된 자유를 얻게 될 것입니다.

여러분은 자신의 육체에 집착합니까? 여러분은 자신의 사고방식에 집착합니까? 여러분은 관념과 개념에 집착합니까? 크리스의 아내 마리아는 곧 아이를 낳을 것입니다. 그들은 어떤 아이를 얻고 싶어 할까요? 크리스는 이 아이를 어떻게 교육시킬지, 어떻게 하면 기독교 나라에서 아이를 불교도로 키울 수 있을지 아마 생각해 왔을 것입니다. 그것은 미국 대통령이 나라를 잘 다스리기 위해 많은 것들을 고려해야 하는 것과 같습니다. 같은 마음 상태가 아이를 키우는 데도 해당됩니다. 해결해야 할 문제들이 많이 있습니다. 거기에는 아무 잘못된 것이 없지만 그것이 무심입니까? 또 이런 태도는 어떻습니까? "무슨 일이 일어나든 나는 개의치 않는다. 그것이 강아지든 고양이새끼든 뭐가 됐든 상관없다." 이것이 무심입니까? 그 역시 맞지 않습니다.

그러나 "이것은 내 자식이다"라는 태도도 그다지 좋지 않습니다. 오히려 여러분은 자식을 한 중생으로—혹은 더 깊이 관찰하여 그 아이를 이 세상에 온 한 보살이나 부처로—보고, 여러분의 자식과 다른 사람의 자식을 너무 구분하지 않으려고 해야 합니다. 여러분이 자기 것이라고 생각하는 것에 그렇게 집착하지 않도록 노력하십시오. 부모는 자식의 장래에 관한 문제들을 생각하는데 이것은 좋은 일입니다. 그러나 불교의 정신을 따른다면 자신들과 무관한 아이들도 보살펴 줄 수 있고, 그것이 더 낫습니다.

7.4 생각 하나하나가 하나의 생사이다.

생사를 완전히 소멸하고 滅盡生死
심오한 마음이 이치 속으로 드니 冥心入理

여기서 말하는 '생사'에는 두 가지 의미가 있는데, 두 번째 의미를 더 중요하게 칩니다. 첫 번째 의미는 육신의 생사입니다. 불법에 따르면, 개인의 업業이 존재하는 한 업보는 생사윤회의 방식으로 나타날 것입니다. 5계五戒*와 십선十善**으로 짓는 업은 그 사람이 더 좋은 곳에서 태어나거나 아니면 천상에 태어날 수 있게 해 줍니다. 5장五障***, 5역五

---

* [역주] 불살생不殺生, 불투도不偸盜, 불망어不妄語, 불사음不邪淫, 불음주不飮酒의 다섯 가지 기본 계율이다.
** [역주] 십악十惡을 범하지 않는 것.
*** [역주] 다섯 가지 수행의 장애. 즉, 탐貪(탐욕), 진瞋(분노), 수면睡眠(혼침), 도회掉悔(들뜸과 초조), 의疑(의심)이다.

逆*, 또는 십악十惡**으로 짓는 업은 그 사람으로 하여금 여건이 좋지 않은 곳에서 태어나거나 축생계畜生界, 아귀계餓鬼界 혹은 여러 지옥에서 태어나게 합니다.

'생사'의 두 번째 의미는 마음의 생사를 가리킵니다. 즉, 앞생각이 사라지면 새로운 생각이 일어나서, 순간순간 생각들이 일어나고 사라지기를 그치지 않습니다. 탐·진·치 삼독三毒에 의해 일어나는 어떤 생각도 마음의 생사를 연장시킵니다. "나는 성불해야겠다"는 생각조차도 이 생사심에서 나옵니다. 깨달음을 갈망하고 보살도를 행하고 싶어 하는 것은 좋지만, 그래도 그것은 여전히 욕망입니다.

어느 제자가 마조선사馬祖禪師(709~788)에게 물었습니다. "어떤 것이 나고 죽지 않음[不生不死]이고, 일어나고 사라지지 않음[不起不滅]입니까?"

마조가 대답했습니다. "모른다. 내가 아는 것은 윤회, 즉 생사의 업뿐이다."

제자가 물었습니다. "그러면 어떤 것이 생사의 업입니까?"

마조가 말했습니다. "부처가 되고 싶어 하고, 깨달음을 얻고 싶어 하고, 보살이 되고 싶어 하고, 6바라밀(six paramitas)[보살이 닦는 여섯 가지 수행 또는 덕]을 닦고 싶어 하는 것이다."

우리는 자신을 범부에서 부처로 변화시키고 싶어 합니다. 이런 욕망도 여전히 생멸하는 마음의 산물입니다. 수행은 여기서 출발해야 하지

---

* [역주] 아버지를 죽이는 것(殺父), 어머니를 죽이는 것(殺母), 아라한을 죽이는 것(殺阿羅漢), 승단의 화합을 깨트리는 것(破和合僧), 부처님의 몸에서 피가 나게 하는 것(出佛身血).

** [역주] 살생殺生, 투도偸盜(남의 물건을 훔침), 사음邪淫(삿된 음행), 망어妄語(거짓말), 양설兩舌(위선 또는 이간질), 기어綺語(함부로 지껄이는 말), 악구惡口(욕설), 탐애貪愛(탐냄), 진에瞋恚(성냄), 치암癡暗(사견邪見)의 열 가지 나쁜 짓.

만, 이러한 욕망을 가지고 시작하는 사람은 마지막에 그것을 넘어서야 합니다. 혜능대사는 『육조단경』에서 말하기를, 우리는 사홍서원을 발하는 것으로써 수행을 시작해야 한다고 했습니다. 선칠에서 우리는 그분의 가르침에 따라 하루에도 몇 번씩 사홍서원을 송념합니다. 그러나 좌선할 때는 그런 생각을 가지고 있으면 안 됩니다. 좌복을 향해 절할 때는 원을 발하십시오. 그러나 일단 앉아서 방법을 들면 그 서원을 놓아버리고 그것의 힘이 여러분의 수행을 강화하고 돕게 하십시오. 더 나아가 말하자면, 깨달음을 얻기 전에는 일어나지 않겠다는 것과 같은 과도한 서원은 하지 마십시오. 입선 시간 내내 몸을 움직이지 않겠다거나, 마음이 맑아질 때까지는 앉아 있겠다고 서원하는 것과 같이, 여러분의 역량에 맞게 하십시오.

같은 조언이 화두를 참구하는 사람들에게도 적용됩니다. 의정을 일으킬 때까지는 앉아 있겠다고 서원하십시오. 즉, 화두가 제기하는 의문에 해답을 내겠다는 그런 열렬한 감정이 일어날 때까지 말입니다. 이미 의정을 가지고 있다 할지라도, 그것이 여러분을 겹겹이 에워싸서 하나의 대의단大疑團이 될 때까지는 앉아 있겠다고 서원하십시오.

사실 여러분이 대의단에 휩싸일 때는 그 속에 완전히 몰입되어 좌복을 떠나고 싶지 않을 것입니다. 이 대의단은 화두를 참구할 때 필요한 단계입니다. 그렇지 않으면 그 방법으로 깨달음을 얻을 수 없습니다.

많은 수행인들은 이런 의정을 일으키지 못하고 화두를 되풀이해서 염하는 것이 고작입니다. 어떤 사람들은 의정을 일으키기는 하지만 더 앞으로 나아가지 못합니다. 더러 이런 의정 속에 있는 수행자가 어떤 망념을 갖게 되면 그것을 그 화두의 답으로 여기거나, 심지어는 이것을 깨달음으로 오인합니다. 화두 타파는 결코 어떤 답을 찾아냈다는 것을 의미하지 않습니다. 그 의미는, 혼신을 다해 어떤 답을 찾으려고 하는 가운데 자아를 넘어섰다는 것입니다.

어느 선칠 때 어떤 사람이 "나는 누구인가?" 화두를 가지고 공부했는데, 갑자기 벌떡 일어서더니 저에게 와서 말했습니다. "답을 알았습니다. 저는 보리달마 그림 아래 있는 저 탁자 위의 저 돌멩이입니다."

제가 물었습니다. "어떻게 보리달마가 아니고 고작 돌멩이란 말이오?"

그가 대답했습니다. "글쎄요, 모르겠습니다. 그저 열심히 수행하고 있었는데 갑자기 고개를 돌려야겠다는 느낌이 들더군요. 고개를 돌려 맨 먼저 본 게 바로 그 돌멩이였고, 그래서 '나는 저 돌멩이다' 하는 생각이 일어났습니다."

웃지 마십시오. 그런 일은 여러분에게도 일어날 수 있습니다. 이런 반응은 흔히 있는 것입니다. 선종사禪宗史를 통틀어 사람들이 줄곧 화두를 수행해 왔는데, 여러 책에서 스승과 제자 간의 문답을 전하고 있습니다. 우리는 제자들이 하는 말이나 행동의 답변에 대해 읽을 수 있습니다. 사람들은 이 방법에 대한 통찰을 얻어 보려고 수백 년 동안 이런 책들을 읽어 왔습니다. 많은 사람들은 똑같은 혹은 다른 영리한 답변들을 내놓지만, 그것은 어리석은 시간 낭비이고 수행의 회피에 지나지 않습니다. 진실은, 어떤 정답도 없다는 것입니다. 참으로 그 방법으로 열심히 애쓰면 아무런 생각도 없는 상태에 도달하고, 그때 자신의 불성을 볼 수 있습니다. 그것이야말로 유일한 정답입니다.

이제 제가 질문을 하겠습니다. 어떤 마음이 있어 불성을 봅니까, 아니면 무심이 불성을 봅니까? 만약 이 문제에 올바르게 대답할 수 있으면 자성을 본 것입니다.

7.5 무심無心, 무경無境

눈을 뜨고 형상을 보면 　　　　　　　開目見相
마음은 경계를 따라 일어나네. 　　　心隨境起

우리는 초학자들에게 눈을 뜨고 좌선하라고 권합니다. 그래야 졸음이나 환각에 쉽게 떨어지지 않습니다. 한편 어떤 사람들은 주변 환경이 마음을 분산시키기 때문에 눈을 감는 쪽을 택합니다. 사실 아무래도 상관없습니다. 왜냐하면 망념과 환상은 일어나게 마련이고, 졸음도 오게 마련이며, 환경도 더러 사람의 마음을 분산시키니까 말입니다. 문제는 눈이 아니라 마음에 있습니다.

많은 사람들이 저에게 말하기를, 선칠을 할 때는 환상이 특히 생생하고 아름답다고 합니다. 어떤 사람들은 자기 앞의 벽 위에 아름다운 광경을 만들어내고 그 속으로 들어가 그것과 어울릴 수 있다고 합니다. 저는 그런 사람들에게 말합니다. 이 선 센터가 그들에게 그런 오락을 제공할 수 있어서 기쁘기는 하지만, 가장 좋은 것은 역시 수행에 집중하여 시간을 선용하는 거라고 말입니다. 그런 환각에 빠지기를 좋아하는 사람들에게는 좌선이 유익한 것처럼 보이지만, 여기서 그런 것은 시간 낭비입니다.

만약 좌선할 때 눈을 뜬다면 어떤 것에도 초점을 집중하지 마십시오. 즉, 눈을 사용하여 분별하거나 망념에 집착하지 말라는 것입니다. 일상 생활 속에서 어떤 책이나 영화, 혹은 일에 몰두해 있으면 다른 것을 의식하지 못합니다. 저는 여러분이 그와 같은 일념집중을 수행에 응용하여 다른 것들을 사라지게 하라고 말합니다. 물론 수식數息은 소설을 읽거나 이국적인 섬에 대해 공상하는 것같이 그렇게 재미있지는 않겠지만, 그래서 좌선이 수행의 원인(시발점)이라고 불리는 것입니다.

　다른 감각 기관들도 마찬가지입니다. 어떤 감각 기관을 통해서든 무엇이 주의를 사로잡을 때는 여러분의 마음이 그런 현상에 빠지게 됩니다. 마음이 더 이상 자신의 것이 아니고, 여러분은 마음의 주인이 되지 못합니다. 어떤 미묘한 소리를 들으면 여러분의 귀는 그 소리에 더 가까이 가고 싶어 합니다. 다른 감각 기관 역시 마찬가지입니다.

　모든 상황에서 마음은 그 경계에 이끌리거나 휘둘립니다. 본시 마음은 존재하지 않지만, 눈이 어떤 것을 볼 때는 마음이 일어나고, 귀가 어떤 것을 들을 때도 마음이 일어납니다. 하지만 시각을 사용하지 않으면 보는 마음이 일어나지 않고, 다른 감각 기관의 경우도 마찬가지입니다. 그래서 저는 여러분에게 선 센터 안팎의 환경을 포함한 제반 경계로부터 자신을 고립시키라고 말하는 것입니다. 방법에 오롯이 집중하면 주위에 있는 것들에 주의를 기울이지 않게 될 것이고, 마음도 감각 기관에 끄달리지 않게 될 것입니다. 그러나 여러분이 잘 아시다시피 이것은 결코 쉬운 일이 아닙니다. 설사 마음을 오관으로부터 분리시켰다 하더라도, 여전히 분별 의식이라고 하는 제6식이 남아 있습니다. 마음은 계속 기억과 생각에 의해 휘둘리고, 과거와 미래에 의해 휘둘립니다.

　요리사가 좌선을 하는데도 마음이 여전히 채소를 썰고 있다면 그의 마음은 어디에 있습니까? 엄마가 좌선을 하는데도 마음이 여전히 아이와 노는 공상을 한다면 그녀의 마음은 어디에 있습니까? 일상생활 속에서 여러분이 무엇을 하기 좋아하든, 좌선을 하는 동안 마음은 다시 그 일을 하면서 기억을 불러내어 여러분을 옭아맬 공산이 큽니다. 여러분 중에서 어떤 분은 영화를 보고, 어떤 분은 음악을 연주하고, 어떤 분은 소설을 쓰고, 어떤 분은 운동을 합니다. 어떤 분은 직장의 문제를 해결하고 있고, 어떤 분은 휴가 계획을 세우고 있습니다. 어떤 분은 지난주에 남과 한 말다툼을 마음속에서 재연하면서 자신이 어떻게 말했고, 어떻게 말했어야 한다고 되뇌고 있습니다. 제가 무엇을 빠트린 게 있습니까? 그것은 인간들이 처한 상황의 일부입니다. 그래서 제가 여러분에게 자기를 과거와 미래로부터 고립시켜, 마음으로 하여금 분별 의식인 제6식으로부터 벗어나게 하라고 격려하는 것입니다.

마음은 본시 존재하지 않습니다. 그것은 경계와의 접촉을 통해서 일어납니다. 마음은 어떤 경계를 필요로 할 뿐 아니라, 그것을 관찰하고 그것과 상호작용 해야 합니다. 접촉, 인식, 상호작용이 없다면 마음도 일어나지 않겠지요. 더 나아가 상호작용이 없다면 경계도 존재하지 않을 것입니다. 마음을 떠나서는 어떤 경계도 없으며, (있다면) 그것은 다른 누군가의 경계이고 다른 누군가의 현상입니다. 그럴 때는 여러분의 몸뚱이도 여러분의 것이 아닙니다. 그 또한 다른 누군가의 인식이고 현상이며 경계입니다.

좌선할 때 우리는 마음을 경계로부터 뒤로 물립니다. 공간, 시간, 과거, 미래로부터 말입니다. 만일 효과적으로 자기를 고립시킬 수 있다면 마음은 일어나지 않을 것입니다. 그럴 때 제가 여러분에게 묻습니다. "당신의 마음은 어디 있습니까? 당신의 마음은 무엇입니까? 당신은 누구입니까?"라고.

여러분은 이렇게 주장할지 모릅니다. 객관적인 환경은 누가 그것을 인식하든 않든 존재할 수밖에 없다고 말입니다. 만일 객관적인 환경이 있다면 어떤 주체도 있어야 합니다. 하나가 없으면 다른 하나도 존재하지 않습니다. 그것은 여러분이 빠른 경행을 할 때, 만일 마음이 멈추어진 상태에서 방 한쪽 끝에 왔을 때 도는 것을 잊어버리면 바로 벽을 통과해 나갈 거라는 뜻입니까? 아니지요. 핵심은, 마음이 멈추면 아마 더 이상은 계속 움직이지 않을 거라는 것입니다. 이 단계에 도달한 사람은 경행 때 넘어지는 일이 드물지 않습니다. 제가 '아마'라고 말한 이유는, 어떤 사람들은 마음이 멈춘 뒤에도 계속 걷기 때문입니다. 그들의 몸은 관성 때문에 계속 움직입니다. 절을 하다가 이런 몰입의 수준에 도달할 때도 마찬가지 일이 일어납니다. 어떤 사람들은 동작 중에 몸이 멎어 버리고, 어떤 사람들은 리드미컬하게 계속 움직이겠지요.

'마음 멈추기[停心]'는 선정 중에도 일어나지만, 선정에는 많은 수준이 있습니다. 선정에 든 사람은 시간을 의식하지 못할 수 있지만 그 가운데서도 과거와 미래는 있습니다. 선정의 여러 가지 수준에 들었다가 나올 수 있기 때문에, 또 그 좌선하는 사람에게 여전히 어떤 자아가 반응하고 있기 때문에, 현재도 여전히 존재합니다. 따라서 선정 속에서는 자아, 과거, 미래가 사라진다고 말할 수 없습니다. 일심의 상태에서도 주체와 객체는 여전히 존재합니다. 다만 주체가 확대되어 다른 모든 것을 포함한다는 데 지나지 않습니다. 선정 속에서는 바깥 경계[外境]를 인식하지 못하지만, 무심의 상태에서는 바깥 경계를 명료하게 자각합니다. 현상들은 여전히 존재하지만 자아에 대한 집착은 이미 사라진 것입니다. 좌선을 통해서 우리는 마음이 일어나지 않는 지점에 도달하고자 하는데, 마음이 없을 때는 자아도 없습니다. 그런 상태가 무기한 계속되면 우리는 그 사람이 해탈했다고 말하는 것입니다.

선종의 두 종파인 임제종과 조동종의 방법은 서로 다르지만 목표는 동일합니다. 즉, 마음이 일어나지 않는 경계에 도달하는 것입니다. 조동종은 묵조默照를 사용하는데, 묵조를 할 때는 수행자가 '지관타좌只管打坐'하여 결국 모든 생각이 사라지고 마음이 더 이상 일어나지 않는 지점까지 도달합니다. 임제종은 화두를 사용하여 마음을 집중시키고 의정을 일으킨 다음, 모든 생각을 타파하여 마음이 일어나지 않게 합니다. 좌선하는 사람이 화두를 타파하기 위해 애쓰는 것은 모기가 무쇠소에게서 피를 빨려고 하는 것과 비슷합니다. 모기가 끈기 있게 노력하면 마침내 모기 자신이 사라져 버릴 것입니다. 마치 부지런히 화두를 참구하는 수행자의 자아의식이 사라져 버리듯이 말입니다.

지적으로는 이런 이야기들이 다 이해되고, 합리적이고, 심지어 해낼 수도 있을 것 같지만, 그것이 결코 쉬운 일은 아닙니다. 자아의 관점에서 말하자면, 자기에게 죽으라는 것과 같습니다. 만약 마음이 곧 자아라면 그것은 자아에게 죽으라는 것과 같은데, 여러분은 기꺼이 죽겠습니까? 기꺼이 죽겠다면 수행은 문제될 것이 없고 깨달음이 바로 목전에 있겠지요. 그러나 말하기는 쉽고, 생각만 하고 실행하지 않는 것은 빈 말일 뿐입니다. 제가 다시 한 번 묻습니다. 여러분은 깨달음을 위해서 기꺼이 죽을 수 있겠느냐고. 왜냐하면 그것이 바로 (깨달음을 위해 지불해야 할) 대가이니까요.

물론 제가 말하는 것은 자아의 죽음, 자아에 대한 집착의 죽음이지 여러분의 신체와 생명의 죽음이 아닙니다. 자아가 죽어도 여러분은 여전히 여기 있고 세계도 여전히 여기 있으며, 여러분의 생명은 여전히 여러분의 생명입니다. 자아집착이 사라졌다는 것 외에는 아무것도 변함이 없습니다. 그러나 여러분이 깨달음의 문턱에 서 있을 때는 이런 말이 어떤 보장이나 위안도 주지 않습니다. 선문禪門에 들어서려면 몸과 마음을 놓아버려야 합니다. 여러분의 자아를 놓고 말하면, 그것은 죽음을 의미합니다.

수행은 세계와 자기에 대한 우리의 집착을 점진적으로 이완해 가는 것입니다. 선칠에서는 우리가 통제된 환경에서 각자의 방법을 사용하여 맹렬히 수행합니다. 일상생활 속에서도 우리는 여전히 수행할 수 있고, 좌선할 수 있고, 정념正念을 유지할 수 있습니다. 그것은 여러분이 환경과의 관계를 단절하고 오관의 감각 작용을 철수하는 것을 의미하지 않습니다. 여러분은 여전히 일체를 인식합니다. 아름다움을 평가하기도 하고 위험을 회피하기도 합니다. 이러한 수행은 곧 현상들(대상, 관념, 감정들)이 오고 가게 내버려두면서 그것들에 들러붙거나, 집착하거나, 빠져들지 않는 것입니다. 좌선을 할 때도 마찬가지입니다. 생각과 감정을 억누르거나 거부하여 처리하려고 하지 마십시오. 그저 단순하게 그것들이 마치 바람처럼 오고 가는 것을 관찰하십시오. 여러분에게는 선택의 여지가 없습니다. 여러분이 번뇌 중생인 한, 생각과 감정은 일어나게 되어 있습니다.

제8차 선칠

마음 안에는 경계가 없다

8.1 마음과 경계를 체험하기

마음 안에는 경계가 없고	心處無境
경계 안에는 마음이 없네.	境處無心
마음으로써 경계를 없애려 들면	將心滅境
둘 다가 요동하리.	彼此由侵

"마음 안에는 경계가 없고, 경계 안에는 마음이 없다"는 두 구절은 수행의 깊은 수준을 묘사합니다. 우리는 보통 바깥 경계를 지각하고 그것과 상호작용 합니다. 소음, 시각, 맛은 우리의 생각에 영향을 줍니다. 따라서 우리의 마음 안에도 내면의 경계[內境]가 있습니다. 수행자들이 마음과 경계를 체험하는 방식에는 세 가지 수준이 있을 수 있습니다. 첫 번째 수준에서는 마음과 경계가 대립적입니다. 두 번째 수준에서는 마음과 경계가 분리됩니다. 세 번째 수준에서는 경계 안에 마음이 없고, 마음 안에 경계가 없습니다.

첫 번째 수준, 즉 우리가 수행을 시작하는 단계에서는 마음이 경계에 끌리지 않으면 경계를 배척합니다. 만일 여러분이 배가 고프면 (요리냄비의) 뒤집개 소리가 갑자기 커지고 집요하게 들린다든가, 요리하는 냄새가 너무 강해서 요리사가 바로 옆에 있는 듯이 생각될 수도 있습니다. 이런 경우 요리하는 소리와 냄새가 여러분의 경계이고, 그것들에 주목하는 것이 여러분의 마음입니다. 다리가 아프다면 통증은 여러분의 경계이고 그것에 주목하는 것은 여러분의 마음입니다. 무릇 여러분의 주의를 끄는 것이면, 그것이 몸의 불편함이든, 졸음이든, 자신의 동작이든 뭐든, 모두 여러분의 경계가 됩니다. 만약 너무 졸려서 그것을 알아차리지도 못한다면, 그때는 여러분에게 경계가 있다고 할 수 없습니다. 그러나 일체에 대해 깨어 있을 때는 여러분의 지각이 곧 경계가 됩니다. 그것이 바로 마음과 경계가 대립한다는 말의 의미입니다.

수행은 이 첫 번째 수준에서 시작하므로, 하나의 대상을 골라 여러분의 마음을 집중하여 마음을 안정시켜야 하고, 이것이 여러분의 수행방법이 됩니다. 그것을 견지해 나가면 그것이 여러분의 경계가 될 것입니다. 만약 망념이 방법을 뚫고 들어오면 그 망념이 여러분의 경계가 됩니다. 따라서 수행을 시작한다는 것은, 자기 마음 경계를 제어하는 법을 배워 쉴 새 없이 움직이는 망념의 흐름 속에 휩쓸려가지 않는다는 것을 뜻합니다.

두 번째 수준에 이르면 경계가 없고 오로지 마음만 있습니다. 6근六根과 6진六塵(여섯 가지 감각 대상)이 접촉하여 6식六識을 일으켜야만 경계가 있습니다. 6근은 안·이·비·설·신·의眼耳鼻舌身意이고, 6진은 색·성·향·미·촉·법色聲香味觸法이며, 6식은 안식眼識·이식耳識·비식鼻識·설식舌識·신식身識·의식意識입니다. 6근이 바깥의 세계와 접촉할 때, 분별심이 관찰하면서 6식을 일으키면 경계가 목전에 나타납니다. 그러나 마음 활동—생각, 느낌, 기억—도 경계입니다. 사람은 바깥의 경계(환경)로부터 고립되어 있으면서도 여전히 기억, 관념, 감정이 창조하는 내면의 경계와 상호작용 할 수 있습니다. 좌선하는 사람이면 누구나 내면의 경계가 바깥의 경계보다 더 풍부하고 더 마음을 끌어당긴다는 것을 압니다. 따라서 아직 분별적 생각이 있는 한, 마음은 아직 경계와 분리되지 못한 것입니다.

얕은 선정에서는 여전히 빛과 소리를 체험할 수 있습니다. 만일 그런 것들이 마음속에 여전히 존재한다면 마음과 경계는 분리되지 않은 것입니다. 더 얕은 선정에서는 천상계나 부처님의 정토가 온통 아름다움과 광채를 발하는 것을 체험할 수 있습니다. 이것은 환희로운 경험이지만 마음과 경계의 분리는 아닙니다. 더 깊은 수준의 선정에 도달해야 비로소 경계가 존재하지 않게 됩니다.

더 깊은 수준의 선정에서는 자신이 해탈했다고 느끼지만 이것은 해탈할 수 있는 사람이 있다는 것을 가리키고, 따라서 마음이 아직 존재합니다. 그렇기는 하나 이 수준의 몰입은 일심의 가장 깊은 수준에 상당한 것입니다. 선정의 경우와 마찬가지로 선에서는 통일심의 여러 수준을 이야기합니다. 가장 얕은 것은 마음과 몸의 통일이고, 조금 깊은 것은 안과 밖의 통일이며, 가장 깊은 것은 공간과 시간의 통일입니다. 설사 두 번째 단계에서 사람이 우주와의 통일을 느낀다 해도 여전히 두루 편재한다는 느낌[普遍感]이 있습니다. 더 이상 마음과 경계를 분별하지 않기는 하지만 경계가 여전히 존재하고, 그래서 그 둘은 아직 분리되지 않고 있습니다. 공간과 시간이 통일되는 때라야 마음과 경계의 분리를 참으로 체험하게 됩니다.

"마음 안에는 경계가 없고, 경계 안에는 마음이 없다"는 것은 선의 무심을 묘사합니다. 이 상태에서는 자아에 대한 집착과 탐진치의 번뇌가 없습니다. 황벽선사黃檗禪師(850년 졸)는 이런 식의 말을 했습니다. "내가 있고 경계가 있지만, 경계는 나와 무관하다." 이 수준은 도달하기가 쉽지 않습니다. 만일 제가 여러분을 호되게 질책하면 여러분은 영향을 받지 않을 만합니까? 마음의 동요 없이 제 말을 인정할 수 있겠습니까? 우리는 바깥 경계와 안 경계에 동요되기 쉽고, 그래서 첫 번째 수준에서 시작해야 합니다.

「심명」은 이어서 이렇게 말합니다. "마음으로써 경계를 없애려고 들면, 둘 다가 요동하리." 초학자들은 바깥 경계에 쉽게 마음이 분산되기 때문에 그 경계에 대항하려고 애씁니다. '저 빌어먹을 경적소리! 저 향은 냄새가 좋군. 내 옆에 앉은 친구는 계속 몸을 움직여.' 이런 외부의 현상에 어떻게 대처합니까? 그것을 방해 요인으로 본다면, 그것은 이미 여러분에게 영향을 준 것입니다. 그것을 마음 바깥으로 내치는 것은 상황을 악화시킬 뿐입니다. 여러분은 긴장을 풀고 주의와 기력을 방법상에 집중하지는 않고, 오히려 더 긴장한 채 기력을 써 가며 자신의 감각, 생각들과 싸웁니다. 그럴 때는 약간의 소리와 움직임도 여러분의 마음을 분산시킬 것입니다.

경계가 사라지게 하려면 거기에 주의를 기울이지 마십시오. 그것이 즐거운 상황이든 불쾌한 상황이든 관계없이 말입니다. 어떤 사람들은 경계에 저항하려고 하거나 망념을 배제하려고 합니다. 또 어떤 사람들은 자기 자신에 대한 믿음을 잃고 아예 포기해 버립니다. 이 두 가지 반응 모두 경계가 여러분에게 영향을 주게 내버려두는 것입니다. 분노, 좌절, 기쁨, 지겨움, 희열 등의 반응들도—그것이 여러분의 환경에 대한 것이든, 여러분의 수행에 대한 것이든—이미 경계가 여러분에게 영향을 주게 했다는 것을 의미합니다. 해결 방도는, 그냥 방법에만 신경 쓰고 다른 모든 상황, 생각, 감정들은 저 좋을 대로 오고 가게 내버려두는 것입니다.

8.2 무엇이 움직이는가? 깃발인가, 바람인가, 아니면 마음인가?

마음이 고요하고 경계도 여여如如하여	心寂境如
버리지도 않고 붙들지도 않네.	不遣不拘

마음이 움직이지 않을 때 경계도 움직이지 않습니다. 그러나 경계가 '여여如如'해도 그것과 마음은 여전히 존재합니다. 바꾸어 말해서 마음이 있으면 경계도 있을 거라는 것입니다. 어떤 깊은 선정에서는 마음만 존재하기도 하지만, 선은 그것을 위해 수행하는 것을 결코 옹호하지 않습니다. 선의 목적은 지혜를 깨닫는 것인데, 지혜가 작용을 발휘하려면 마음과 경계가 다 존재해야 합니다. 왜냐하면 청정심은 경계에서 일어나기 때문입니다.

「심명」에서 "경계가 여여하다"고 말할 때, 그것은 경계가 정체되어 변하지 않는다는 뜻이 아닙니다. 일체가 여전히 존재하고 흘러가지만, 마음에 집착이 없기 때문에 그 마음을 반영하는 경계도 움직이지 않습니다.

『육조단경』에 나오는 한 이야기가 이 점을 잘 말해줍니다. 6조 스님이 어느 절의 문 앞에서 바람에 나부끼는 깃발을 놓고 논쟁하는 두 스님을 만났습니다. 한 스님이 말했습니다. "깃발이 바람에 움직이는 것이다." 다른 스님이 말했습니다. "아니다, 바람이 움직이는 것이다." 6조가 그들의 말을 자르며 말했습니다. "깃발이 움직이는 것도 아니고 바람이 움직이는 것도 아니오. 당신들의 마음이 움직이는 것이오."

상식적으로는 깃발이 움직이고, 바람도 깃발을 움직이게 합니다. 6조 스님은 이 점을 분명히 알고 있었지만, 이 기회를 이용해 두 스님을 도와준 것입니다. 수행이 많이 된 사람들에게는, 깃발이 움직이느냐 바람이 움직이느냐 하는 문제가 그들과 무관합니다.

남송南宋(1127-1279) 말엽에 외적이 침입하여 남쪽으로 내려오고 있었습니다. 그 소식이 전해지자 마을 사람들이 모두 겁을 먹고 달아났습니다. 모두가 황급히 도망치려고 할 때 조원祖元 스님이라는 분이 말했습니다. "죽어야 할 때라면 내가 죽을 것이고, 죽을 때가 아니라면 나는 죽지 않을 것이다." 그래서 그는 머물러 있었습니다.

군대가 절에 도착하자 그 장군이 스님에게 말했습니다. "아직도 여기 있다면 죽는 것이 두렵지 않은 거로군. 과연 그렇다면 내가 당신을 죽여도 상관없겠지."

스님이 말했습니다. "당신 나라의 그 긴 칼을 조심해 쓰시오. 번갯불 속에서 봄바람을 베게 될 테니(珍重大元三尺劍 電光影裡斬春風)."

스님에게는 장군이 그를 죽이거나 죽이지 않는 결정은 번갯불 속의 봄바람과 같은 것이었습니다. 그의 마음은 정말 움직이지 않았고, 경계에 영향을 받지 않았습니다.

이런 수준의 수행에 도달하기는 아주 어렵지만 가능한 일이고, 그것은 수행을 통해 점차 자연히 이루어질 것입니다. 선칠에 몇 번 참가하는 것으로 이런 수준에 도달하기는 불가능하겠지만, 우리는 최소한 주위에서 일어나는 일에 그다지 영향 받지 않는 법은 배울 수 있습니다. 예를 들어, 좌선 중에 옆에서 누가 걸어가거나, 웃거나 울거나, 소리를 지르거나, 혹은 향판에 맞아도 동요되면 안 됩니다.

지난 주 저녁 좌선 중에 누가 큰 소리로 문을 두드리고 초인종을 계속 눌러대는 바람에 우리의 침묵이 깨졌습니다. 결국 낸시가 나가 보았더니 어떤 덩치 큰 사나이가 화를 내고 욕지거리를 하면서 들어오려고 했습니다. 낸시는 약간 겁을 먹은 듯하기는 했으나 과잉반응 하지는 않았습니다. 당시 저도 좌선을 하고 있었는데, 고개를 들어 보니 사람들이 모두 그대로 앉아 있었습니다. 수련생 몇 명은 덩치가 크고 힘이 센 사람이었지만 아무도 움직여 일어나지 않았지요. 저는 그것을, 수행이 힘을 얻어 가는 좋은 현상으로 보았습니다. 결국 제가 가만히 있지 못하고 일어나, 우리들 중에서 가장 덩치 큰 사람에게 가서 도와주라고 했습니다. 이때 그가 차분히 일어나 문 쪽으로 가서 낸시를 도와 그 사람을 타일러 조용히 떠나게 했습니다.

수행은 어떻든 어디선가에서부터 시작해야 하는데, 환경의 영향을 받지 않는 것이 좋은 시작입니다. 그러나 이것이 부동不動의 마음은 아닙니다. 만약 부동의 마음이라면 그것은 죽은 마음입니다. 참으로 깨달은 사람은 여전히 일상 업무를 살피지만, 그의 마음은 외부 환경에 영향을 받지 않고, 감정이나 번뇌를 일으키지 않습니다.

"버리지도 않고 붙들지도 않네"라는 것은 무슨 뜻입니까? 대부분의 시간 동안 사람들은 자기가 싫어하는 것을 버리고 자기가 좋아하는 것을 붙들려고 합니다. 어느 경우나 마음은 경계에 의해 움직여집니다. 만일 마음이 움직이지 않는다면 반기거나 내치는 생각이 일어나지 않겠지요. 오늘 소참 때 어떤 사람이 저에게, 왜 제가 사람들에게 좋은 느낌과 경험을 놓아버리라고 하느냐고 묻더군요. 좋은 경험을 붙들려고 하면 좋은 느낌이 사라집니다. 좋은 느낌을 유지하는 최선의 방법은 그런 것들에 집착하지 않는 것입니다. 편안하거나 불편하다는 느낌은 여러분의 환경 가운데 있는 여러 측면일 뿐입니다. 무릇 여러분을 동요하게 하는 것이면 그것이 혼침이든 산란이든, 고통이든 희열이든, 걱정이든 평온함이든, 모두 경계의 일부분일 뿐입니다.

그래서 저는 여러분에게 좋은 경험에도 집착하지 말고 나쁜 경험도 배척하지 말라고 하는 것입니다. 그냥 받아들이고 놓아버리십시오. 깨달은 사람에게는 배척한다거나 구애된다고 할 것이 없습니다. 그들도 사랑하는 사람들을 잃을 수 있고, 집이 무너질 수도 있고, 재산이 날아가 버릴 수도 있습니다. 그들도 많은 사랑이 있을 수 있고 많은 부를 축적할 수도 있지만, 어떤 상황에서도 그들은 전혀 영향을 받지 않습니다. 단기간 수행해서 우리가 이런 수준에 도달하기를 기대할 수는 없습니다. 여기서 사람들은 종종 다리 통증, 허리 통증을 호소합니다. 사실 통증이 편안한 경우는 아주 드물지만, 깨달은 사람은 그것이 자신과 무관하다고 말할 것입니다. 통증은 '그냥 그런 것'이고, 그럴 뿐입니다. 그러나 만일 우리에게 업장이 있으면 그로 인해 고통 받겠지요.

현대의 이야기로, 어느 거사가 불량배들에게 거의 죽도록 맞았는데, 마음에 원한을 품지 않았고 증오도 없었습니다. 오히려 이렇게 말했습니다. "이 늙은이는 악업이 너무 많다. 어쩌면 한 번 맞아서 업이 조금 해소되었는지도 모른다." 이 사람은 어떤 것에도 집착하지 않는 법을 배웠다는 것을 보여주는 좋은 예입니다. 좌선할 때는 일어나는 어떤 일에도 동요되지 마십시오. 어떤 것도 붙들지 말고, 어떤 것도 배척하지 마십시오.

마음이 경계를 따름

경계는 마음을 따라 소멸하고	境隨心滅
마음은 경계를 따라 사라지네.	心隨境無

수행에 세 단계가 있는데, 그 단계 속에서 마음과 경계의 관계가 변

합니다. 첫 번째 단계에서는 마음이 경계를 따라 움직입니다[心隨境轉]. 두 번째 단계에서는 경계가 마음을 따라 움직입니다[境隨心轉]. 세 번째 단계에서는 위 두 구절이 묘사하듯이 경계는 마음을 따라 소멸하고, 마음은 경계를 따라 사라집니다. 이 두 구절의 의미는 동일합니다.

마음의 첫 번째 단계인 '마음이 경계를 따름'은 대부분의 시간 동안 우리의 상태입니다. 우리의 마음이 현상, 곧 아름다운 경치나 시냇물 소리에 끄달릴 때, 그것이 바로 마음이 경계를 따르는 것입니다. 그 현상과 자신을 동일시함으로써 우리는 그것들에 끄달리거나 그것들의 영향을 받습니다. 만약 그 현상이 아주 영향력이 있으면 우리는 거기에 너무 빠져 한동안 자아 정체성을 상실합니다. 수행에서는 이것을 이용하여 이익을 얻을 수 있습니다. 자신을 방법 속에 빠지게 하십시오. 화두든 수식이든 경행이든 관계없이 말입니다. 마치 사람을 빠져들게 하는 소설책을 읽을 때처럼, 여러분의 마음이 여러분의 방법이 창조해 낸 경계와 완전히 동일시되게 하십시오.

많은 수행인들은 다리 통증과 허리 통증이 집중을 방해하여 수행을 잘 하지 못하게 한다고 불평합니다. 만약 이것이 극복할 수 없는 장애라고 느껴지면 그 경계를 이용하여, 그 통증을 관찰하는 것을 방법으로 삼으십시오. 이렇게 하여 여러분이 그것과 완전히 동일시되고 나면 통증이 줄어들 것입니다. 이것은 좋은 초보 수행입니다.

어떤 사람들은 선칠을 며칠 하고 난 뒤에도 여전히 망념에 괴롭힘을 당합니다. 이것은 좌절감을 안겨줄 수 있고, 문제를 더 악화시킵니다. 마음을 고요하게 할 수 없으면 평소의 방법을 잠시 놓고 자신의 망념으로 주의를 돌려, 어떤 망념이 여러분의 마음을 가장 많이 점거하는지 살펴보십시오. 아마 여러분의 직업, 배우자 혹은 자식과 관련되는 것들이겠지요. 어떤 수련생은 네 살짜리 딸이 마음에서 떠나지 않고 있었습니다. 저는 그녀에게 딸을 방법으로 삼아 "나는 네 살짜리 딸이 있다, 나는 네 살짜리 딸이 있다……" 하고 자꾸 염해 보라고 했습니다. 만약 이것이 도움이 된다면, 아미타불의 성호聖號를 염하는 것이나 마찬가지입니다. 또한 그녀가 이 문구와 동일시되면 될수록 좌선 중에 딸에 대한 집착이 점점 줄어들 것이고, 결국에는 아마 사라질 것입니다. 여러분 가운데 많은 사람들도 이 방법을 쓰는 것을 고려할 수 있겠다는 생각이 드는군요.

만약 현상들이 자신을 초점에서 끌어내도록 내버려두면, 또렷함과 의식하는 마음[意識心]에 대한 제어력을 잃을 것입니다. 자극 가운데 빠져 허우적대기보다는, 경계가 여러분의 집중을 돕게 하는 것이 낫습니다. 즉, 하나의 현상을 골라 그것을 여러분의 방법으로 삼는 것입니다.

경계가 마음을 따름

두 번째 단계인 '경계가 마음을 따름'은 마음의 힘이 강할 수 있다는 것을 보여줍니다. 마음의 힘이 큰 사람들은 환경에 영향을 미칠 수 있습니다. 구참[老參]들이 문제를 가지고 찾아오면, 저는 종종 그들에게 마음의 힘을 써서 자신의 상황을 바꾸어 보라고 말해줍니다. 좌선과 마찬가지로 이것도 열심히 해야 어떤 결과를 봅니다.

큰 수행인들은 마음의 힘을 써서 다른 사람들의 마음 태도를 바꾸어 놓을 수 있지만, 그들은 보통 그렇게 하지 않겠지요. 왜냐하면 이익보다 폐해가 많을 수 있기 때문입니다. 또 그렇게 하면 사람들이 자신이 세뇌당하고 있다고 생각하여 겁을 먹게 됩니다. 대만에서 한 여사가 저에게 묻기를, 자기 남편이 외도를 하지 못하도록 영향을 줄 수 없느냐고 했습니다. 저는 만약 그녀가 원한다면 남편과 이야기는 해 볼 수 있지만 그의 마음이나 행동을 바꾸어 놓을 힘은 없다고 말했습니다. 그러나 그녀의 남편은 지금까지 저를 만나러 오지 않았습니다. 제가 자기에게 모종의 영향력을 행사하지 않을까 두려웠고, 또 그 외도 행각을 끝내고 싶지 않았기 때문입니다. 그러나 제가 정말 그런 힘을 가지고 있다면, 그가 저를 찾아오든 않든 제가 그의 행동에 영향을 줄 수 있겠지요. 만약 저에게 정말 그런 것이 있다는 명성이 난다면 저는 결코 편히 쉬지 못할 것입니다.

더 중요한 것은 어떻게 마음을 사용하여 경계에 영향을 줄 것이냐입니다. 예를 들어 한 수행인은 다른 한 수행인을 볼 때마다 마음이 동요될 수 있습니다. 그럴 때 그는 스스로에게 "그녀는 실재하지 않고, 하나의 그림자에 불과하다"고 말할 수 있습니다. 객관적으로는 경계가 변하지 않았지만, 그 경계를 대하는 자신의 태도를 이미 바꾼 것입니다. 게다가 '객관적인' 경계가 어떤 것인지 누가 결정합니까?

우리는 상상력을 이용하여 자신의 환경에 대한 인식을 바꾸어 볼 수 있습니다. 예컨대 우리는 적들을 수행을 돕는 보살로 간주할 수 있습니다. 이런 식으로 우리는 (그들의) 은혜에 감사하게 되고, 모든 현상과 관계가 다 우리의 수행을 돕고 있다고 여기게 될 것입니다. 청정하지 못한 마음이 우리로 하여금 무엇에 집착하게 하고, 나아가 우리로 하여금 어떤 것을 좋아하거나 싫어하게 만듭니다. 마찬가지로, 우리는 상상력을 이용하여 그러한 현상들에 대한 우리의 반응을 바꿀 수 있습니다. 한동안 좌선한 뒤에 다리가 아프면 스스로에게 "지금부터는 언제든 통증이 줄어들 것이고, 내 다리는 편안하고 서늘해질 것이다"라고 말할 수 있습니다. 이것은 자기기만처럼 보일지 모르지만, 실은 자기암시이고 유용한 방도일 수 있습니다. 자신의 마음과 태도를 바꿀 때, 환경도 바뀌게 됩니다.

그래도 역시 곤란한 경계, 특히 갑자기 출현하는 경계는 놓아버리는 것이 최선의 방법입니다. 만일 초인종 소리에 깜짝 놀라게 되면, 방해받았다는 생각이 단시간에 그쳐야 합니다. 초인종이 다 울리고 나서까지 그런 생각을 붙들고 있다면, 그것은 곧 경계가 자신에게 영향을 주도록 허용하고 만 것입니다.

🪷 마음이 소멸될 때

마음과 경계의 세 번째 단계에서는 "경계는 마음을 따라 소멸하고, 마음은 경계를 따라 사라지네(境隨心滅 心隨境無)"라는 두 구절에서 묘사하는 것과 같이, 마음이 소멸하면 경계도 소멸합니다. 반대로, 경계가 사라지면 마음도 사라집니다. 불법에서는 두 가지 마음을 이야기하는데, 하나는 번뇌심과 분별심이고 다른 하나는 청정심과 지혜심입니다. 그러나 여기에 어떤 딜레마가 있습니다. 불법이 청정심을 이야기한다면, 경계가 사라질 때 왜 그것도 사라지게 됩니까? 부처님도 두 가지 지혜, 즉 근본지根本智와 후득지後得智를 말씀하고 계십니다. 근본지는 부동이어서, 어떤 상황에서도 일어나지도 않고 소멸하지도 않습니다[不生不滅]. 반면에 후득지는 중생들의 필요에 따라서 일어납니다. 경계가 일어날 때 후득지도 일어나고, 경계가 사라질 때 후득지도 소멸됩니다. 후득지가 일어나는 것은 중생을 돕기 위해서이며, 그럴 필요가 없거나 중생이 없으면 일어나지 않을 것입니다.

지혜는 결코 사람들이 상상하는 그런 모습과 늘 같지는 않습니다. 깨달은 사람들의 반응도 결코 중생들의 욕망과 기대에 늘 부응하지는 않습니다. 저 자신의 삶에서 겪은 두 가지 일화를 예로 들어 보겠습니다. 선사들의 겉모습과 행동이 반드시 위대한 수행자의 그것과 같지는 않습니다. 그래서 사람들은 종종 그들의 겉모습이나 행동에 속거나 실망합니다. 저에게는 두 갈래 법맥이 있는데, 그 중의 하나인 영원靈源 노스님이 바로 그런 분이었습니다. 그분은 80여 세가 되었을 때도 사람들이 큰 스승이라면 이래야 한다고 생각하는 행동을 하지 않았지만, 그래도 오히려 큰 스승이었습니다. 영원 노스님을 보면 보통의 스님처럼 보이고 어쩌면 좀 멍청한 것 같기도 했습니다. 말씀하실 때도 사람들에게 어떤 둔함을 느끼게 했습니다. 왜냐하면 결코 말씀이 달변이거나 표현을 잘 하시는 분이 아니었으니까요. 카리스마가 있는 것도 아니었습니다. 그분의 만년에 제가 몇 번 당신 절에서 뵈었을 때, 그분의 제자들이 저를 옆으로 끌어당기더니 말했습니다. "성엄 스님, 왜 스님이 저희들을 가르쳐 주시지 않습니까? '

그러면 저는 이렇게 대답하곤 했습니다. "바로 여기 큰 스승님이 계신데 왜 저에게 가르쳐 달라고 하십니까?"

그들은 이렇게 말했습니다. "글쎄요, 그분을 보면 좀 멍청하시고 아무것도 모르시는 것 같거든요."

저는 그들에게, 그들의 기대와 선입견 때문에 큰 기회를 놓치고 있는 거라고 말해주었습니다. 그리고 이런 이야기를 들려주었습니다. 대략 30년 전에 영원 스님과 다른 아홉 분의 지위가 높은 스님들이 새로 계를 받는 비구와 비구니들의 수계식에서 의식을 주관해 달라는 초청을 받았습니다. 다른 아홉 분 스님들은 법의法衣를 입고 시자를 데리고 있었지만, 영원 스님만 시자가 없이 남루한 작은 걸망에 몇 가지 여행 물품을 넣어 가지고 갔습니다. 그리고 절의 정문이 아닌 옆문으로 들어갔습니다. 점심때가 되어 모두 자리에 앉았는데, 아무도 그분을 아무도 찾을 수가 없었습니다. 마침내 어떤 사람이 공양간(주방)에서 나와 말하기를, 거기는 아무도 없고 노스님 한 분만이 남은 밥과 반찬을 좀 달라고 하기에 드렸다고 했습니다. 여러 사람이 공양간으로 가 보니 그 노스님이 바로 영원 노스님이었습니다. 공양간 스님이 당황해서 어쩔 줄 모르고 노스님께 말했습니다. "정말 송구스럽습니다. 저희들은 스님이 누구신지 몰랐습니다. 어떻게 여기 오셔서 남은 음식을 달라고 하십니까?"

영원 노스님이 말씀하셨습니다. "그게 무슨 상관인가? 이 음식도 나에게는 더할 나위 없는데." 사실 그분은 큰 스승이셨습니다. 반면에 제가 아는 다른 큰스님들은 카리스마가 있고 달변가였지만, 그분들의 행동이나 불법에 대한 관념에는 오히려 문제가 있었습니다.

두 번째 일화는 이겁니다. 한번은 어떤 캐나다인이 저에게 전화를 걸어, 이곳에 저와 함께 있으면서 저에 대해 남들에게서 들은 것을 직접 관찰하고 검증하고 싶다는 것이었습니다. 제가 말했습니다. "아니오, 그러지 않는 것이 좋습니다. 저를 만나 보시는 것은 소문 듣는 것보다 못합니다." 그러나 그 사람은 꼭 와 봐야겠다고 하더니 결국 우리 센터로 왔습니다.

제가 물었습니다. "제가 당신에게 무엇을 가르쳐 줄 수 있다고 생각합니까?"

그 사람은 분명 제가 한 말뜻을 못 알아들었습니다. 왜냐하면 센터에서 몇 시간을 보낸 뒤 불평을 하기 시작했으니 말입니다.

"왜 저에게 뭘 좀 가르쳐 주지 않으십니까?"

제가 말했습니다. "당신이 여기 좀 있고 싶다면 그건 좋습니다. 그러나 제가 당신에게 뭘 가르쳐 드릴 것은 없습니다. 제가 밥을 먹으면 당신도 저와 함께 먹고, 제가 조석예불을 하면 당신도 저와 함께 예불을 합니다. 제가 잠을 자면 당신도 잠을 자겠지요. 이것이 바로 제가 하는 일입니다."

본시 그는 1주일간 머무를 생각이었지만, 이튿날 떠났습니다. 아마 제가 자기에게 아무것도 줄 게 없다고 생각했겠지요. 그 사람에게는 그것이 사실이었을 거라고 봅니다.

저는 절대로 영원 노스님이나 제가 깨달았다고 암시하지 않습니다. 이러한 오해는 어느 수준에서나 일어나겠지요. 따라서 여러분의 주위에서 매일 후득지가 나타난다 해도 여러분은 그것을 알아차리지 못할 수 있습니다.

8.3 차분한 고요함

그 어느 것도 일어나지 않으면	兩處不生
고요함과 무한한 밝음이 있고	寂靜虛明

마음과 경계가 다 일어나지 않을 때는 고요함과 무한한 광명이 있습니다. 번뇌는 사라지고 지혜가 현전現前합니다. 범부들에게 경계와 마음은 공존하는 두 극단입니다. 깨달은 사람에게는, 지혜가 현전할 때는 마음이 없고, 번뇌도 없고, 경계도 없습니다. 지혜는 분별심의 소산이 아닙니다. 분별심은 이원적인 방식으로 '나'와 '남'을 구분합니다. 마음이 이것과 저것을 분별할 때는 늘 번뇌가 있습니다. 반면에 지혜는 둘이 없는 방식으로 비출 뿐이고, 그래서 번뇌를 일으키지 않습니다.

사람들은 이것은 좋다, 저것은 나쁘다, 이것은 아름답다, 저것은 추하다는 식으로 판단을 합니다. 우리는 어떤 기준 위에서 이런 판단 기타 무수한 분별을 합니까? 우리의 개인적이고 주관적인 판단은 얼마나 신뢰할 수 있습니까? 그것은 전 국민이 동의한 기준과 부합합니까? 만약 부합하지 않는다면 우리는 틀렸고 그들은 옳습니까? 다수의 의견이나 합의가 어떤 것이 참되거나 정확하다는 것을 대신합니까?

　미국의 사법제도가 근거하는 전제는, 유죄로 입증되기 전까지는 무죄라는 것입니다. 물론 이 제도는 다른 제도와 마찬가지로 결함이 있습니다. 어떤 때는 무고한 사람들이 처벌을 받고, 소위 범법자들이 죄를 짓고도 오히려 빠져나갑니다. 핵심은, 미국의 제도가 이 나라 대다수 국민이 동의하는 제도라는 것입니다. 그러나 어떤 나라의 사법제도는 무죄로 증명되기 전까지는 유죄라는, 그와 상반되는 전제에 근거하고 있습니다. 어느 것이 옳습니까? 여기서 우리는 양극단의 개념을 빌어 하나의 논제를 생각하게 됩니다. 어쩌면 대다수 사람들이 동의하는 논제를 발견할 수 있겠지만, 그것도 다른 시대의 관념과는 상충될지 모릅니다. 결국 입장과 관점이 있는 한, 절대적으로 올바른 판단 같은 것은 있을 수 없습니다. 올바름 그 자체는 올바르지 않음에 대해 상대적으로만 존재합니다.

　마음과 경계의 대립이 있는 한 지각과 판단은 결코 완전히 신뢰할 만하거나 참되지는 않을 것이고, 그 과정 속에는 번뇌도 있을 것입니다. 개인만 그런 것이 아니라 가정, 국가, 철학, 종교도 다 그렇습니다. 역사를 놓고 볼 때 정부와 종교들은 자기 기준에 근거하여 윤리와 법률을 제정했고, 그리하여 사람들의 생각, 말, 행동에 영향을 미쳤습니다. 그 어느 것도 절대적으로 옳고, 신뢰할 만하고, 불변인 것은 아닙니다. 불교도 이러한 제도들 중의 하나지만, 불교는 자신의 한계를 인정합니다. 불법의 가르침과 선 수행은 이원적인 마음 상태로부터 우리가 벗어나는 것을 추구합니다. 마음이 분별, 대립에서 벗어날 때라야 번뇌가 사라지고 우리는 차분한 고요함에 들 것입니다.

　차분한 고요함의 상태에서는 번뇌가 일어나지 않고 객관과 주관이 분별되지 않습니다. 이러한 선적인 마음 상태에서는 자연적인 현상과 자연적인 존재만이 있습니다. 분별이 없는 상태에 도달하려면 먼저 분별하는 것으로써 시작해야 하는데, 이것이 우리가 아는 전부입니다. 수행을 시작하기 전부터 가능한 한 폭넓은 전통적 관점 안에서 선과 악을 분별해야 합니다. 일단 사람들이 부처님의 원리를 따르기 시작하면, 무엇이 불법이고 무엇이 불법이 아닌지를 분별할 수 있습니다. 그런 다음에는 수행을 할 것인지 여부를 결정해야 합니다. 여기서 더 나아가 어떤 종파를 따를지, 어떤 방법을 사용할지도 결정해야 합니다.

불교를 어설프게 이해하는 사람들은 수행할 필요가 없다고 판단할지 모릅니다. 그들은 조사祖師 몇 분이 설법한 것을 가지고 자기 신념을 뒷받침할지 모르지만, 실은 자신도 속이고 남들도 속이는 것일 뿐입니다. 어떤 수행이나 방법을 쓰지 않고도 불도를 닦을 수 있으리라고 생각하는 사람은 현실성이 없습니다. 한번은 어떤 재가불자가 대만의 우리 절에 왔는데, 분명히 술에 취한 상태에서 입에는 담배를 물고 있었습니다. 제가 다가가서 말했습니다. "당신은 여기서 담배를 피우면 안 된다는 것도 알고 술도 많이 드신 것이 분명한데, 댁에 돌아가셨다가 내일 오시는 것이 어떻습니까?" 그 사람은 맹렬히 반대하면서, 선禪에서는 모든 법이 불법이고, 부처와 중생, 술 취한 것과 말짱한 것, 이것과 저것 간에 구분이 없다고 가르치지 않느냐고 했습니다. 그는 제가 불법의 원리를 따르지 않는다고 나무라면서 제가 너무 집착이 많다고 했습니다. 제가 그에게 말했습니다. "좋습니다. 그러면 내가 제자들을 불러 당신의 옷을 홀랑 벗기고 당신의 돈을 다 뺏으라고 해도 당신은 아무렇지도 않게 오고갈 수 있겠군요?"

그 사람은 화가 났습니다. "당신이 누군데 그러시오? 내 돈은 내 것이고, 게다가 당신이 내 옷과 돈을 빼앗으면 내가 집에 어떻게 가란 말이오?"

제가 말했습니다. "당신이 방금 내가 집착이 많다고 꾸짖기에 나는 당신은 아무 집착이 없는 줄 알았지요. 어쨌든 한산寒山에 사셨던 전설적인 수행자인 한산대사寒山大師는 옷을 걸쳤든 안 걸쳤든 전혀 신경을 쓰지 않았다고 하니 말입니다."

이제 그 사람은 제가 무엇을 말하려고 하는지 이해하기 시작했고, 그래서 저는 절 안에서는 담배를 피우면 안 되는 규칙을 다시 한 번 일러주었습니다. 그는 여전히 마뜩찮아 했지만 어쨌든 떠났습니다. 그 사람은 불법을 거의 이해하지 못하고 있었고, 올바른 수행관념도 없었습니다. 분명 그는 어디선가 선 수행자들은 집착이 없어야 한다는 이야기를 듣고서 그런 관념을 왜곡하여 자신의 신념과 행동이 옳음을 증명하려고 했던 것입니다. 그래서 처음 시작할 때는 무엇이 올바른 불법이고 무엇이 아닌지, 그리고 무엇이 올바른 수행의 길인지를 분별해야 하는 것입니다.

자기와 남에게 합리적인 기준을 설정하라

자기 자신을 과대평가하지 말고, 자신이 범부라는 것을 분명히 인식하십시오. 만약 자신의 행동거지가 성인과 같기를 기대한다면 반드시 실망할 것입니다. 여러분은 이 때문에 불법과 수행이 자기에게 맞지 않다고 생각할지도 모릅니다. 마찬가지로 중요한 것은, 남들에게 너무 많은 것을 기대해서는 안 된다는 것입니다. 제가 앞서 말한 일화에서, 그 술 취한 사람은 제가 그의 행동과 무집착의 이상理想에 부합해 주기를 기대한 것입니다. 만일 제가 그의 개인적인 견해를 따른다면 담배를 피우고 술을 마시고 고기를 먹고 결혼을 해도 상관없겠지만, 그러면 저는 더 이상 스님이 아니겠지요.

우리가 범부인 한 범부의 기준을 사용해야 합니다. 설사 성인聖人이라 하더라도 범부를 상대할 때는 그들의 기준을 사용해야 합니다. 따라서 자기에게 합리적인 목표와 기준을 설정하는 것이 최선입니다. 기준이 너무 높으면 결국 (스스로) 실망하게 되고 수행을 포기할 수 있습니다. 남들에 대한 기준이 너무 높으면 여러분은 어떤 사람도 좋은 수행자나 좋은 스승으로 인정하거나 신뢰하지 못하게 될 것이고, 어떤 사람에게서도 배우지 못할 것입니다.

오늘 어떤 사람은 거의 선칠을 떠날 뻔했습니다. 그가 저에게 말하기를, 자기는 다른 사람들이 모두 잘 앉아 있는 것을 보고 (스스로) 실망했고, 자기가 자신의 시간과 저의 시간만 허비하고 있다고 느꼈다는 것입니다. 제가 말했습니다. "당신은 남들을 보면서 그들이 수행을 잘하고 있다고 생각합니다. 어쩌면 다른 사람들은 당신을 보면서 당신이 수행을 잘한다고 생각할지 모릅니다." 이 사람의 기준과 기대는 비현실적입니다. 그가 좋은 수행이라고 생각하는 것은 어떤 것일까요?

❁ 불도에 들어선 어린애들

우리는 범부이고, 불도에 들어선 초학자들이라는 것을 기억하십시오. 우리는 걸음마를 배우는 어린아이들과 같아서, 서서는 비틀거리다가 넘어지고, 서서는 몇 걸음 떼고 다시 넘어집니다. 뜻대로 안 되면 울음을 터뜨리고, 누가 주의를 기울여주지 않나 하고 주위를 두리번거립니다. 그리고 일어나서 다시 시도합니다. 어떤 때는 더 낫고 어떤 때는 더 못하지만 그래도 결국은 진보하고, 마침내 점점 더 쉬워지고 더 자연스러워집니다. 여러분이 선칠에 들어왔을 때는, 자신이 올림픽 경기에 참가하기 위해 훈련을 받는 세계적인 선수라고 상상하지 마십시오.

그보다는 자신을 막 기기 시작한 아이라고 상상하십시오.

우리가 수행을 시작할 때는 얼마간의 분별을 하는 것이 필요합니다. 자기가 중생에 불과하지 깨달은 큰 스승이 아니며, 부처는 더욱 아니라는 것을 인정해야 합니다. 또한 자신이 수행의 시작 단계에 있다는 것을 인정해야 합니다. 저는 지금 여러분에게 분별하라고 말하는데, 그렇다면 분명 여러분 중에는 어느 한 사람도 앞에 나온 두 구절에서 묘사한 단계에 도달하지 못한 것입니다. 만약 참으로 마음과 경계 둘 다 일어나지 않는 단계에 도달했다면 여러분은 좌선할 필요가 없고 저도 설법할 필요가 없습니다. 사실 여러분이 그런 수준에 있으면 여기서 강설을 하는 저도 없을 것입니다. 우리는 기는 법을 배우는 초학자라는 것, 매 걸음마다 목표에 더 가까이 가고 있다는 것을 받아들이십시오.

8.4 불법에 따르는 것이 보리도菩提道이다.

| 보리의 영상影像이 나타나네, | 菩提影現 |
| 영원히 맑은 마음의 물 안에서. | 心水常清 |

불교에서 '보리菩提'는 다중적인 의미가 있습니다. 어떤 때는 '도道'와 같은 의미로 쓰이지만, 또한 '도道의 목표'를 뜻하기도 합니다. 이것을 모순으로 보면 안 됩니다. 왜냐하면 제가 늘 말하듯이, 과정 그 자체가 목표니까 말입니다. 깨닫지 못한 사람들에게는 도달할 수 있는 목표가 있다고 말해주지만, 이미 깨달은 사람, 이미 도道를 이해한 사람들에게는 도라는 것이 존재하지 않습니다. "보리의 영상이 나타난다"는 것은 보리도菩提道(깨달음의 길) 위에서의 수행을 말합니다. 수행을 떠나서

어떤 보리(깨달음)도 없습니다. 마치 몸이 없으면 몸의 그림자가 있을 수 없듯이 말입니다. 제가 '수행' 이라고 할 때 그것은 좌선, 절하기 등 정식 수행으로 간주되는 모든 활동 이상을 의미합니다. 오롯한 마음으로 불법에 부합되게 행하는 모든 일은 보리도를 따르는 것입니다. 다른 한편 깨달은 사람(이미 도를 깨친 사람)들에게는 어떤 보리도 없습니다. 왜냐하면 더 이상 어떤 두드러진 노력도 없고, 자신이 수행하고 있다는 어떤 관념도 없기 때문입니다. 보리도를 따르겠다고 결심한 그런 사람들에게만 보리가 등장합니다. 이 길을 따르는 가운데 우리의 수행은 깊어질 것이고, 그 길이 점점 넓어지다가 마침내 사라져 버릴 것입니다. 이것이 바로 보리를 깨닫는 것입니다. 이때는 더 이상 '영상'이 없습니다. 왜냐하면 비추어야 할 것이 아무것도 남아 있지 않기 때문입니다.

어느 수련생이 저에게 말하기를, 자기는 어떤 때는 진보하는 것 같고 어떤 때는 퇴보하는 것 같아서, 수행이 순조롭게 지속된다고는 느끼지 못한다고 했습니다. 그러나 그는 거듭 선칠에 참가하고, 또 매번 선칠이 그에게 도움이 되는 것 같습니다. 이런 사람은 이미 수행의 맛을 보았고, 보리도 위를 바로 걷고 있습니다. 그렇지 않다면 계속할 마음이 나지 않았겠지요. 또 한 수련생은 망념의 흐름을 좀내 놓아버리지 못하고 있지만, 거의 매회 선칠에 참가합니다. 이런 사람들은 불법을 받아들였고, 보리도를 걷고자 하는 강한 결심을 가지고 있는 것입니다. 그들은 자기가 일상생활과 수행상의 많은 문제와 환상을 가지고 들어온다는 것을 잘 알고 있고, 또한 자기가 선칠에서 이익을 얻는다는 것과 계속 이익을 얻을 것이라는 것을 압니다. 이러한 태도는 수행의 좋은 기초입니다. 저는 선칠에 들어와서 자기에게 아무 문제가 없다고 생각하는 사람들을 더 걱정합니다. 이런 사람들은 완전히 미혹되어 있습니다.

"영원히 맑은 마음의 물 안에서"라는 구절에서 이야기하는 것이 바로 이 문제입니다. 마음이 비교적 맑다면 문제들이 일어나는 것을 비교적 쉽게 발견할 수 있습니다. 마치 맑은 물에서는 밑바닥, 물고기, 돌멩이, 물거품, 수생식물 등이 잘 보이듯이 말입니다. 그러나 물이 황하처럼 혼탁하면 아무것도 보이지 않습니다.

더 맑은 물에 있는 사람들, 자신의 문제들을 더 잘 자각하고 있는 사람들은 더 나아가 수행의 필요성을 이해합니다. 자신에게 아무 문제가 없다고 생각하는 사람들은 교만하기 쉽습니다. 저는 심지어 승단 내에서도 자신이 부처, 보살이나 성인들과 대등하다고 생각하는 사람들을 봅니다. 어떤 스님은 젊어서 제 밑에서 공부하고 수행했는데, 얼마 전에 저를 찾아왔습니다. 그는 좋은 사람이지만, 저는 금방 그가 장애에 걸려 있다는 것을 알았습니다. 왜냐하면 그가 "스님, 제가 아직도 스님께 절을 해야 합니까?" 하고 말했기 때문입니다. 출가인은 과거와 현재의 법 스승[法師]에게 절을 하는 것이 관례입니다.

제가 대답했지요. "아니, 필요없다." 그런 다음 제가 말했습니다. "지난 몇 년간 자네 수행에 큰 진전이 있었나 보군."

그 스님이 말했습니다. "예, 확실히 많은 체험을 했고, 그 체험들이 나쁘지 않았습니다."

제가 그에게 어떤 방법을 썼는지 물었더니 그는 이렇게 대답했습니다. "제가 다른 사람들에게서 배운 방법들은 다 쓸모가 없었습니다. 결국 가장 유익했던 것은 저 자신이 발명한 방법이었습니다."

제가 말했습니다. "자네는 이미 새로운 수행법을 발명했으니, 추측컨대 자네는 조사祖師가 될 준비가 된 거로군."

그가 말했습니다. "그게 뭐가 잘못되었습니까? 어쨌든 석가모니 부처님은 깨달음을 얻기 위해 다른 부처님을 필요로 하지 않았습니다."

저는 화제를 바꾸어 말했습니다. "자네가 이번에 나를 보러 온 것은 무슨 특별한 이유가 있나?"

그 스님이 대답했습니다. "아뇨, 무슨 특별한 이유는 없습니다. 그냥 당신의 수행 수준이 더 높아지셨는지 알고 싶어서 왔습니다."

제가 말했습니다. "이왕 자네가 나를 보러 왔으니 내가 몇 마디 해야겠군. 먼저 자네의 질문에 대답하자면, 나는 어떤 더 높은 성취도 이루지 않았네. 그러나 자네의 상태는 아주 나빠. 이미 자신의 환상 경계[幻境]에 떨어졌고, 게다가 우리가 소위 말하는 마군의 영향 하에 들어갔어. 나는 자네의 지위를 부러워하지 않아."

물론 그는 제가 한 말을 좋아하지 않았고, 곧 떠났습니다. 오래 지나지 않아 그가 승단을 떠나 재가인의 생활로 돌아갔다는 말이 들렸습니다. 이것은 바로 사람의 마음이 혼탁해진 한 사례입니다. 이 특별한 사례에서 그 혼탁함은 성취에 대한 그 스님의 엄청난 집착에서 비롯되었습니다. 뭔가를 얻어야 한다는 강렬한 욕망 때문에 그런 환상 경계에 떨어진 것입니다. 여러분은 이 이야기를 유념하여, 그와 비슷한 상황에 떨어지지 않도록 조심하는 것이 현명할 것입니다.

"영원히 맑은 물 안에서"는 두 가지 수준에서 이해할 수 있습니다. 첫 번째 수준은 자신의 번뇌를 명료히 이해하는 것이고, 두 번째 수준은 철저한 깨달음입니다. 두 번째 수준에서는 물이 참으로 늘 맑습니다. 이 물 속에는 바다도, 언덕도, 수면도, 혼탁함도 없고, 물 외에는 아무것도 없습니다. 심지어 물이라고 하는 느낌조차도 없습니다. 여기서 물은 지혜의 힘을 가리키는데, 이런 지혜는 물과 같이 없는 곳이 없습니다. 그것이 곧 부처의 지혜이며, 더 이상 어떤 주관 객관의 구분이 없는 수준입니다.

첫째 수준만 하더라도 도달하기가 쉽지 않습니다. 우리들 중 많은 사람들은 자기에게 문제와 번뇌가 있다는 것을 알지만, 이것은 번뇌가 일어나는 것을 예리하게 자각하고 있다고 말하는 것과는 전혀 다른 문제입니다. 우리가 자성自性을 보았을 때만 비로소 이런 명징함이 출현합니다. 물론 이러한 능력은 전등의 스위치와는 달라서, 켰다고 하면 곧 켜진 것입니다. 우리가 수행을 하면 자신의 번뇌가 일어나는 것을 점차 더 잘 자각하게 되고, 예전에는 있을 거라고 생각하지 못했던 번뇌를 알아차리게 됩니다. 수행이 깊어질수록 이러한 자각도 깊어집니다. 마침내 견성하게 되면, 우리가 수행을 계속하는 한 이 기술은 아주 훌륭해집니다.

❂ 지혜는 보여줄 게 아무것도 없다.

덕의 성품은 바보와 같으니	德性如愚
가깝고 멂을 세우지 않네.	不立親疎

여러분이 도를 성취하여 마음이 불성에 상응한다고 해도, 반드시 다른 사람들이 여러분을 지혜롭다거나 카리스마가 있다고 인식하게 된다는 뜻은 아닙니다. 사실 다른 사람들의 눈에는 여러분이 바보처럼 보일 수도 있습니다. 불성은 순정純淨하고 부동不動인 것과 상응합니다. 그러나 만일 순정하고 부동하다면 보여줄 것이 아무것도 없습니다. 마음이 불성에 상응한 사람은 군중 속에서 눈에 띄지 않을 것입니다. 세상 사람들이 총명하고 카리스마가 있다고 생각하는 사람들은 표면적으로 지혜로운 것뿐입니다. 세간적 지혜에 관해서는 소위 '대지약우大智若愚'('큰 지혜를 가진 사람은 어리석어 보인다')라는 말이 있습니다. 세속의 영역에서도 그럴진대, 이미 불성의 지혜를 얻은 사람은 더 말할 나위가 없습니다. 이런 지혜는 보여줄 게 아무것도 없습니다.

"가깝고 멂을 세우지 않네"에서 '가까움[親]'은 여러분이 좋아하고 친근하게 느끼는 대상을 가리킵니다. '멂[疎]'은 여러분과 별 관계가 없는 것을 가리킵니다. 보리를 깨달은 사람들은 일체의 법을 평등무이平等無二하게 보며, 높고 낮음, 낫고 못함, 멀고 가까움을 분별하지 않습니다. 얼마 전에 어떤 사람이 저에게 말했습니다. "저는 스님의 많은 법문을 들었는데, 스님께서는 늘 불법이 분별을 하지 않고 일체를 평등무이하게 본다고 말씀하십니다. 그 관념은 좋지만 저는 그럴 수 없습니다. 설사 제가 그렇게 할 수 있다 해도 그러면 문제만 야기할 것입니다. 저는 제 자식과 남의 자식을 똑같이 볼 수가 없습니다. 제 자식들에게는 저의 모든 주의력, 모든 사랑을 줍니다. 그러나 다른 아이들에게는 그러지 못합니다. 그 아이들은 돌봐줄 자기 부모가 있습니다. 더욱이 제 아내는 여전히 저의 아내이고, 그래서 특별한 사람입니다. 저는 그녀를 특별히 사랑하고 보살핍니다. 제 아내를 사랑하듯이 그렇게 다른 여자들을 사랑할 수는 없습니다."

이 사람의 딜레마는 사람들이 윤리와 도덕을 논할 때 종종 사용하는 가정적 상황과 비슷합니다. 즉, '당신에게 빵 한 조각이 있는데 배고픈 사람이 여러 명이라고 할 때, 빵을 누구에게 주겠는가? 혹은 여러 사람이 물에 빠져 죽게 되었을 때, 당신은 누구를 먼저 구하겠는가?' 하는 것입니다. 이론적으로는 나름대로 가장 공평해 보이는 방안을 말할 수 있겠지만, 실제 상황에서는 흔히 이론은 뒷전이고 우리는 감정적인 수준에서 일을 처리하고 맙니다.

이 가깝고 멂[親疎]의 관념에 대해 생각하는 올바른 사고방식은 이것입니다. "만약 당신에게 도움이 필요하면, 내가 도와줄 수 있는 한 우리 사이의 관계가 어떠하든 당신을 도와주겠다. 아마 내가 도울 수 없는 상황도 있겠지만, 그것은 내가 당신을 도울 능력이 없기 때문이지 우리 사이에 아무 관계가 없기 때문은 아니다. 만일 나에게 음식이 얼마 없다면 먼저 내 가족을 먹일 것이다. 왜냐하면 그것이 가장으로서의 책임이기 때문이다. 만일 더 많은 사람을 도울 수 있는 능력이 있다면, 나는 도울 것이다. 내가 그들을 알든 모르든, 그들이 나와 가깝든 멀든, 상대방이 좋든 나쁘든 혹은 좋지도 나쁘지도 않든, 그것은 나의 행동에 아무 영향이 없다." 석가모니 부처님의 아버지가 승하했을 때 부처님은 장례식에 참석하여 관을 드는 것을 도왔습니다. 당신은 모든 아버지가 당신의 아버지라고 말하면서 늘 남의 관을 드는 일은 결코 하지 않았습니다.

모든 중생은 여러분의 부모님과 평등하지만, 여러분의 부모님은 그래도 여러분의 부모입니다. 다른 한편 우리는 불교도로서 자기 부모만 제도하겠다고 서원하지는 않고, 일체 중생을 제도하겠다고 서원합니다. 일체법이 평등무이하나 각각의 법은 그 나름의 자리가 있습니다. 불법에 따르면 한 법이 다른 한 법보다 더 낫거나 더 높거나 깨달음에 더 가깝지는 않지만, 각 법은 그 나름의 위치, 그 나름의 방향, 그 나름의 인연이 있습니다. 부처님은 많은 중생을 도우셨지만 인도를 결코 떠나지 않았습니다. 그래서 석가모니 부처님 당시에는 어떤 중국인도 불법의 혜택을 받지 못했습니다. 부처님이 당시 인도에 계셨음에도 많은 사람들은 불법에 대해 들어보지도 못했습니다. 그것은 석가모니 부처님이 어떤 중생들을 편애했다는 의미는 결코 아닙니다. 단지 당신이 도울 수 있는 사람이면 어떤 사람이든 도와준 것입니다.

이 구절들을 이용하여 수행에 도움을 받고, 맑은 물과 같이 명징한 마음을 닦으십시오. 그렇게 하면 늘 자신의 망념을 알아차릴 수 있고, 번뇌가 일어날 때에도 경계할 수 있습니다. 그러나 단순히 어떤 생각은 싫어하고 어떤 생각은 좋아하지 마십시오. '대지약우大智若愚'인 사람처럼, 모든 상황을 대할 때 좋고 나쁨, 가깝고 멂을 분별하지 마십시오.

'대지약우'인 사람에게는 일체법이 다 평등무이합니다. 여러분은 제가 선禪과 같은 소위 '무언의 지혜'를 가르치는 스승이라면 왜 이렇게 말을 많이 해야 하는지 의아할지 모릅니다. 아이러니컬하지요. 이것은 우리들 가운데 어느 누구도 '대지약우'인 사람이 없어, 제가 분별적인 말들을 사용하여 우리가 분별의 수준에서 무분별의 수준으로 나아갈 수 있도록 도와드려야 하기 때문입니다. 독으로써 독을 물리치고[以毒攻毒] 있는 것입니다.

제9차 선칠

총애와 수모에 변치 않다

9.1 머무는 곳을 가리기

> 총애와 수모에 변치 않으며　　　　　寵辱不變
> 머무는 곳을 가리지 않네.　　　　　　不擇所居

　대다수 사람들은 유쾌한 상황은 우리를 즐겁게 하고, 스트레스를 주는 상황은 우리를 언짢게 한다는 데 동의할 것입니다. 그러나 선칠에서의 첫 걸음은 환경에 관계없이 차분하고 평등한 느낌을 발전시켜 가는 것입니다. 좋아하거나 싫어하는 일들이 우리를 신경 쓰게 할 때, 우리는 이것을 '마음이 경계를 따른다'고 말합니다. 반면에 우리의 마음이 일체 경계에서 명징하고 움직이지 않는다면, 우리는 이것을 '경계가 마음을 따른다'고 말합니다.

　오늘은 선칠의 첫째 날입니다. 지금까지는 여러분의 마음에 듭니까? 이곳의 일과와 규칙에 적응해 가고 있습니까? 자기 자리는 마음에 듭니까? 좌복은 편안합니까? 잠자는 곳은 어떻습니까? 좌선할 때나 밤에 잠을 자려고 할 때 어떤 사람이 방해합니까? 이런 것은 모두 산란심이 일으키는 문제입니다.

선칠을 계획한 방식은 모든 방해 요인을 줄이도록 하는 것이지만, 앞으로 7일 동안 늘 어떤 일이 여러분 대다수를 방해할 것입니다. 「심명」의 이 두 구절이 아주 좋은 충고를 해 줍니다. 좌선을 하든, 걷든, 운동을 하든, 일을 하든, 밥을 먹든, 몸을 씻든 혹은 잠을 자든, 마음이 경계를 따르지 않게 하십시오. 여러분은 환경을 제어할 수 없을지 모르지만 자기 마음은 제어할 수 있어야 합니다.

마음이 제어되지 않을 때에는 우리가 선칠을 아무리 주의 깊게 계획해도 모두 동요되거나 마음이 분산될 것입니다. 한번은 두 명의 수련생이 코를 크게 골았는데, 우리는 그 문제를 해결하기 위해 그들을 한결 조용한 구석방에서 자게 한 적이 있습니다. 그래도 효과는 없었습니다. 다음날 아침 두 사람은 각기 상대방의 코고는 소리를 불평했으니까요.

보기에는 조용한 선당에서도 방해 요인이 있을 수 있습니다. 어느 여자 수련생은 선칠을 할 때 늘 큰 숄을 가지고 왔습니다. 한번은 그녀의 옆에 앉던 다른 여성이 소참 때 불평하기를, 그 여자 수련생은 매번 앉기 전에 숄을 두르는데 늘 자기 몸에까지 스친다고 했습니다. 숄을 걸치는 이 수련생이 자기 옆에 있는 한 집중을 잘 못하겠다는 것이었습니다. 저는 그녀에게, 이것은 실은 인내심을 기르는 기회라고 말했습니다. 선칠이 끝난 뒤에 그녀는 그 여자 수련생에게, 자신에게 인내심을 배울 기회를 주어서 고맙다고 했습니다.

한번은 대만에서 선칠을 할 때, 한 방을 쓰던 두 여성은 묵언 규칙을 지켰지만 그 중 한 명은 다른 사람에게 마치 등을 안마해 달라는 식으로 계속 손짓을 했습니다. 일하는 시간에 다른 사람들은 모두 자기 소임을 보고 있는데, 이 여성들은 방 안에서 안마를 하곤 했습니다. 3일째가 되자 그 중 한 사람이 저에게 불평을 했습니다. "스님, 더 이상 못 참겠습니다. 제가 어쩌다 이런 성가신 일을 자초했는지 모르겠습니다! 이런 식으로 하다가는 이번 선칠에서 편안히 앉지 못할 것 같습니다."

제가 말했습니다. "그녀를 위해 그런 것까지 해 줄 필요는 없지요."

그녀가 대답했습니다. "예, 저도 압니다. 하지만 이거 해 달라, 저거 해 달라고 요구하면 어떻게 거절해야 할지 모르겠습니다."

여러분이라면 어떻게 하겠습니까? 같이 수행하는 사람이 몸이 아프다면서 도와달라고 하는데 아랑곳하지 않을 수 있겠습니까? 어떤 사람들에게는 확실히 스트레스가 될 거라고 생각합니다. 제가 그 여성에게 했던 말을 이제 여러분에게도 해 드리겠습니다. 즉, 이것은 선칠이지 일상생활이 아니니 시간을 지혜롭게 운용하십시오. 여러분이 여기 온 것은 7일의 시간을 집중적인 수행에 투입하기 위해서입니다. 그것이 여러분의 주요한 책무이고, 관심을 가져야 할 유일한 일입니다.

이 두 여성은 다른 사람들과 마찬가지로 일을 했어야 합니다. 하지만 이와 비슷한 상황은 언제든지 일어날 것이고, 얼마간의 지혜를 사용하여 대처해야 합니다. 저는 여러분이 더 쉽게 대처할 수 있도록, 어떻게 해야 할지를 일러 드리겠습니다. 어떤 상황을 만나더라도 자기 주위에서 일어나는 일들에 주의를 기울이지 마십시오. 여러분이 여기 와서 해야 할 일은 선칠 동안 마땅히 해야 할 일들입니다. 만일 여러분이 그 여성과 같이 견디기 힘든 통증이나 기타 문제를 가지고 있다면, 저나 호칠護七(선칠 때 대중을 돕는 소임자) 중 한 사람의 도움을 청해야 합니다. 그것이 우리의 책무이고, 우리는 여러분이 그 문제를 해결할 수 있도록 도와드릴 것입니다.

저는 대만에서 또 다른 선칠에 참가했던 어느 젊은 여성을 기억합니다. 그녀는 아주 열심히 남들을 도와주었고, 사람들이 찾아올 때마다 벌떡 일어나서 맞이하는 것이었습니다. 그녀는 제가 무엇을 필요로 할 것 같다고 생각될 때마다, 그것이 자기 일이 아니라 해도 저를 도와주려고 애썼습니다. 마침내 저는 그녀를 옆으로 데려가서 말했습니다. "자네 그런 자세로는 이 선칠을 견뎌내기 힘들 거야. 자네는 지객知客(절에서 손님을 맞이하는 소임자)도 아니고 내 시자도 아니지 않나. 내가 보기에 자네는 아주 친절하고 남을 돕기 좋아하는 사람이지만, 이 선칠에서는 결코 적합한 행동이 아니야. 남을 돕고 있을 때 자네 자신의 수행을 살피지 않고 있어. 선칠이 끝나고 돌아가서 다시 남들을 도와줘도 돼."

수행을 할 때는 마음을 안으로 향하게 해야지 밖으로 향하게 하면 안 됩니다. 다른 사람들에게 신경 쓰지 말고, 다른 사람들의 일, 습관, 혹은 문제에 신경 쓰지 마십시오. 수행방법이나 자신에게 맡겨진 일에 마음이 집중되어야 합니다. 방법에 계속 주의를 기울이면 그 어떤 것도 여러분을 방해하지 못합니다.

선칠을 할 때는 좋아하고 싫어하는 것이 없어야 합니다. 좋은 자리도 없고 나쁜 자리도 없습니다. 모든 일은 그냥 그러한 것이고, 상황이 어떻든 모든 것이 딱 맞습니다. 선칠의 구성과 일과는 수행이 가능한 한 순조롭게 되도록 하기 위해 짜여져 있습니다. 예를 들어, 어떤 규칙들은 우리가 눈을 어떻게 사용해야 하는지를 일러줍니다. 대부분의 시간 동안 우리는 육신의 눈[肉眼]에는 휴가를 주고 마음의 눈[心眼]에 의지해야 합니다. 육신의 눈은 자신의 안전을 위해서만 사용하십시오. 일하는 시간 외에 여러분이 눈을 사용해야 하는 때는, 설법이나 소참 때와 같이 제가 여러분에게 이야기하고 있을 때뿐입니다.

선칠을 할 때는 그냥 규칙대로 행동하는 것이 최선입니다. 어떤 상황이 발생하든 담담히 받아들이십시오. 자신의 분별심과 판단심을 놓아 버리십시오. 사실 자기 자신도 놓아 버리면 더 좋습니다. 만약 자기 자신과 자신의 견해에 대해서 생각하면 분명히 갈등이 있게 될 것이고, 번뇌를 야기하게 될 것입니다. 예를 들어, 오늘은 밥이 제대로 되지 않아 별로 맛이 없었습니다. 그러나 선칠에서 식사할 때는 그것이 어떤 밥이든 그냥 받아들이고 먹어야 합니다. 밥이 맛이 없다고 계속 생각하는 것은 번뇌입니다.

다른 한편, '아, 이거 정말 맛있네! 조금 더 먹고 싶어 못 견디겠군.' 하는 식의 생각은 하지 마십시오. 배가 고픈 것은 생리적인 현상이고, 어떤 사람들은 식욕이 더 왕성합니다. 그러나 음식에 대해 탐심을 일으키는 것도 번뇌입니다. 선칠이 시작되어 끝날 때까지 여러분이 평소에 자기 자신, 원하는 것, 필요한 것에 대해 가지고 있는 갖가지 생각들을 놓아버리십시오. 앞으로 7일간은 오직 선당과 여러분의 수행방법밖에 없습니다. 만일 주위의 일들에 집착하면 번뇌를 제어하기는커녕 더 많은 번뇌를 만들어내게 될 것입니다.

어떤 선칠에서든 첫걸음은 자기를 외부의 환경에서 고립시키는 것이고, 두 번째는 자신의 좋고 싫음, 견해와 분별심을 놓아버리고 그저 수행방법에만 신경 쓰는 것입니다. 설사 이 건물에 불이 난다 하더라도 여러분과는 상관없는 일입니다. 그런 건 무시하고 자신의 방법으로 계속 노력하십시오. 심지어 불에 타서 재가 될 위험마저 돌아보지 않을 때, 이것이야말로 진정한 선禪의 정신입니다.

9.2 "제 남편은 어떻게 하고 있습니까?"

모든 연관이 단박에 그치니	諸緣頓息.
일체를 잊어버리네.	一切不憶.

'모든 연관(諸緣)'은 우리가 현상들과 관련되는 방식을 가리킵니다. 첫째로, 우리는 바깥의 우리와 아무 상관없는 사물, 생각들과 관련됩니다. 그런 현상들을 놓아버리는 것이 어려울 리가 없는데도 사람들은 여전히 그런 것들에 집착합니다. 반면에 자기가 해야 할 일, 특히 수행에는 관심이 없습니다. 중국 속담에 "개가 쥐를 잡는다(狗抓耗子)"는 말이 있습니다. 쥐를 잡는 것은 고양이가 할 일이지 개가 할 일은 아닙니다. 자기와 무관한 일에 집착하는 것은, 특히 선칠 중에 그러는 것은 시간 낭비입니다.

그 다음으로, 우리가 일부러 추구하지 않는 일도 더러 발생합니다. 예컨대 길에서 낯선 사람과 부딪친다든가, 식사할 때 포크를 떨어뜨리는 것과 같은 무수한 일들이 그것인데, 그런 일들에 대해서는 우리가 평소에 별로 신경 쓰지 않습니다. 선칠을 할 때에도 분명 그런 것에 신경 쓰면 안 되지만, 이런 일들은 자기와 더 관련되어 일어나다 보니 첫 번째 부류(자기와 무관한 일들)보다 아랑곳하지 않기가 어렵습니다.

세 번째로 우리가 외계 사물과 관련되는 방식은 적극적으로 그것을 추구하는 것입니다. 여기에는 사랑하는 사람들, 우리의 직업, 선칠 도중에 일어나는 일들에 대한 생각도 포함됩니다. 여러분 가운데 과연 얼마나 많은 사람이 이제까지 이 선칠 바깥의 누군가에 대해서 한 번도 생각한 적이 없다고 말할 수 있습니까? 이런 생각들은 자연스럽게 일어나고 무궁무진할 것같이 보이며, 또한 놓아버리기 가장 어려운 것들입니다.

앞서의 한 선칠 때 어느 부부가 참가했는데, 저는 그들에게 두 사람이 서로 보지 못하도록 앉히겠다고 했습니다. 그리고 그들에게, 서로에 대해서 생각조차 해서는 안 된다고 했습니다. 두 사람이 대답하기를, "문제없습니다. 저희들은 결혼한 지 오래되었고, 선칠 중에는 절대 서로를 생각하고 싶지 않습니다"라고 대답했습니다. 좋은 말로 들렸는데,

둘째 날 소참 때 부인이 묻더군요. "제 남편은 어떻게 하고 있습니까?"

제가 대답했습니다. "희한하네요. 조금 전에 바깥양반도 당신에 대해 물었는데."

선칠 중에 배우자, 애인 혹은 자식에 대해 생각하는 것이 그들에게 무슨 도움이 됩니까? 기껏해야 자기 수행에 번거로움을 보탤 뿐입니다. 이런 사례는 관계가 그리 친밀하지 않은 사람에게도 해당됩니다. 마음은 대수롭지 않은 별의별 생각에 집착할 수 있는데, 저는 여러분 중에서 많은 분들이 입선 시간 내내 망상을 피우고 있으리라고 봅니다.

모든 연관이 단박에 그치니

"모든 연관이 단박에 그치니"는 두 가지 수준에서 이해할 수 있습니다. 기본적 수준이 가리키는 것은 수행을 갓 시작한 사람들인데—사실 우리는 모두 초학자입니다만—그것은 우리에게 현상들과 관련되는 세 가지 방식을 놓아 버리도록 촉구합니다. 이것이 수행의 기본 목표입니다. 만일 1초든, 10초든, 5분간이든 혹은 1시간이든 그렇게 할 수가 있다면, 그것은 여러분의 마음이 방법상에 머물러 있어 산란하지 않다는 것을 말해줍니다.

두 번째의 더 심층적인 의미는 깨달음의 체험을 가리키는데, 이때는 외부 현상들과의 관련이 전부 단절됩니다. "일체를 잊어버리네"는 수행인에게 좌선하는 동안은 마음을 비우라는 것입니다. 아직도 뭔가가 남아 있다면 그것은 모든 연관을 미처 놓아버리지 못했다는 것을 뜻합니다. 이 수준에 도달하기는 결코 쉽지 않지만, 여러분의 방법이 수식이든, 화두든, 묵조든, 염불이든 관계없이 가능한 일입니다. 수식을 할 때는 더 이상 자신의 호흡을 자각하지 못하고 더 이상 숫자를 세지도 않는 그런 단계에 도달할 수 있습니다. 아무 생각이 없지만, 모든 것을 오히려 명료하고 분명하게 자각합니다. 이것이 바로 「심명」에서 말하는 단계들 중의 하나입니다.

화두의 목적은 의정을 일으키는 것입니다. 그러나 더러 어떤 수행자는 그냥 화두를 염하기만 했는데 그것이 저절로 사라져 버리고 의정이 전혀 일어나지 않기도 할 것입니다. 방법이 떨어져 나갔지만 마음은 명료하고, 자각하는 힘도 강합니다. 이것은 화두 수행의 목표는 아니지만—왜냐하면 목표는 깨달음을 체험하는 것이니까—그래도 진보의 좋은 표지입니다.

'지관타좌'(just sitting)는 일본선이 묵조에 대해서 쓰는 말인데, 이 방법은 그저 자신의 자세를 자각하면서 다른 모든 생각이 오고 가게 내버려두고 그것을 반기지도 물리치지도 않는 것입니다. 처음에는 생각을 따라가느라고 마음이 산란하겠지만 나중에는 생각들을 명료하게 지켜보면서도 거기에 아랑곳하지 않게 될 것입니다. 점차 생각들은 마치 진흙 모래가 연못 바닥으로 가라앉듯이 사라지고, 물이 아주 투명해져서 그것이 물인 줄도 모르게 될 것입니다. 이것은 마음이 명료한 수준으로, 여기서는 모든 연관이 그치고 일체가 잊혀집니다.

염불은 마음을 고요하게 하는 다섯 가지 법문法門* 중 하나입니다. 여기서도 어떤 단계에 도달하면 염불이 사라지고 오로지 남는 것은 명료한 자각입니다. 물론 이것은 망념이 없을 때만 일어날 수 있습니다. 말할 필요도 없이, 여러분이 휴가 계획에 대해 생각하느라고 바빠 염불하기를 잊어버리는 것은 논외로 하고 말입니다.

한 생각도 일어나지 않고 모든 연관이 그치는 그런 수준에 도달하지

---

* [역주] 273쪽의 각주를 보라.

못하면, 화두를 계속 염해 봐야 무미건조하고 아무 의미도 없을 수 있습니다. 그래서 명나라 말기에 많은 사람들이 염불을 수행방법으로 삼기 시작한 것입니다. 그들은 자신이 무념의 수준에도 도달하지 못하고 의정도 일으키지 못한다면, 차라리 의미 있는 뭔가를 염하여 공덕을 쌓는 것이 좋겠다고 생각한 것입니다. 그런 선업을 쌓으면 아마 정토淨土(Pure Land)에 날 수 있겠지요. 그곳은 불교 수행을 하기에 더 적합한 조건을 갖추고 있으니 말입니다. 반면에 만일 그들이 모든 연관과 생각이 그치는 수준에 도달하면, 자각과 평온함의 완벽한 지점에 이르러 화두를 들기 시작하겠지요. 그럴 때 염불에서 "염불하는 것은 누구인가?(念佛的是誰?)" 하는 의문으로 전환하여 그 방법을 화두로 전환할 수 있을 것입니다.

무념의 상태에 도달하는 것이 결코 깨달음은 아니라는 것을 이해하는 것이 중요합니다. 그것은 모든 연관이 그치는 첫 번째 수준이고, 초기 단계에 불과합니다. 실은 그것은 진정한 선 수행이 막 시작되는 문턱을 나타냅니다. 이 지점에 이르기까지의 모든 방법은 마음을 수습하고, 가라앉히고, 집중하기 위한 것에 지나지 않습니다.

두 번째 수준인 깨달음의 수준에서는 현상들과의 모든 연관이 단절되어 있고, 무념의 상태이며, 번뇌도 사라져 있습니다. 첫 번째 수준을 건너뛰어 바로 두 번째 수준으로 도약하는 사람들은 아주 드뭅니다. 모든 사람이 혜능대사 같은 혜안이 있어서 남이 『금강경』을 송념하는 것을 듣다가 깨닫지는 못합니다. 대다수 사람들은 첫 번째 수준에서 노력하여 마음을 수습하고, 가라앉히고, 집중해야 합니다. 우리들 대다수에게는 그것이 바로 수행입니다.

9.3 낮이든 밤이든 문제가 없다

영원한 낮은 밤과 같고　　　　　　　永日如夜
영원한 밤은 낮과 같네.　　　　　　　永夜如日

　이 두 구절도 앞서의 몇 구절과 같이 두 가지 수준, 즉 우리를 포함한 초학자들의 수준과 깨달은 자의 수준을 이야기합니다. 첫 번째 수준에 대해 이야기해 봅시다. 왜냐하면 그것이 우리의 상황과 더 관련이 있으니 말입니다. 존이 저에게 말하기를, 지금까지는 선칠의 하루하루가 다 좋다고 합니다. 어떤 사람은 이런 말을 들으면 부러워할지 모르지만, 사실 존은 자신의 상황에 대해 너무 즐거워하면 안 됩니다. 사실 그가 하루하루를 마치 칠흑 같은 밤중과 다름없다고 생각한다면 더 좋겠지요. 반면에 나날이 캄캄하여 시간 보내기 어렵다고 느끼는 사람들은 하루하루가 빛과 희열로 가득 차 있다고 생각해야 합니다. 만약 고통이 어떻게 희열이 될 수 있을지 회의가 든다면, 고통도 삶의 일부라는 것과 수행은 고통을 관찰하고, 받아들이고, 놓아버릴 수 있는 기회라는 것을 아십시오.

　저는 대만에 좋은 거사 친구가 한 사람 있는데, 우리가 이야기를 나누다가 제가 저의 곤란과 문제를 이야기하면 그는 늘 "문제가 없어. 일체가 좋아"라고 반응합니다. 그는 문제와 골치 아픈 일이 일어나는 것은 우리가 그것들과 자신을 대면하게 할 수 있도록 하기 위해서이고, 그것은 일상 수행의 중요한 부분이라고 믿습니다. 이 사람의 태도는 훌륭합니다. 어떤 일이 일어나도 문제가 안 됩니다. 여러분이 직장에서 해고되었다 해도 문제가 없습니다. 여러분이 사랑하던 어떤 사람이 방금 죽었다 해도 문제가 없습니다.

지난번에 그를 만났을 때 그에게 그 자신의 지혜를 조금 돌려줄 기회가 있었습니다. 그가 유망한 벤처 사업이라고 생각했던 것이 사기로 드러났고, 그의 소위 동업자는 그의 투자금까지 가지고 도망가 버렸습니다. "문제가 없지." 제가 말했습니다.

"문제가 없다고?" 그는 머리를 긁적거리면서 미심쩍은 얼굴로 대답했습니다. "내가 방금 거금을 날렸다니까!"

제가 대답했습니다. "그게 좋지. 자네가 돈이 있으면 늘 그것을 어떻게 지킬까, 어떻게 투자할까 걱정하잖아. 그저 골치만 아파. 이제 아무것도 생각할 게 없어졌고, 그러니 문제도 없는 거지."

대만의 신문들이 한동안 다투어 보도했던 이야기도 하나 있습니다. 돈 많고 유명한 어떤 사람이 젊고 아름다운 아내를 맞이했는데, 결국 그녀는 어느 미국인과 달아났습니다. 언론은 물론 그녀에게 동정하지 않았지요. 다들 그 남편을 동정하면서 그가 슬프고, 분하고, 치욕을 당했다고 생각했습니다. 그러나 그는 전혀 동요하지 않는 것처럼 보였습니다. 친구들이 믿을 수 없다는 듯이 그에게 물었습니다. "어떻게 그렇게 초연할 수 있지?"

그가 대답했습니다. "다른 사람들이 내 아내를 원한다는 것 자체가 그녀가 아주 좋은 여자라는 것을 의미하고, 그것은 바로 내 안목이 좋다는 것을 말해주지."

석 달 뒤에 아내가 그의 곁으로 돌아왔습니다. 언론은 그 사건을 다시 크게 보도했지만 이 사람은 여전히 동요되지 않았고, 성대한 파티를 열어 돌아온 아내를 환영했습니다. 친구들이 또다시 많이 놀라 그에게 어떻게 그렇게 관대할 수 있느냐고 물었습니다. 그는 그들에게 이렇게 말했습니다. "그녀가 내 곁으로 돌아왔다는 것은 내가 좋은 남편이고 그녀가 나를 좋아한다는 것을 말해주지. 그녀는 우리의 관계를 다른 관계와 비교해 볼 수 있는 기회를 가진 다음 나를 선택했으니, 나는 그것이 기쁘다네."

이 남자는 지혜롭습니까 아니면 어리석습니까? 누가 판단할 수 있겠습니까? 그의 속마음을 누가 알겠습니까? 저는 이 사람이 정말 별로 집착하지 않고, 놓아버릴 수 있는 능력을 가졌다고 믿습니다. 이러한 태도는 건강한 것이고 우리의 수행과도 관련이 있습니다. 만일 여러분의 다리 통증이 더 이상 나빠질 수 없는 상태라고 생각되면, 그것을 그런 상태를 경험할 수 있는 절호의 기회로 간주하십시오. 여러분의 능력을 초월한다고 생각되는 일을 체험하는 것은 가치가 있습니다. 심한 통증을 견디는 것은 여러분의 의지, 결의, 자기 규율을 단련시켜 줄 수 있습니다. 통증에 대처하는 방식은 여러 가지지만, 수행의 측면에서는 그것을 받아들인 다음 놓아버리는 법을 배우십시오.

그런 태도는 고통스러운 역경에서 유용하고, 즐거운 순경順境에서도 유용합니다. 따라서 여러분의 수행에서 마치 모든 일이 극히 순조롭게 진행되는 듯이 보인다 해도 기뻐하거나 자만할 까닭이 없습니다. 제 경험에 비추어 말할 수 있지만, 자기에게 행복과 즐거움이 닥쳐왔다 싶은 순간 상황은 변할 것입니다. 또 여러분이 고통을 받아들이고 견디면 결국 그 고통은 사라질 것이고, 서늘하고 상쾌한 느낌만 남을 것입니다. 가장 좋은 것은 새로운 상황 전개에 아랑곳하지 않고 자신의 방법에 집중하는 것입니다. 만약 주의를 다리에 두면서 생각하기를 '야, 이런 경험은 신기하네. 조금 전에는 다리가 참을 수 없이 아프더니 이제는 거의 편안한 느낌이군. 이런 일이 정말 있을 수 있나, 아니면 내 상상인가? 내가 특이한 능력을 가졌나? 아니면 이것은 수행을 잘한 결과인가?' 하고 그 좋은 경험에 집중하면, 이내 방법을 놓쳐 버릴 것이고 아마 통증이 다시 돌아올 것입니다.

여기서 교훈은, 마음이 고통이나 즐거움에 따라 동요되지 않게 하라는 것입니다. 여러분 대다수는 아마 서커스단의 곡예사가 공중의 높은 줄 위에서 공연할 때 감탄하며 지켜본 적이 있을 것입니다. 여러분은 이 사람의 주의력이 어디 있다고 생각합니까? 관중들이 자신의 공연을 좋아할지를 마음속으로 생각할까요? 박수갈채나 야유가 터져 나올 것을 기대할까요? 아니면 그의 마음은 공연에 가 있을까요? 우리는 공중곡예사와 같이, 주위에서 일어나는 일이나 우리가 만날 수 있는 어떤 반응도 전혀 돌아보지 않을 수 있도록 자기를 철저히 훈련하고, 꾸준히 노력하면서 우리의 수행에 몰두해야 합니다.

첫 번째 수준의 이해를 요약하면, 이 구절들은 어려운 상황에서도 낙담하지 말고, 좋은 상황에서도 오도誤導되지 말라고 이야기하고 있습니다. 삶과 마찬가지로 수행은 일직선으로 진행하지 않습니다. 좋은 날도 만나고 좋지 않은 날도 만납니다. 좌선이 잘 될 때도 있고 잘 안 될 때도 있고, 좋은 경험을 할 때도 있고 나쁜 경험을 할 때도 있습니다. 가장 좋은 방법은 마음을 당면 과제에 집중하고 경험들은 오든 가든 내버려 두는 것입니다. 우리는 수행자로서 평형平衡을 유지해야지, 마음이 바깥 경계에 끄달리게 하면 안 됩니다.

"영원한 낮은 밤과 같고, 영원한 밤은 낮과 같네"도 깨달은 상태를 이야기합니다. 깨달은 사람들과 보통 사람들의 행동에는 전혀 차이가 없습니다. 자기가 깨달았다고 생각하여 잘난척하는 사람들은 실은 깨달은 것이 아닙니다. 참으로 깨달은 사람은 깨달음의 체험에 집착하지 않습니다. 왜냐하면 그것은 이미 지나간 일이기 때문입니다. 깨달은 사람에게는 실은 깨달음 같은 것이 없습니다.

그래서 깨달은 사람들은 다소간 보통 사람들같이 행동하며, 많은 사람들 속에서도 아마 돋보이지 않을 것입니다. 그들은 남들이 어떻게 생각하든 신경 쓰지 않기 때문에, 남들의 주목이나 아부를 필요로 하지 않습니다. 동작이 굼뜨고 아둔해 보이는 스님이 대단한 수행자인 경우가 흔하고, 겉보기에 총명하고 지식이 해박해 보이는 사람이 실은 더 많은 수행을 필요로 하는 경우도 흔합니다. 자신의 체험이 어떤 의미가 있는지, 자신이 과연 진보하고 있는지, 남들이나 저에게 여러분이 어떻게 보일지를 생각하면서 시간을 낭비하지 마십시오. 마음을 방법상에 머무르게 하십시오. 그 나머지는 자연히 따라올 것입니다.

9.4 겉보기의 어리석음, 내면의 명징함

겉보기에는 아주 어리석은 것 같으나   外似頑嚚
안으로는 마음이 텅 비고 올곧다네.   內心虛直

앞에서 어떤 스님들은 어리석거나 둔하게 보여도 실은 철저히 깨달은 사람일 수 있다는 이야기를 했습니다. 불교사에는 깨달은 스님들이 그들의 행동이나 외관 때문에 남들로부터 홀대당한 이야기가 많이 나옵니다. 이런 스님들은 종종 절의 작은 규칙들을 허다히 위반하거나 무시하여, 불경스럽게, 무지하게, 심지어는 멍청하게 보이기도 했습니다.

그런 이야기 중 하나는 감산대사憨山大師가 어느 절을 찾았다가 어떤 스님을 만난 이야기입니다. 이 스님은 병이 나서 몸이 흉하게 부풀어 올라 있었고 피부는 누런 병색이었습니다. 그 절의 다른 스님들이 모두 그를 피했으므로 이 병든 스님은 대부분의 시간을 혼자서 보내고 있었는데, 그래도 절에 있을 수 있는 것을 고마워했습니다. 그가 소임을 달라고 하자 대중은 그에게 화장실 청소를 맡겼습니다.

감산 스님이 화장실이 티 없이 깨끗한 것을 보고 깊은 인상을 받아 알아보니, 다른 사람이 병든 스님을 찾아가 보라고 했습니다. 병든 스님은 감산 스님에게 자신이 매일 밤 화장실을 청소하는 것은 달리 잘 곳이 없기 때문이라고 말했습니다. 청소가 끝나면 그는 선당에서 새벽 예불 때까지 좌선을 하곤 했습니다. 감산 스님은 그 이야기를 듣고 나서 이 스님에게 큰 존경심을 느꼈습니다.

감산 스님 자신도 좌선할 때 몇 가지 해결하지 못한 문제가 있었는데, 이 스님에게 뭔가 깊이 감추어 드러내지 않는 것이 있을 거라고 생각하고 그에게 조언을 청했습니다. 감산 스님의 직감이 맞았습니다. 왜냐하면 이 병든 스님이 그의 좌선 문제에 대해 아주 유용한 조언을 해 주었기 때문입니다.

우리는 이 이야기에서 몇 가지 시사점을 얻을 수 있습니다. 이 스님은 자신의 체험과 경지를 선전할 필요를 느끼지 않았고, 다른 스님들이 그를 어떻게 대우해도 마음이 전혀 움직이지 않았습니다. 바꾸어 말해서 그는 자만이나 자기연민에 빠지지 않았다는 것입니다. 여러분이 그와 비슷한 상황에 처해 있었다면 어떤 영향을 받았겠습니까? 심후한 수행 체험에 대해 자부심을 느끼지 않았을까요? 다른 사람들이 부단히 경멸하고 괴롭힐 때 여러분은 어떻게 반응했겠습니까? 더 나아가 다른 사람들이 여러분을 무시하고 따돌리면 어떤 심정이겠습니까? 이 스님처럼 꿋꿋하고 평온할 수 있겠습니까?

보통 깨달음이 깊은 사람일수록 많은 사람들 속에서 눈에 덜 띕니다. 한번은 어떤 사람이 먼 길을 걸어서 허운虛雲 노스님의 처소로 이 당대의 대선사를 만나기 위해 찾아왔습니다. 이 사람은 한 노스님이 밭에서 거름을 주고 있는 것을 보고 그에게 자기가 가는 길이 맞는지, 얼마나 더 가야 허운 노스님의 절에 당도하는지 물었습니다. 밭에 있던 스님은 그 나그네에게 왜 허운 스님을 찾아가려고 하느냐고 물었습니다. 나그네는 짜증이 났습니다. 이런 평범한 스님의 귀찮은 질문에 대답하고 싶지 않았던 것입니다. 그러나 여러분이 벌써 짐작했겠지만, 이 거름을 주던 스님이 바로 허운 스님이었습니다.

저의 스승이신 영원靈源 노스님도 겉보기에는 위대하고 경외스러운 스님 같지 않았습니다. 저 자신은 젊었을 때보다 지금 더 존경을 받습니다. 어떤 사람들은 그것이 저의 성격과 선사로서의 명성 때문이라고 말할지 모르지만, 저는 그것이 제가 늙어 보이고 머리가 세어가고 있기 때문이 아닌가 생각합니다.

「심명」의 이 두 구절은 이미 깨달은 사람의 겉모습에 대해 이야기하지만, 여러분은 깨닫기를 기다려 그런 태도를 배양하려고 들지 말기 바랍니다. 감산 스님 이야기에 나오는 병든 스님의 태도를 가질 수 있으면 번뇌가 훨씬 적을 것입니다. 허세는 많은 문제를 가져옵니다. 만일 자기가 하는 일이 옳다고 믿으면, 남들이 찬동하든 않든 혹은 여러분이 바보처럼 보이든 않든 염려하지 마십시오. 또 남들에게 잘 보이려고 하거나 남들보다 앞서려고 시간과 기력을 낭비하지 마십시오.

여러분은 화장실 청소 소임을 맡으라고 하면 품위에 어울리지 않는다고 생각하겠습니까? 어떤 상황에서는 남이 여러분에게 이래라 저래라 하도록 할 수 있겠습니까? 이런 것조차 못한다면 여러분이 수행에서 배우는 것은 많지 않을 것입니다. 주위에서 일어나는 모든 것을 명료히 자각한다면, 설사 남들이 여러분을 어리석거나 속여 먹기 쉬운 사람으로 본다 해도 아무 상관없습니다. 마음속으로는 자신이 그렇지 않다는 것을 아니까 말입니다. 그런 태도는 다른 사람들을 변화시킬 수도 있습니다. 그들이 결국 여러분이 바보가 아니라는 것을 알게 된다면 말입니다. 여러분의 평범한 겉모습이 그들로 하여금 더 정직하고 덜 잘난체하는 사람이 되게 할 것입니다.

   어떤 제자가 저에게 말하기를, 자기는 제 법문을 들을 때는 또렷하고 예리한데, 일을 하고 있을 때는 둔하고 무슨 일에서나 남들보다 한 박자 늦다고 했습니다. 그러고 나서 하는 말이, "스님, 스님께서도 종종 그렇게 보이십니다. 제가 일찍이 스님을 알지 못했더라면 스님을 어리석다고 생각했을 것입니다."

   저는 그런 평가의 말을 들으리라고 생각하지 못했기 때문에 이렇게 대답했습니다. "큰 지혜를 가진 사람은 어리석게 보입니다[大智若愚]." 그러나 이렇게 덧붙였습니다. "저는 큰 지혜가 없기 때문에 아마 당신 말이 옳겠지요. 어쩌면 저는 그냥 바보인지도 모릅니다." 다년간 수행을 하고 난 뒤로 저는 다른 사람들이 말하는 것이나 행동하는 것에 대해 가면 갈수록 과도하게 반응하지 않게 되었습니다. 그렇지 않으면 이 사람의 말이 사람을 모욕한다고 느꼈을 수도 있겠지요. 사실 저는 가끔 동작이 느립니다. 그것은 제가 저의 결정과 동작을 잘 자각하고 있기 때문이라고 말할 수도 있겠지만, 실은 어떻게 해야 할지 모를 때도 있습니다. 한번은 제자 두 명이 바로 제 앞에서 다투고 있었습니다. 만일 사원의 규칙대로 했다면 그들에게 떠나 달라고 했을 것입니다. 그러나 저는 그냥 눈을 감고 거기 앉아서 아무것도 하지 않다가 떠났습니다.

   앞서 제가 가끔 어리석게 보인다고 말했던 그 사람이 이 장면을 목격했는데, 복도에서 저를 따라와 이렇게 물었습니다. "스님께서는 그들의 스승이십니다. 이 일에 대해 어떻게 하실 겁니까?"

   제가 말했습니다. "모르겠는데요." 결국에는 그들이 다툼을 그치고 진정된 후에야 제가 그들을 각기 찾아내 이야기를 했습니다. 그들이 싸우는 도중에는 타일러 보려고 해도 아무 성과가 없었을 것입니다. 그들이 진정되어 이성을 회복한 뒤에 그들을 다시 찾아서 이야기함으로써,

그들이 수치심이나 저항감을 느끼게 하지 않을 수 있었지요. 그리고 그들이 한결 분명하게 이해했기 때문에 문제도 쉽게 해결되었습니다. 제가 어리석었는지 지혜로웠는지는 모르겠으나, 그것은 적절한 방편이었던 것 같습니다.

지난번에 한 법문에서 제가 여러분에게, 만약 선 센터에 불이 나면 어떻게 하겠느냐고 물었습니다. 이어서 저는, 진정한 선禪 정신을 가진 수행자라면 불에 타서 새가 되는 위험을 무릅쓰고라도 계속 방법상에 머물러 있을 거라고 말했습니다. 이것은 단지 저의 관점을 강조하기 위해 과장해서 말한 것이고, 여러분에게 외부의 어떤 방해 요인도 아랑곳하지 말라고 격려한 것이었다는 점을 이해하기 바랍니다. 다른 한편 여러분은 어떤 상황에서 어떻게 해야 할지를 아는 충분한 센스가 있어야 합니다. 만일 불이 걷잡을 수 없는 정도라는 것이 분명하다면 여러분은 어떻게 하겠습니까? 계속 좌선만 하면서 마음속으로 '선 센터의 호법신장[龍天護法]들이 우리를 보우해 주실 것이다'라고 생각한다면, 저는 여러분이 진짜 바보라고 말할 수도 있습니다. 임기응변의 방편을 쓸 줄 알아야 합니다. 나중에 만일 제가 여러분에게 고함을 치면서 여러분이 경계에 동요되었다고 질책하면, 그냥 그것을 받아들이십시오. 여러분의 마음속으로는 자신의 당시 마음 상태가 명료했고, 현명한 조치를 취했다는 것을 압니다. 제가 여러분을 어떻게 보았든 그것은 중요하지 않습니다.

일상생활 속에서는 다른 사람들의 견해에 대해 그다지 민감하지 않도록 자신을 훈련해야 합니다. 깨달은 이들과 같이, 겉으로 어리석게 보이는 것을 두려워하지 마십시오. 자신이 당황해 하거나 과민하다는 것을 느낄 때는, 왜 자신이 '겉보기의 어리석음과 내면의 명징함'을 계발하지 않았는지 반성하십시오. 이것은 대다수 사람들에게 쉬운 일이 아니고, 불교도라 해도 마찬가지입니다. 더욱이 우리는 깨달은 자가 아닙니다. 그래서 언제 어느 때나 이렇게 행동하리라고 기대할 수는 없습니다. 그러나 이것은 분명 계발할 가치가 있는 태도이고, 저는 여러분이 이런 태도를 일상생활 속에 가져가기를 권합니다.

9.5 수행을 진주에 실을 꿰는 것으로 생각하라

경계를 대하여 움직이지 않는 사람이	對境不動
강하고 큰 사람이라네.	有力大人

세 가지 현상에—여러분과 아무 관계없는 현상, 무작위로 발생하는 현상, 여러분이 적극적으로 추구하는 현상에—동요되지 않는 사람은 강하고 큰 사람이라는 것입니다. 여러분이 능동적, 의도적으로 관여하는 현상의 한 예는 바로 다리 통증입니다. 다리 통증은 신체적 현상이지만, 그 통증으로 인해 일어나는 생각들은 분별심과 자아중심의 산물입니다. 통증은 통증이지만, 그 통증을 경험하는 마음은 차분함을 유지하거나 아니면 번뇌를 일으킵니다.

환경의 영향을 받지 않기는 어렵습니다. 오늘, 바깥 경계에 의해 동요되지 않고 좌선을 하고, 요가 운동을 하고, 식사를 하고, 일을 하고, 절을 하고, 경행을 하고, 법문을 듣고, 조석 예불을 하고, 나아가 휴식을 할 수 있었던 사람이 있습니까? 하루가 끝나면 자신이 이따금 방법에서 벗어나 있었거나 종종 마음을 챙기지 못했다는 것을 깨닫고 부끄러움을 느끼지 마십시오. 수행은 바로 자신이 과거와 미래의 생각에 빠져 있었다는 것을 포착하는 것이고, 자기를 방법상으로, 혹은 당면한 일로 데려가는 것입니다.

모든 상황이 수행의 기회입니다. 예를 들어 시계의 똑딱거리는 소리가 여러분을 방해합니까, 아니면 그것을 수행에 도움이 되도록 이용합니까? 대다수 사람들에게는 일정하고 리드미컬한 시계 소리가 방해 요인이 아닌데, 그것은 좋습니다. 그러나 한 무리의 건설 인부들이 바깥의 인도를 파헤치는 것은 어떻습니까? 선 센터가 길 건너편에 있을 때 실제로 그런 적이 있었습니다. 그때는 유난히 덥고 후덥지근한 여름에 선칠을 하게 되었는데, 당시의 선 센터는 지금처럼 편안하지 않았습니다. 통풍이라고는 열린 창문과 시끄러운 선풍기를 통해 조금 들어오는 것이 고작이었습니다. 그 7일 동안 우리는 착암기, 유압식 기계 등의 소리, 인부들이 잡담하고, 왁자지껄 떠들고, 웃고, 욕하고, 이야기하는 소리에 포위되어 있었습니다. 인부 두 명은 매일 바로 우리 창문 밑에서 점심을 먹었는데, 그들의 대화를 우리가 다 들었습니다. 그건 정말 견디기 힘든 일이었지요. 여러분 가운데 그런 소리를 다 들으면서 동요되지 않을 수 있는 사람이 몇 명이나 되겠습니까? 여러분이라면 그런 소란스러운 상태를 수행에 도움 되도록 이용할 수 있겠습니까?

여러분 중의 한 분은 마음과 기氣를 장악하여 외부 방해 요인에 대처하겠다고 말하는데, 그것은 효과가 없습니다. 마음을 장악하면 마음을 다칠 수 있고, 기를 장악하면 그것이 막힐 수 있습니다. 여러분이 해야 할 일은 방법을 장악하는 것입니다. 참으로 오롯이 집중하면 어떤 외부 현상에도 방해받지 않을 것입니다. 그것이 아무리 혼란스러운 것이라 해도 말입니다.

여러분이 좌선할 때, 제가 여러분의 뒤에서 움직이고 있는 것을 아는 사람은 얼마나 됩니까? 만일 제가 움직이는 것을 알아차리는 바람에 생각이 일어난다면 그것은 여러분의 마음이 산란하다는 것입니다. 저를 알아차려도 계속 동요가 없다면, 여러분의 마음은 아주 집중된 것은 아니라도 상당히 집중되어 있는 것입니다. 저의 존재를 아예 알아차리지 못한다면 그것은 더 깊은 수준의 집중입니다. 여러분 가운데 한 분은 가끔 저의 움직임을 알아차리지 못한다고 했습니다. 이상하지요, 저의 움직임을 알아차리지 못했다면 제가 거기 있었다는 것은 어떻게 확인할 수 있습니까?

선칠의 처음 며칠간은 선중禪衆이 보통 움직임, 소리, 통증 등에 쉽게 동요됩니다. 선칠이 계속되면서 여러분의 집중력은 더 강해지고 더 깊어질 것입니다. 처음에 여러분을 방해하던 것들을 나중에는 알아차리기는 하지만 방해 받지는 않게 됩니다. 저는 이것을 중간 정도의 집중 상태라고 부르겠습니다. 그러나 깊은 집중 혹은 삼매三昧에서는 수행자가 외부 현상을 알아차리거나 인식하지도 못할 것입니다.

수행을 진주들에 실을 꿰는 것으로 생각하십시오. 하나하나의 진주는 방법에 대한 여러분의 주의를 가리킵니다. 집중이 깊어질수록 각 진주 간의 틈새는—즉, 여러분의 마음이 한가하거나 방법상에 있지 않은 시간은—갈수록 작아지다가 마침내 사라질 것입니다. 주의력에 더 이상 어떤 틈새도 없을 때는 여러분이 경계에 의해 동요되지 않을 것입니다.

물론 제가 여기서 말하는 부동심은 깨달은 자의 부동심과는 다릅니다. 이 구절들도 앞에 나온 구절들과 마찬가지로 두 가지 수준에서 해석될 수 있습니다. 일반 수행자의 수준과 깨달은 자의 수준이 그것입니다. 저는 여러분이 어떤 하나에 완전히 몰두해 있을 때는 주위에서 일어나는 일들을 전혀 알지 못할 거라고 확신합니다. 반드시 좌선을 연습하지 않아도 이런 것을 체험할 수 있습니다. 사람들이 독서, 글쓰기, 공부하기, 일하기 혹은 공연 관람에 몰입되어 있을 때는 워낙 집중해 있어 자신의 주변 환경마저 자각하지 못합니다. 이것은 깨닫지 못한 마음이 경계에 동요되지 않는 사례들입니다.

저는 어느 영화를 본 기억이 나는데, 영화 속의 한 아이는 한창 어떤 옥외 공연을 구경하고 있었습니다. 그 소년은 관중권 바깥에 있었는데, 온기를 얻기 위해 작은 모닥불을 피웠습니다. 그런데 공연에 너무 몰두하여 불을 깜빡 잊었고, 결국 불길이 번지기 시작하여 아이가 입고 있던 옷의 등판이 눌었습니다. 그래도 여전히 공연에 빠져 무슨 일이 일어나는지 몰랐습니다. 아이도 뭔가가 마음에 들지 않는다는 것은 알고 있었지요. 왜냐하면 방해 요인을 쫓아버리려고 가끔씩 손을 휘저었으니까 말입니다. 그러나 공연에 대한 집중력을 종내 잃지 않았습니다. 옷에 불이 붙었는데도 알아차리지 못하다가, 마침내 누군가가 그에게 찬물 한 통을 퍼붓자 그 집중이 비로소 깨졌습니다. 만일 여러분이 그 소년과 같은 정도의 집중에 이를 수 있다면, 상당히 깊은 수준의 집중에 도달한 것입니다.

두 번째 해석은 모든 집착을 놓아 버린 깨달은 자들을 묘사합니다. 자아중심이나 집착심이 전혀 없으면 동요될 마음도 없습니다. 그러나 깨달은 자들은 주위에서 일어나는 모든 일을 아주 명료히 자각합니다. 『금강경』에서 말하듯이 "마음이 어디에도 머무르는 바가 없어야 한다"는 것입니다. 『금강경』에서 말하는 마음은 자아중심적인 번뇌심이 아니라 지혜심입니다. 객관적 환경은 존재하지만 더 이상 거기에 집착하는 자아가 없습니다.

깨달음의 부동심은 방해 요인에 의해 동요되지 않는 보통의 (집중된) 마음과는 다릅니다. 사실 방법에 전적으로 집중되어 있는 마음은 경계에 속박됩니다. 그러나 이 경우 그 경계는 방법입니다. 마음은 방법에 집중되어 있고 방법상에서 열심히 노력하고 있지만, 그것은 여전히 분별심이고 자아중심적 마음입니다. 그래서 움직이는 마음은 분별적인 마음이고, 분별이 있는 한 번뇌가 있습니다. 만약 분별과 번뇌가 아직 존재한다면 자아도 아직 존재합니다. 깨달은 자들은 자아에 대한 집착이 없고, 비록 환경이 객관적으로는 여전히 그들에게 존재하지만 그들은 그것을 그렇게 인식하지 않습니다. 왜냐하면 거기에 아무 집착이 없기 때문입니다.

"경계를 대하여 움직이지 않는 사람이 강하고 큰 사람이다"가 가리키는 것은 유명한 지도자, 운동선수 혹은 가라데 고수가 아니라 자아중심이 없는 사람들을 가리킵니다. 그들이야말로 참으로 강하고 힘이 있습니다. 왜냐하면 그들은 어떤 것이나 어떤 사람에 의해서도 동요되지 않기 때문입니다. 자아중심적인 사람들은 여전히 다른 사람들에 의해 해를 입거나 영향을 받을 수 있지만, 자아중심이 없는 깨달은 자들은 그럴 수가 없습니다. 그런 '힘'과 '큼(위대함)'은 더러 깨닫지 못한 사람들 가운데서도 볼 수 있는데, 예를 들어 남들의 이익을 위해 노력하는 사람들은 자신만의 이익을 위해 노력하는 사람들보다 더 용감한 경우가 많습니다. 그들의 언행도 대개 더 고귀합니다. 오로지 자기 이익만 염두에 두고 행동하는 사람들은—설사 그것이 깨달음을 위한 것이라 하더라도—'힘'과 '큼'이 없습니다. 그래서 보살의 첫 번째 서원도 "중생무변서원도"인 것입니다.

우리가 보살도를 가는 동안은 여전히 범부이고 번뇌, 집착, 자아로 가득 차 있습니다. 중생을 돕고 싶다는 생각이 아직 있고, 자기가 좋은 일을 한 것을 보면 여전히 어떤 만족감이 있습니다. 그것이 좋기는 하지만 깨달음은 아닙니다. 『금강경』에서도 말하듯이, 대오大悟한 사람들도 여전히 계속해서 남들을 돕지만, 더 이상은 돕고 있는 어떤 '나'가 없고, 더 이상은 도움이 필요한 중생도 없습니다.

제10차 선칠

사람도 없고 봄도 없다

10.1 볼 남도 없고, 보는 자기도 없다

사람도 없고 봄도 없네. 無人無見
봄이 없으되 항상적인 나타남이 있고 無見常現

"사람도 없고 봄도 없다"는 것은 『금강경』에서 "나라는 생각도 없고 남이라는 생각도 없다(無我相無人相)"고 하는 구절을 연상시킵니다. '사람도 없고(無人)'는 객관적인 현실이 없다는 것이고, '봄도 없다(無見)'는 것은 자기의 봄[自見] 혹은 주관적 현실이 없다는 것을 말합니다. "봄이 없으되 항상된 나타남이 있고"는 비록 자기[주관]도 없고 남[객관]도 없지만, 모든 것이 있는 그대로 드러나고 명료히 인식된다는 것을 뜻합니다. 방법상에서 노력하는 '여러분'이 없고 사용할 방법도 없을 때, 여러분은 이미 그 방법과 하나가 된 것입니다. '여러분'도 없고 방법도 없지만, 여러분은 여전히 시시각각 열심히 노력합니다.

선칠을 하는 사람들은 장시간 집중적으로 마음을 닦습니다. 대다수 사람들에게는 집에서 하루에 한두 시간 좌선하는 것으로는 하나의 방법에 깊이 들어갈 만한 충분한 동력이 생기지 않습니다. 우리가 앉고 또 앉기를 계속하면 경계와 우리의 마음이 갈수록 작아져서, 마침내 볼 남도 없고 남을 보는 자기도 없는 상태에 이릅니다.

저는 선칠을 하는 분들 중 일부가 전화를 하거나 가족들이 오기를 기다려 소식을 주고받는다는 것을 압니다. 선칠을 해 본 사람들은 이것이 허용되지 않는다는 것을 압니다. 그 이유는 분명한데, 만일 우리가 7일 동안도 외부 환경과의 접촉에서 자기를 단절시킬 수 없다면, 어떻게 자기 마음과 경계를 더 작게 만들 수 있겠습니까?

선칠에서 성공하기 위한 첫째 조건은 자기를 선당 바깥의 것에 대한 일체의 생각들로부터 격리시키는 것입니다. 둘째 조건은 선당 안에서 일어나는 일에 대한 일체의 생각을 놓아버리는 것입니다. 어떤 사람의 하품이 여러분의 하품을 유발한다면 그것은 여러분이 아직 경계에서 벗어나지 못했음을 말해줍니다. 자신은 주위에 앉아 있는 사람들과 아무 관계가 없다는 것을 기억하도록 자기를 훈련하십시오. 그들은 그들이고 여러분은 여러분입니다. 제가 강설하면서 보니 어떤 분이 졸고 있는데, 여러분은 어떻게 생각합니까? 그녀가 지겹거나 졸려서입니까, 아니면 자신의 방법상에 명료히 몰입하고 있어서 제가 그녀와 아무 상관이 없다는 것을 알기 때문입니까? 오늘은 선칠 첫날이니까 저는 전자의 이유로 추측합니다.

셋째 조건은 자기 자신에 대한 모든 생각을 놓아 버리는 것입니다. 통증을 느끼면 자신에게 말하십시오. "나는 좌선을 하고 있다. 이런 통증은 나와 무관하다." 아니면 혼침이 오는 이 수행자는 자신에게 이렇게 말할 수 있습니다. "몸은 혼침이 올 수 있지만 그것은 나와 무관하다. 나는 수행을 계속하겠다."

망념에 대해서도 마찬가지입니다. 일단 자기가 망념의 그물에 빠졌다는 것을 깨달으면 그저 방법상으로 돌아가십시오. 망념은 여러분이 아니고, 방금 망념을 일으켰던 그 사람도 더 이상 여러분이 아니며, 이미 과거의 일부입니다. 현재의 순간에 여러분의 방법상에서 노력하십시오. 제가 하는 말이 유용하면 받아들이되 그에 집착하지는 마십시오. 마찬가지로, 다음 순간에 무슨 일이 일어날지를 상상하지 마십시오. 금방 경험하게 될 테니 말입니다.

이런 방식으로 자기를 고립시킬 수 있으면―우선 외부 환경으로부터 고립시키고, 그런 다음 주위 사람들로부터, 그런 다음 자신의 몸과 망념들로부터, 마지막으로 과거와 미래로부터 고립시키면―여러분, 방법, 그리고 경계가 사라질 것입니다. 이것이 이상理想입니다. 수행자들이 자신은 이미 그런 수준의 몰입에 도달했다고 주장할 때 통상 그것은 다른 원인에서입니다. 예컨대 기력을 너무 소모한 나머지 지쳐서 혼침에 떨어집니다. 깨달음의 체험을 했다고 주장하는 많은 사람들은 단지 너무 피로한 나머지 어떤 공백 상태로 되었을 뿐입니다. 분명히 이것은 「심명」에서 말하는 상태가 아닙니다. 만약 그런 상태라면 여러분 중 많은 사람이 이미 깨달았겠지요.

"봄이 없으되 항상적인 나타남이 있다"는 것도 깨달은 마음을 가리킵니다. 깨달은 자에게는 모든 현상이 여전히 존재하면서 움직이고 있지만, 그것들과 상호작용 하는 자아가 없습니다. 이러한 상태가 곧 지혜입니다. 몸의 움직임을 포함한 현상들과 그 움직임에 대한 완전한 자각이 있지만, 그것들에 집착하는 자아는 없습니다. 만일 여러분이 환경에 동요되지 않는 상태의 맛을 보게 되면 자유자재함을 느낄 것입니다. 앞생각과 뒷생각이 서로 아무 관계가 없는 지점에 도달하면 더욱 자유로움을 느끼게 됩니다.

이것은 도달하기 쉽지 않습니다. 보통 사람들은 생각, 느낌, 감정, 과거와 미래, 주위 사람들 그리고 일상세계에 의해 동요됩니다. 우리는 또한 몸의 감각에 의해 동요됩니다. 몸이 욱신거리거나 병이 나거나 피로하면 정신을 집중하여 좌선하기 어렵습니다. 선칠에 참가하면 필요한 시간과 노력을 투입하여 그런 관계들로부터 우리 자신을 고립시키기가 쉽습니다.

오늘은 선칠의 첫날이니 자기를 외부 세계로부터 고립시키는 것부터 시작하고, 여러분이 막 지나 보낸 하루에 관한 모든 생각을 놓아 버리십시오. 앞으로 7일간 여러분의 세계는 바로 현재 순간입니다. 일체의 주의력을 현재 순간에 쏟으십시오.

10.2 수행은 자아에서 시작된다

일체를 훤히 통달하여	通達一切
도처에 편재하지 않은 적이 없네.	未嘗不遍

보이는 객체도 없고 객체를 보는 자아도 없지만 아주 명료하고 부단히 이어지는 자각이 있을 때, 이것이 바로 "일체를 훤히 통달함"입니다. 즉, 시공계의 모든 현상이 완전히 이해됩니다. 그러한 무한한 자각은 크기를 파악하기가 어렵습니다. 시방삼세十方三世에 존재하는 모든 것을 아는 것과 비교하면 초능력자의 능력은 하잘것없습니다. 참으로 지혜로운 철학자인 왕이 있어 모든 사람의 삶을 바꾸어 놓을 수 있다 할지라도, 그의 능력은 여전히 지구상에 국한될 것입니다. 더 이상 자아가 없을 때에만 무한한 이해를 얻을 수 있습니다.

수행의 한 목표는 자아와 환경의 중요성을 감소시키는 것입니다. 자아가 작을수록 장애도 작습니다. 반대로, 자아가 클수록 장애도 큽니다. 우리는 이런 상황을 늘 봅니다. 우리는 천진난만한 아이들과, 적은 것에도 만족하는 사람들의 단순함을 부러워하면서도 권력, 돈, 지위와 명예를 추구합니다. 물질적인 부와 권력이 가져다줄 책임과 문제를 잘 알면서도 그렇게 합니다.

우리는 진보하고 있을 때 자신을 점검하여 자아가 부풀지 않게 해야 합니다. 자부심이 생기거나 흥분이 됩니까? 만일 여러분이 새롭게 얻은 견해를 자신의 이익을 얻는 데만 사용하면 그 힘은 한계가 있을 것입니다. 따라서 이렇게 자문해 보십시오. "나의 동기는 이기적인가 아니면 이타적인가?"

진정한 선 수행자들은 다른 중생들을 위해서 수행합니다. 이것이 바로 '보리심을 일으킨다(發菩提心)'는 말의 의미입니다. 이런 태도는 더 나아지려고 애쓰고 강한 자아감을 발전시키려고 노력하는 것과는 서로 모순되는 것처럼 보일 수도 있습니다. 사람들은 도처에서 능력을 키우고, 자존감과 자신감을 건립하는 이야기를 합니다. 서점에는 자기계발 서적들이 즐비하고, 사람들은 테이프를 듣고, 강연을 듣고, 워크숍에 참석하는 등 여러 가지를 합니다. 그 논리는 합리적입니다. 즉, 자기 자신조차 도울 수 없다면—만일 자신이 나약하고, 산만하고, 불안하고, 무력하고, 정신이 이상하다면—어떻게 남들을 도울 수 있겠느냐는 것입니다.

수행의 목표 중 하나가 자아의 영향을 감소시키는 것이기는 하나, 그렇게 하기로 결심하는 것도 역시 자아입니다. 우리는 늘 자아중심적인 자아의 관점에서 출발합니다. 초학자들을 가르칠 때 저는 산만한 소아小我에서 집중된 소아로, 다시 우주적인 대아大我로, 마지막에는 무아로 나아가야 한다는 이야기를 합니다. 무아로 나아가는 과정에서 자아를 강화하고 공고히 해야 한다는 데 주목하십시오. 수행에서 얻는 부수적 이익은 우리가 실로 더 안전해지고, 더 명료해지고, 더 자신감을 갖게 된다는 것입니다.

대승적 방식은 자아의 입장에서 출발하여, 중생의 이익을 위하는 무아를 향해 나아갑니다. 그래서 사홍서원의 첫째 서원이 남들을 돕고자 하는 '중생무변서원도'이고, 마지막 서원이 완전한 깨달음을 얻고자 하는 '불도무상서원성'인 것입니다. 따라서 우리는 늘 중생을 자기 행위와 동기의 앞에 놓아야 합니다. 우리의 시간과 기력을 남들을 위해 바칠 때는 흔히 우리 자신의 번뇌도 줄어듭니다.

회의적인 사람들은 자신이 불과 몇 사람도 돕기 어려운데 하물며 일체중생을 어떻게 제도할 수 있겠느냐고 생각할지 모르지만, 아무튼 어디서부턴가는 시작해야 합니다. 완벽해질 때까지 기다려서 남들을 도울 필요는 없습니다. 비유하자면 한 무리의 아이들이 높을 벽을 넘고 싶어 하지만 어느 아이도 넘지 못할 때, 그 중의 한 명이 땅바닥에 손을 짚고 엎드리면 다른 아이들이 그의 등을 밟고 벽을 넘을 수 있습니다. 여러분은 그 땅바닥에 엎드린 사람이 되는 것을 선택할 수 있습니다. 남을 돕기 위해 초인적인 지성이나 기술 혹은 힘이 필요한 것이 아닙니다. 마음만 내면 됩니다.

여러분은 기꺼이 다른 사람들을 위한 받침대가 되겠습니까, 아니면 그렇게 하면 여러분의 자존심과 자아가 많이 상하겠습니까? 어쩌면 여러분은 다른 사람이 땅바닥에 엎드려서 여러분이 벽을 넘도록 해 주기를 바랄지도 모릅니다. 만약 그렇다면 우리는 첫 번째 서원을 "중생이 나를 도와주기를 서원합니다"라고 바꾸어야 할 것입니다. 이러한 태도로는 결코 무아를 체험하지 못할 것입니다. 그와 같은 수행에서 얼마간의 힘을 얻을지는 모르지만 그것은 한계가 있을 것입니다. 또한 여러분의 번뇌가 줄어들지 않을 뿐만 아니라 오히려 더 큰 장애와 번뇌가 생겨날 것임을 제가 보증할 수 있습니다. 여러분은 다른 사람을 윽박질러 여러분이 벽을 넘을 수 있도록 하고 싶습니까? 만약 그렇다면 그것은 남들을 이용하여 자신의 목표를 달성하는 것인데, 하늘의 별까지 도달하는 것에 비하면 벽이 무엇입니까? 사실 알고 보면, 자기만을 위하는 사람들의 식견은 보통 그들의 능력과 마찬가지로 한계가 있습니다.

더 이상 중심을 자기에게 두지 않을 때 모든 일이 더 순조롭고 쉬워질 것입니다. 궁극적으로 무아의 단계에 도달하면 어떤 장애도 없고, 여러분이 할 수 있는 일에도 아무 한계가 없습니다. 자아가 없으면 반드시 어느 곳에 머무를 필요가 없습니다. 따라서 여러분이 동시에 모든 곳에 존재합니다. 그것이 바로 무한한 자유입니다.

처음에는 방 안에 갇힌 채 창문이 모두 닫혀 버린 것과 같습니다. 수행은 창문을 열어 더 많은 빛이 들어오게 하기 시작하는 것입니다. 그러나 아직은 시야가 제한되어 있습니다. 나중에는 여러분이 밖으로 나오게 되고, 새로 발견한 시야의 광대함에 놀라게 됩니다. 하지만 여전히 위쪽이나 바깥을 볼 수 있을 뿐입니다. 왜냐하면 아직 지구가 여러분의 시야를 가리기 때문입니다. 계속 수행해 나가면 지구를 초월하게 되고, 마치 우주인처럼 걸림 없는 시야를 얻습니다. 다만 이때도 시야는 아직 한계가 있는데, 그것은 여러분이 여전히 한 사람이기 때문입니다. 스스로 자아라고 믿는 것에 아직 한정되어 있을 때는, 여러분이 할 수 있고 볼 수 있는 것에 한계가 있습니다. 궁극적으로 자아를 넘어서야 합니다.

그래서 우리는 소아에서부터 시작합니다. 즉, 특정한 장소에 앉아 수행방법을 가지고 노력합니다. 결국에는 마음과 방법이 갈수록 작아져서 마침내 사라집니다. 오늘 소참 때 어떤 분은 자신이 이미 그런 몰입의 경계에 도달했다고 생각했습니다. 몇 시간 동안 앉아서 열심히 노력하고 나자 기력이 소진되어 아무것도 느끼지 못하게 된 것입니다. 혹은 그가 공백 상태라고 표현한 것을 느낀 것입니다. 저는 그에게, 그것은 마음과 방법이 사라진 것이 아니라고 말했습니다. 그의 경험에 관해서는 '흑산귀굴黑山鬼窟에 앉아 있다'고 표현하는 편이 낫습니다. 공백 상태는 잠이나 무의식의 상태와 비슷합니다. 그렇게 해서 깨달음을 체험할 수 있다면 제 일이 한결 수월하겠지요. 여러분의 뒤를 걸어 다니면서 큰 몽둥이로 한 사람씩 때려 의식을 잃게만 하면 될 테니 말입니다.

부처님은 큰 깨달음을 얻고 나자 갠지스 강의 모래알같이 많은 세계들을 보셨고, 시작 없는 과거부터 끝없는 미래까지 일체 중생의 모든 일을 꿰뚫어 아셨다고 합니다. 그것은 우리가 무아를 체험하면 그런 전지전능한 통찰력을 얻게 된다는 말은 결코 아닙니다. 무아를 체험한다고 해서 반드시 부처가 되는 것은 아닙니다. 우리가 무아의 원리를 깨달을 수는 있겠지만, 우리는 부처님과 달리 무수한 생을 수행하면서 공덕을 쌓지는 못했습니다.

최근 대만의 어느 라디오 방송국에서 저를 찾아왔습니다. 그들은 저에게 불교에 관해서 묻지 않고 애정, 결혼, 가정, 자녀, 부모 등에 관한 질문을 했습니다. 질문자는 저의 답변에 흡족해 했습니다. 그런 답변에 좀 놀라기는 했지만 말입니다. 그는 이렇게 말했습니다. "스님, 궁금한 게 있습니다. 스님께서는 오래 전에 출가하여 스님이 되셨는데 어떻게 결혼, 애정관계, 가정에 관해 그렇게 많이 아십니까?"

제가 대답했지요. 저의 답변은 일체 사물의 근저를 이루는 그런 원리들에 대한 경험과 지식에 근거한 것이라고 말입니다. 제가 원리라고 하는 것은 모든 사람, 모든 일, 모든 법의 바탕인 진리와 실상을 가리킵니다. 비록 저에게 애정이나 결혼에 관한 개인적 경험은 없다 하더라도 모든 관계, 모든 현상의 저변을 이루는 원리들은 동일합니다.

사람도 없고 봄도 없는[無人無見] 경계에 도달하면, 어떻게 원리에 대한 자신의 경험에 기초하여 상황들에 대처할 수 있는지 알게 될 것입니다. 사람들이 힘들어하고 혼란스러워 하는 것은 자신의 유한한 자아중심적 관점에 의지하기 때문이고, 그들의 자아가 얻고 잃음에 집착하기 때문입니다. 얻을 것도 잃을 것도 없을 때는 사정이 훨씬 간단해집니다.

여러분이 부자라고 할 때, 자신의 부와 자신이 사랑하는 사람 사이에서 선택을 해야 한다고 상상해 보십시오. 보통 사람이든 대단한 권력을 지닌 사람이든, 곤경은 마찬가지일 것이고 모두 그로 인해 고통 받을 것입니다. 그러나 만일 그 가운데 자아가 관련되지 않는다면, 어느 하나나 둘 다를 잃는다 해도 번뇌는 없을 것입니다. 얻고 잃음에 집착하지 않기 때문에, 그저 인연에 따라 반응하게 될 것입니다.

그러나 이 예는 우리 중의 누구도 지금 직면해야 하는 것은 아닙니다. 우리가 마음과 경계를 사라질 수 있도록 하려면, 먼저 자신의 마음이 더 이상 망념에 빠지지 않도록 해야 합니다. 지금 이 순간에 해야 할 일을 합시다.

10.3 진흙을 휘젓지 말라

생각하면 오히려 혼미해지고   思惟轉昏
정신을 가라앉히고 어지럽히네.   汨亂精魂

이 두 구절은 우리의 수행에 딱 들어맞습니다. 좌선할 때는 여러분이 열심히 하고 있는지 어떤지를 생각하지 마십시오. 방법이 자신에게 맞는지, 수행이 무슨 쓸모가 있을지, 혹은 여러분의 인격이 수행을 하기에 적합한지에 대해서도 생각하지 마십시오. 그런 생각들은 수행에 장애가 됩니다.

보통의 마음은 수정잔에 든 순수한 물과 같지 않고, 오히려 진흙탕 못과 같습니다. 그 못의 물을 휘젓지 않으면 그것은 가라앉아 점점 맑아집니다. 그러나 못 속에 있는 더러운 것들을 청소해야 할 필요를 느끼면, 이미 못 바닥에 가라앉은 진흙을 다시 휘저어 일으키게 될 뿐입니다. 진흙 속에 있는 것들에 대해 너무 호기심을 갖지 마십시오. 못의 물은 본래 맑은 것인데, 진흙을 휘젓기 시작하면 이내 혼탁해집니다.

망념에 대해서도 우리는 그런 식이어서, 거기에 부단히 빠지지 않으면 그것들을 억압합니다. 일어나는 생각 하나하나를 쫓아가거나 그런 생각을 일으킨 의도를 수색하기 시작하면 마음이 결코 맑아지지 않을 것입니다. 이런 방식으로 생각을 점검하는 것은 자신을 더욱 혼란스럽게 할 뿐입니다.

좌선을 할 때마다 노력해야 한다는 것만 자신에게 일깨우고, 망념은 걱정하지 마십시오. 이것은 말하기는 쉬워도 행하기는 어렵습니다. 매일 저녁마다 제가 불법을 강의하는데, 그것은 여러분에게 씹을 거리를 더 많이 제공할 뿐입니다. 사람들은 흔히 불경의 어떤 말이나 개념에 걸려 좌선을 하면서도 마음속으로 그것을 반복하여 음미합니다. 어떤 이들은 어떤 좌선 경험을 하고 나면 자기가 읽은 것 중에서 그 경험을 뒷받침해 줄 문장을 찾습니다. 어떤 분들은 제 법문을 듣고 나서 제가 한 말이 자기들을 겨냥한 것인지 아닌지 알고 싶어 합니다. 또 어떤 분들은 제가 한 말을 경전의 말과 비교하는데, 그것은 아마 저의 이해가 불법에 얼마나 가깝게 부합하는지 알려는 거겠지요. 이런 것들은 모두 그릇된 수행 방식이고 시간 낭비입니다.

오늘 어떤 분이 소참 때 이런 불평을 했습니다. "스님, 스님께서 저를 뒤죽박죽으로 만드십니다. 저희들에게 생각하지 말라고 하시고는 또 이런 생각 거리들을 주시니 말입니다." 많은 분들이 그렇게 느끼고 있습니까? 그렇다면 정말 미안합니다. 하지만 저는 강의를 그만두지 않을 것입니다. 여러분은 자신의 날뛰는 마음을 길들이는 법을 배워야 합니다. 제가 어떤 사람에게 물을 마시라고 하면 그것은 다른 사람들과는 무관하니, 물을 마시는 것이 좌선에 도움이 될까 안 될까 하는 생각을 일으키지 마십시오. 그와 마찬가지로, 제가 물을 마시라고 한 그 사람도 왜 그럴까 하고 이유를 생각하지 말고 그냥 마시는 게 좋습니다.

만약 제가 가르치는 것이 거짓 불법이라면 그것은 여러분의 문제가 아닙니다. 그 책임은 저에게 있고 악업을 짓는 것도 저일 것입니다. 어떤 사람들은 이렇게 생각할지 모릅니다. "스님께서 그렇게 말씀하시기야 쉽지만, 만약 스님께서 말씀하시는 것이 거짓이고 제가 그것을 참된 것으로 받아들여 그것을 제 수행과 삶 속에 일체화하면, 나중에 스님을 따라 지옥에 갈지도 모릅니다"라고 말입니다. 그래서 부처님의 가르침을 믿는 것은 물론 제가 가르치는 것도 불법에 부합한다는 것을 믿는 것이 중요합니다. 물론 반드시 저 개인에게 믿음을 가져야만 좌선에서 이익을 얻는 것은 아닙니다. 그러나 저의 지도를 신뢰하면 더 많은 이익을 얻을 것입니다.

오늘 아침 저는 여러분이 자신에 대한 믿음을 가져야 한다고 말했습니다. 모든 부처님은 여러분과 마찬가지로 중생이고, 여러분은 아직 그것을 깨닫지 못한 부처일 뿐입니다. 또한 불·법·승 삼보三寶에 대한 믿음을 가져야 합니다. 여기에는 저도 포함되는데, 왜냐하면 저는 승가를 대표하기 때문입니다. 마지막으로, 여러분은 자신의 방법에 대한 믿음을 가져야 합니다.

　선칠을 할 때는 평소와 다릅니다. 일상생활 중이라면 일상사에 대해 소홀히 생각하는 것은 현명하지 않겠지요. 선칠을 할 때는 어떤 것도 분석할 필요가 없습니다. 좌선할 때는 세 가지 간단한 원칙밖에 없습니다. 첫째, 무엇을 하든 단도직입적이어야 합니다. 둘째, 무슨 일이 일어나든 그것을 받아들이고, 일단 그 상황이 지나가면 놓아 버리십시오. 셋째, 가르침, 방법, 혹은 자신에 대해 의심하지 마십시오.

　다시 한 번 반복하면, 귀중한 시간을 그런 생각이나 자신에 대한 의심에 낭비하지 마십시오. 마음이 단순하면 할수록 더 좋습니다. 철학자, 박사, 예술가, 시인들에게는 선칠이 상당히 힘들 수 있습니다. 박사와 철학자들은 그들의 논리를 놓아버리기 어렵고, 예술가와 시인들은 그들의 상상력을 놓아버리기 어렵습니다. 저는 박사 과정을 공부할 때, 이미 승려의 신분으로 일본에서 몇 년을 지냈고 선칠도 몇 번이나 했습니다. 선칠 중에 선사*께서는 늘 저를 질책하면서 저의 지성(intelligence)이 하나의 장애라고 말씀하셨습니다. 그분은 좋은 스승이셨고, 제가 관념과 논리의 세계에 빠지는 것을 허용하지 않았습니다. 여기 계신 많은 분들은 학자와 예술가입니다. 제 스승이 저를 질책하셨듯이 제가 여러분을 질책하지 않게 하십시오. 선칠을 하는 동안은 자신을 단순하게 만들고 모든 주의를 방법상에 두고 열심히 노력하십시오. 여러분은 이내 자신의 일상세계로 돌아갈 테니 말입니다.

---

* [역주] 일본 조동종의 반데츠규(伴鐵牛) 선사(1910-1996)이다.

10.4 방법이 진부해지는 것이 아니라 사람이 진부해진다

마음으로써 움직임을 그치면 　　　　將心止動
그칠수록 더욱 날뛴다네. 　　　　　轉止轉奔

만법은 없는 곳이 없으나 　　　　　萬法無所
오직 하나의 문이 있으니 　　　　　唯有一門

　부디 "마음으로써 움직임을 그치지 말라"는 우두 스님의 가르침을 받아들이십시오. 만일 지성(intellect)으로써 깨달음을 추구하면 더 혼란에 빠지게 될 뿐입니다. 마음으로써 번뇌와 망념을 그치려고 해도 역시 더 혼란에 빠질 뿐입니다. 어느 쪽이든 여러분은 수행에서 힘을 얻지 못할 것입니다.
　물론 수행의 궁극적 목표는 깨달음을 얻는 것입니다. 또한 좌선의 목적은 마음을 고요하게 하기 위함이라는 것도 의문의 여지가 없습니다. 먼저 저는 여러분에게, 깨달음을 얻기 위해 마음을 그치려고 애쓰는 것은 혼란만 야기할 뿐이라고 했고, 이어서 수행의 목표는 마음을 그치는 것이라고 했습니다. 그것은 일견 말이 되지 않는 것 같습니다. 선禪은 간명직절하다고 자처하면서 어떻게 이렇게 혼란될 수 있습니까?
　경험 있는 수행자들은 압니다. 수행을 하기 전에 자기가 왜 좌선을 하는지 알아야 하고, 일단 좌선을 시작하면 모든 관념과 목표를 내려놓고 오로지 자신의 수행방법에만 신경을 써야 한다는 것을 말입니다. 마음이 현재 순간에 있어야지, 자신의 경험들을 과거와 비교하거나 미래에 대해 추측해서는 안 됩니다. 하지만 많은 사람들에게는 이것이 큰 장애여서, 늘 마음으로써 생각이 일어나는 것을 막으려고 하다가 그것이 안 되면 좌절합니다.

중국어에는 그런 혼란과 잘못된 의도를 설명하는 많은 격언이 있는데, "알묘조장揠苗助長"은 성급한 농부가 모를 더 빨리 자라게 하려고 모를 뽑아 올려 모를 다 망친다는 뜻이고, "두상안두頭上安頭"는 머리가 힘들지 않게 하려고 머리 위에 또 하나의 머리를 얹는다는 말이며, "양탕지비揚湯止沸"는 물이 끓지 말라고 솥에 더운 물을 붓는다는 말입니다.

이런 격언들을 관통하는 하나의 주제는 (공연한) 간섭이나 잘못된 의도가 문제를 복잡하게 만들 뿐이라는 것입니다. 망념을 멈추고자 한다면 먼저 마음이 하나의 환의 형상[幻相], 뿌리 깊은 환의 형상이라는 것을 기억해야 합니다. 우리는 이 허망한 마음을 이용하여 환상인 마음을 초월하려고 하는데, 그것은 지난한 일입니다. 마음을 사용하여 마음이 움직이지 않게 해 보려고 해도 효과가 없을 것입니다. 왜냐하면 그렇게 애쓰는 것 자체가 마음을 움직이는 것이기 때문입니다. 반면에 마음으로 하여금 움직임을 그치게 내버려두면 그것은 그렇게 됩니다. 마음에게 여러분이 시키는 대로 하라고 강요할 때마다, 그것은 머리 위에 또 하나의 머리를 얹는 것에 지나지 않습니다. 그런 식으로 깨달음을 추구하는 것은 길을 잘못 든 것입니다.

번뇌로써 번뇌를 치유하려는 것은 효과가 없는데도 사람들은 늘 그것을 시도합니다. 사실 심리치료사들은 그렇게 하여 많은 돈을 법니다. 심리 상담이 아무 쓸데없다는 것이 아니라, 그것의 효용이 대개 일시적이라는 것입니다. 그것은 기껏해야 하나의 환의 형상을 다른 환의 형상으로 대체하거나 덮는 것일 뿐이고, 그것은 바로 더운 물을 더 부어 물이 끓지 않게 하려는 것과 같습니다. 사실 최선의 방법은 불을 꺼 버리는 것인데 말입니다. 선禪의 방법은 사람들이 번뇌심을 초월할 수 있도록 돕기 위해 고안된 것으로, 기력을 수행방법에 집중하고 마음에는 신경 쓰지 않는 것입니다. 마음은 허망한 것이므로 그에 대해 걱정할 필요가 없습니다. 여러분의 문제를 해결하지 못할 수도 있지만, 좌선을 통해 마음은 갈수록 더 명징해지고 안정될 것이며, 자신의 감정과 그 유형 그리고 마음이 작용하는 방식까지 인식하게 될 것입니다. 그러다 보면 결국 여러분의 이른바 문제들이 이미 사라져 버린 것을 발견할 것입니다.

선의 방법들은 간단하고 직접적으로 보이지만, 선사들은 심리치료사들보다 수적으로 훨씬 적습니다. 어쩌면 저도 심리학자로 자칭하면서 사람들에게 선을 가르쳐야 할지 모릅니다. 제가 전에 뉴욕의 라디오 프로에 몇 번 출연했는데, 프로가 끝나려고 할 때마다 청취자들이 전화를 걸어와 질문을 했습니다. 저의 조언은 유용해 보였지만 사실 그 답변들은 하나도 저 자신에게서 나온 것이 아니었습니다. 저는 그냥 예전 선사들로부터 얻은 정보를 전해주었을 뿐입니다. 여러분은 선사 노릇하기가 선 수행자 노릇하기보다 쉬울 거라고 생각할지 모릅니다. 선 수행자들은 열심히 노력해야 하지만 스승은 부처님이나 조사들의 말씀을 인용하기만 하면 된다고 말입니다. 만일 그렇게 생각한다면 저는 심리치료사가 될 테니 여러분이 선을 가르치십시오. 그렇지 않다면 선 수행자는 역시 방법을 꽉 붙들고 열심히 노력하는 것이 최선입니다.

수행을 할 때 우리는 자신의 마음이 경계에 끄달리는 것을 원치 않습니다. 그 생각이나 감정이 즐거운 것이든 즐겁지 않은 것이든 관계없이 말입니다. 많은 사람들은 즐거운 마음 경계들을 서둘러 놓아 버리지 않습니다. 그들은 그것을 수행에서 힘을 얻은 결과라고 여겨 계속 붙들고 있으려고 합니다. 저는 여러분 모두에게 이런 상황이 일어나고 있다고 믿습니다. 그러나 일단 그 즐거운 상태에 집착하기 시작하면 그것이 이내 빠져나간다는 것을 알아차리게 될 것입니다. 그 뒤에 오는 것은 보통

미련이고, 그러면 여러분은 온갖 방법을 동원하여 그 즐거운 느낌을 다시 불러오려고 합니다. 그러면 오래 가지 않아 어지러운 망념들 속에서 뒤엉키고 헤매다가 좌절, 분노, 의기소침 혹은 자기회의에 빠지게 됩니다. 몇 초, 몇 분, 혹은 몇 시간 동안 이렇게 하고 나면 여러분은 더 이상 참지 못하고 자신의 마음에게 멈추라고 소리치고 싶은 심정이 됩니다. 그런 기법은 사실 효과가 없습니다. 효과가 있는 유일한 방도는 마음을 방법상으로 돌아가게 하여 새로 시작하는 것입니다.

자기 자신에게 생각을 하지 말라고 말하는 것은 효과가 없습니다. 왜냐하면 그 자체가 하나의 생각이니까요. 방법상에서 노력하는 것은 효과가 있지만, 노력한다는 말은 온몸의 근육을 긴장시키고 두뇌를 쥐어짜고 많은 기력을 써 가며 자기를 방법상에 묶어 두는 것을 뜻하지는 않습니다. 저는 늘 말합니다. "몸과 마음을 이완시키고 열심히 노력하라"고 말입니다. 이 말은 모순이 아닙니다. 긴장하거나 힘을 주어 애쓰면 결국 기력이 고갈되고, 끝없이 이어지는 새로운 망념들을 낳게 될 것입니다. 열심히 노력한다는 것은 인내심 있게 꾸준히 방법상에 머무른다는 것, 만약 방법을 놓쳤다는 것을 알면 즉시 거기로 돌아간다는 것을 뜻합니다. 이것은 경각심과 의지력을 요하지만, 과도한 기력을 요하는 것은 아닙니다.

좌선할 때는 이전에 했던 어떤 경험에도 상관하지 마십시오. 좋은 경험이든 나쁜 경험이든 관계없이 말입니다. 만일 즐거운 일을 체험했다면—설사 그것이 한 동안 명징한 시간이었다 하더라도—여러분을 그 경계에 도달시켜 주었다고 생각되는 절차를 되풀이하려고 하지 마십시오. 과거는 이미 지나갔고 미래는 아직 오지 않았습니다. 여러분이 가진 것은 바로 현재 순간이고, 그것은 과거나 미래의 어떤 순간과도 결코 같을 수 없습니다. 따라서 좋은 마음 경계[心境]라고 스스로 생각하는 것으로 돌아가는 것은 아무 의미가 없습니다. 여러분이 다르고, 환경이 다르고, 그 순간이 다르고, 모든 것이 다릅니다. 설사 여러분이 어떤 경험을 되풀이한다 하더라도, 그것은 새로운 것이고 상호작용 하는 인연들이 낳은 다른 결과입니다. 여러분의 마음은 시시각각 현재의 순간을 재확인해야 하며, 그렇게 하는 방도는 자신의 수행상에 머무르는 것입니다. 과거나 미래에 대한 어떤 생각도 여러분으로 하여금 더 많은 망념을 일으키게 할 뿐입니다.

"만법은 없는 곳이 없으나, 오직 하나의 문이 있으니"라는 이 두 구절은 우리에게 자신의 방법을 의심하지 말라고 경고합니다. 수행인들은 자신이 진보하고 있다고 느끼고 싶어 합니다. 그들은 새로운, 다른, 혹은 더 나은 방법으로 옮겨갈 수 있을지를 알고 싶어 합니다. 아마 그들은 하나의 방법은 어떤 이익을 가져오고, 일단 그 이익을 얻고 나면 그 방법을 버리고 더 나은 방법을 찾아야 한다고 생각하겠지요. 그것은 어느 산꼭대기에 서서 멀리 있는 다른 산을 보고 그 산이 더 높다고 생각하여 그 산꼭대기에 올랐으면 하는 것과 같습니다. 누군가가 여러분에게 이렇게 말할지 모릅니다. "이 산은 저 산만큼 높지 않다." 어쨌거나 여러분은 이 산을 달려 내려가 저 산으로 올라갑니다. 꼭대기에 이르면 만족하겠지만, 또다시 멀리에 더 높은 산이 있는 것을 발견합니다. 그래서 그 산이 가장 좋은 마지막 산일 거라고 생각하면서 다시 산을 달려 내려와 그 산꼭대기에 도달해 보면, 동물이나 식물이 하나도 없는 것을 발견합니다. 또 한편 춥고, 배고프고, 갈증이 납니다.

수행인들은 흔히 이 좌절하는 등산객과 같이, 자신이 현재 사용하는 방법이 수준이 낮다고 생각하고 다른 방법을 써 보지 못해 안달합니다. 수식數息을 하는 사람들은 화두를 참구하고 싶어하고, 화두를 참구하는 사람들은 다른 화두가 더 나을지 모른다고 생각합니다. 또 진언을 하는 사람들은 묵조를 닦고 싶어합니다. 한번은 제가 아이오와에서 강의를 할 때, 초기의 선사들은 무방법의 방법[無法之法]을 썼는데 이미 준비된 사람들에게는 그것이 최선의 수행이라고 말했습니다. 강의가 끝난 뒤 어떤 사람이 이렇게 말하는 것을 듣고 저는 매우 놀랐습니다. "무방법이 최선의 방법이라는 말씀에 동의합니다. 그것을 저에게 가르쳐 주실 수 있는지요?"

최선의 방법은 한 가지 방법을 선정하여 그것을 꾸준히 해 나가서, 거기서 최대한 맛을 보고 체험하는 것입니다. 이 방법 저 방법 계속 바꾸면 결코 어느 하나도 깊이 들어가서 이익을 얻지 못합니다. 한 가지 방법상에 머물러 그 핵심으로 바로 들어가십시오.

수식을 하는 어떤 사람들은 화두나 묵조로 나아가고 싶어 안달합니다. 그들은 어떤 이유에선가 수식은 초학자의 방법이고, 화두와 묵조의 수준이 더 높다고 느끼기 때문입니다. 사실 무아에 이르는 노선에는 여러 갈래가 있습니다. 수식數息도 그 중의 하나이고 능히 여러분을 깨닫게 할 수 있지만, 여러분은 그런 데 신경 쓰면 안 됩니다. 만일 여러분이 자신의 방법에 집중하지는 않고, 왜 자신은 어떤 방법을 쓰고 다른 방법을 쓰지 않는가 하고 회의한다면, 아직은 '수준이 더 높은' 방법을 추구할 자격이 없습니다.

참으로 수식에 몰두하면 그 방법이 결국에는 사라질 것입니다. 그때 여러분의 방법은 자연히 묵조로 바뀔 것입니다. 그러니, 자기가 수식을 하기 때문에 뭔가를 놓치고 있을지도 모른다는 걱정은 하지 마십시오. 게다가 수식에도 많은 방식이 있습니다. 수행을 해 나가다 보면 그 방법에 대한 자신의 이해가 발전한다는 것을 발견합니다. 이것은 활기찬, 좋은 좌선 방법의 특질 중 하나입니다. 만약 그것이 진부해졌다고 느끼면 저를 찾아오십시오. 제가 도와드리겠습니다. 실은 방법이 진부해지는 것이 아니라 사람들이 진부해지는 것뿐입니다.

만일 방법을 사용할 때 뚜렷한 문제가 나타난다면, 저는 그것이 진보의 표시이며, 여러분이 열심히 노력하고 있다는 것을 보여준다고 생각합니다. 제가 더 걱정하는 것은 아무 문제도 없어 보이는 사람들입니다. 이런 사람들은 좌복 위에 마치 즐거운 안개 속에 잠겨 있듯이 앉아서는 그것이 명징하고 깨달은 마음 경계라고 생각합니다. 그들에게 상황이 어떠냐고 물어볼 때마다 그들은 꿈결 같은 시선으로 저를 쳐다보면서 말합니다. "좋습니다." 그것이 오히려 저를 걱정시킵니다. 다른 사람들은 "모르겠습니다. 저의 수행이 올바른지 그릇되었는지 감을 못 잡겠습니다"라고 말합니다. 방법을 어떻게 쓰고 있느냐고 물으면, 그들은 "아, 스님께서 가르쳐 주신 방식대로요."라고 대답합니다.

저는 타심통他心通(남의 마음을 읽는 능력)이 없습니다. 여러분이 무엇을 체험하고 있는지 말해주지 않으면 제가 도와드릴 수 없습니다. 만일 수행에 문제가 있거나 걱정되는 것이 있고 저의 도움을 받고 싶으면, 최소한 서로 협력을 해야 합니다. 특정한 문제를 가지고 저를 찾아와야 제가 거기에 맞는 해답을 드릴 수 있습니다.

무엇보다도 그런 정체된 마음 상태에 혹하지 마십시오. 그런 상태에서는 아무 일도 일어나지 않고 매사가 다 좋은 것같이 보입니다. 예를 들어 어제 어떤 분은 저에게 말하기를, 자기는 좌선을 하다가 똑같은 단계에 이르면 늘 망념이 자신의 주의력을 차단한다고 했습니다. 그녀는 그런 일이 정상적인 현상일 것이 분명하다고 생각했고, 그래서 계속 그것을 문제 삼지 않고 있었습니다. 그렇지요, 수행할 때 망념이 일어나는 것은 정상입니다. 그러나 수행의 같은 단계에서 매번 똑같은 일이 일어난다면 그것은 문제가 있는 것이고, 자세히 살펴봐야 합니다. 적어도 이 여성은 이런 것을 알아차릴 수 있었고, 저를 찾아와 점검해 달라고 했습니다.

　그녀의 문제는 제가 젊어서 군대에 있을 때를 생각나게 했습니다. 부대원 중 한 사람은 매일 아침 밖에 나가 전 부대원들을 위해 시장을 보아 오도록 되어 있었습니다. 그는 어깨에 빈 자루를 메고 동이 트기도 전에 시장으로 떠났습니다. 어느 날 아침은 그가 공동묘지를 통과하는 지름길로 가기로 결심했습니다. 걷고 또 걸어 한참을 걷고 나서는 그게 과연 지름길인지 의심이 들기 시작했습니다. 그래도 그는 걷고 또 걸어 무덤들을 차례로 지나갔습니다. 여명이 점점 밝아올 때야 비로소 자기가 공동묘지 주위를 뱅뱅 돌고 있었다는 것을 알았습니다. 저는 여러분 가운데 마음 주위를 뱅뱅 도는 사람이 없기를 바랍니다. 만약 있다면, 여러분은 이미 해결 방도를 알고 있습니다. 방법상으로 돌아가고 마음은 상관하지 말라는 것입니다.

10.5 마음의 보일러실에서 좌선하기

　　들어가지도 않고 나오지도 않으며　　　　不入不出
　　고요하지도 않고 시끄럽지도 않네.　　　　非靜非喧

　이 두 구절은 깨달은 사람들도 대상으로 하고, 갓 시작한 수행자들도 대상으로 합니다. 『반야심경』에서 말하기를, "제법諸法의 이 공한 모습은 나지도 않고 멸하지도 않고, 더럽지도 깨끗하지도 않으며, 늘어나지도 줄어들지도 않는다(諸法空相 不生不滅 不垢不淨 不增不減)"고 합니다. 법의 오고 감, 나고 죽음, 윤회를 벗어나 열반에 드는 것 등은 모두 우리의 분별심에서 생겨나는 것입니다.

우리가 지적知的으로 이런 관념들을 받아들이기는 쉽습니다. "번뇌가 있다고요? 번뇌와 지혜는 둘이 아닙니다." "수행요? 할 필요가 있나요? 무지는 깨달음과 같고 윤회는 열반과 같으며, 우리는 다 이미 성불해 있습니다." "오고 감이 없는데 생사를 왜 걱정합니까?" 이런 것은 모두 지적인 이야기에 지나지 않습니다.

『심경』에서 말하는 것은 깨달은 상태입니다. 분별심과 자아집착을 가진 범부에게는 생사가 여전히 존재하고, 번뇌와 지혜가 엄연히 다르며, 수행을 하면 그 사람이 윤회에서 열반으로 진입할 수 있습니다. 중생의 관점에서는 이것이 모두 진실입니다. 그러나 참으로 번뇌와 자아집착을 떠날 때는 번뇌와 지혜, 윤회와 열반이 모두 동일하다는 것을 깨닫습니다. 태어남을 탐하지도 않고 죽음을 겁내지도 않을 때, 여러분은 이미 열반 안에 있습니다. 그러나 마음이 여전히 경계의 영향을 받는다면, 여전히 업에 지배되고 여전히 윤회 속에 있는 것입니다.

"들어가지도 않고 나오지도 않으며"라는 것은 깊이 깨달은 사람을 두고 하는 말이지만, 초학자들도 이 원리를 운용할 수 있습니다. 수행할 때는 망념이나 통증을 피하지도 말고, 선정이나 깨달음을 추구하지도 마십시오. 아무것도 구하지 말고 그저 방법상에 머무르십시오. 수행을 갓 시작한 사람들은 또한 "고요하지도 않고 시끄럽지도 않네"라는 구절을 이용할 수 있습니다. 처음 선禪 센터에 와서 선칠을 하는 분들은 우리가 뉴욕시의 중심에 자리잡고 있다는 데 놀라겠지만, 만일 여러분이 평화로움과 고요함을 추구한다면 잘못 찾아온 것입니다. 온갖 소리가 사방팔방에서 우리를 폭격하고 있습니다. 차 소리, 학생들 소리, 사람들이 출퇴근하는 소리와 버스들이 바로 우리 문 밖에서 섰다가 떠나는 소리에다, 안에서 나는 소리는 더 말할 것이 없습니다. 전화 소리, 사람들이 다니는 소리, 주방에서 나는 소리와 냄새까지 있습니다. 이런 소리에 끄달리면 방법에 집중하기 어려울 것입니다. 그러나 방법에 몰두하면 이런 소리들이 방해되지 않을 것입니다. 소리는 어디나 있는 것이고, 여러분이 적응해야 합니다.

어떤 스님은 오랫동안 자신의 수행에 집중하지 못했습니다. 절 안에 너무 많은 소음과 소동들이 있었기 때문입니다. 그래서 그는 혼자 산속에서 수행하기로 결심했습니다. 산에 들어가자 마음이 놓였습니다. 마침내 그의 수행을 방해하는 사람이 아무도 없었으니까요. 그런데 막 어느 나무 밑에 앉아서 좌선을 시작하는 순간, 새 한 마리가 지저귀기 시작했습니다. 그 새소리를 마음에서 몰아내 보려고 했지만 잘 되지 않았고, 새를 쫓아 버리려고 해 보았지만 역시 소용이 없었습니다. 결국 그는 생각했습니다. '나무들이 있으니까 새들이 모인다. 그러니 나무가 없는 곳으로 가야겠다.' 그는 초원으로 가서 다시 좌선을 시작했습니다. '아, 새는 없다.' 그러나 그는 곤충들이 있다는 것을 잊었습니다. 곤충들이 울면 땅바닥을 두드리곤 했지만 그것도 잠시, 곤충들은 다시 울어대기 시작하는 것이었습니다.

얼마 후 이런 것들이 도무지 참을 수 없게 되자 그는 생각했습니다. '여기는 좌선하기 좋은 곳이 아니구나. 곤충과 새가 없는 곳으로 가야겠다.' 그는 계속 걸어가다가 냇물이 모여 생겨난 작은 못 하나를 발견했습니다. 그곳에 앉고 나서 오래 되지 않아 개구리들이 울기 시작했고, 그 소리가 그치고 난 뒤에는 졸졸 흐르는 냇물소리도 들렸습니다. 그는 어느 한 곳도 조용한 데가 없다는 것을 깨닫고 스스로 그 문제를 해결하기로 마음먹었습니다. 그래서 천을 둥글게 조금 뭉쳐서 귀를 막았습니다. 이제 어디에 앉아도 문제가 없었습니다. 아무 소리도 들리지 않았으니까요. 그는 생각했습니다. '이제 좌선을 할 수 있겠다.'

몇 분 정도 앉아 있던 그는 갑자기 '이 북소리는 어디서 나는 거지?'

했습니다. 귀마개를 떼어내고 귀를 기울이면 북소리가 멈추고, 귀마개를 하면 북소리가 다시 들렸습니다. 이때 그는 그 북소리가 실은 자기 심장이 뛰는 소리라는 것을 알았습니다. 의기소침해진 그 스님이 생각했습니다. '나는 좌선을 할 만한 그릇이 아닌가보다. 아무래도 그만둬야 할까봐.' 나중에 어느 스승이 그에게 말했습니다. "자네의 문제는 소리가 아니라 자네 마음이 그 소리에 끄달린다는 것이다." 그 말을 듣는 순간 이 스님은 그 자리에서 깨달았습니다.

이것은 우리 모두에게 좋은 충고입니다. 현상 그 자체는 여러분을 방해할 수 없습니다. 마음이 현상에 끄달리면서 그것들이 방해가 된다고 말하는 것입니다. 저는 여러분이 이것을 수행에 능히 수용할 수 있기 바랍니다. 특히 길가 쪽으로 앉은 분들은 말입니다. 그러나 만일 여러분이 그 스님과 같이 바깥의 소리에 마음이 분산된다고 느끼면, 우리가 여러분과 좌복을 보일러실로 옮겨드릴 수 있습니다.

제11 차 선칠

오묘한 지혜만이 존재한다

11.1 소승과 대승

성문과 연각의 지혜는　　　　　　　　聲聞緣覺
그것을 설명할 수 없네.　　　　　　　智不能論

이 두 구절은 보살의 지혜가 성문과 연각의 그것을 뛰어넘는다는 것을 이야기합니다. 범어(Sanskrit)에서 성문聲聞(sravaka)은 '듣는 자'라는 뜻이며 본래 부처님의 제자를 가리키는 말이었습니다. 대승불교에서 이 용어는 특히, 사성제四聖諦를 통해 개인적인 깨달음을 추구하는 사람을 지칭합니다. 성문의 목표는 생사윤회를 벗어나 열반에 드는 것, 즉 아라한阿羅漢(arhat)이 되는 것입니다. 범어에서 연각緣覺(pratyekabuddha)은 '혼자서 깨달은 자', 즉 불법을 만나지 않고 깨달음을 얻은 사람을 뜻합니다. 그런 사람이 이처럼 깨달을 수 있었던 것은 12연기緣起*를 이해했

---

* [역주] 『지혜의 검』, 276쪽 이하를 참조하라.

기 때문입니다. 이들의 깨달음은 성문이나 아라한의 그것보다 높지만, 부처의 완전한 깨달음은 아닙니다.

법융선사가 성문과 연각을 거론할 때 그것은 소승의 수행자를 가리킵니다. 원래의 대승 수행자들은 소승이 수행의 목표로서 자기해탈을 강조하지만, 대승은 중생을 제도하는 보살의 이상理想을 강조한다고 믿었습니다. 이 두 파를 비교하는 것은 우리의 수행과는 무관합니다. 저는 단지 약간의 배경 자료를 제공하여 이 두 구절을 더 잘 설명하려는 것뿐입니다.

성문의 길에서는 설사 선정에 들어 지혜를 일으켜도 수행자가 다른 사람들과 상호작용 할 수가 없고 하지도 않습니다. 즉, 남을 해치지도 않고 돕지도 않습니다. 반면에 깨달은 보살들은 이미 번뇌를 벗어났으면서도 여전히 다른 사람들과 상호작용 하고 그들을 돕습니다. 이러한 의미에서 자기해탈을 위해 수행하는 성문의 깨달음은 중생을 위해 수행하는 보살의 깨달음에 비할 바가 못 됩니다.

불법을 닦는 데는 세 가지 방면이 있는데, 계戒(sila), 정定(samadhi), 혜慧(prajna)가 그것입니다. 계를 지킨다는 것[持戒]은 일상생활 속에서 불법을 닦으면서 자아중심을 줄여가는 것입니다. 선정(삼매)—깊은 집중—은 부지런히 좌선을 한 결과입니다. 깊은 선정을 배양한 뒤에 심신이 마침내 변환되어 지혜가 현전합니다.

불교의 이 양파兩派는 계·정·혜를 닦는 것이 불도佛道에서의 자연스러운 진행 과정이라는 데 동의합니다. 그러나 대승불교에서는 근면한 수행을 통해 우리가 지계持戒에서 곧바로 지혜의 체험으로 나아갈 수 있다고 주장합니다. 그것이 바로 화두선의 목표입니다. 따라서 비록 이 양파는 계정혜라는 같은 토대를 가지고 있기는 하지만 그 목적과 방법은 다른 것입니다.

예를 들면 양파에서 공히 호흡에 주의를 기울이는 것은 마음을 가라앉히는 다섯 가지 방법* 중의 하나입니다. 그런 만큼, 수식數息은 심신을 안정시키고 망념을 줄이는 좋은 방법입니다. 그러나 소승의 가르침에 따르면 수식으로 선정에 들기는 어렵고, 지혜를 얻기는 더욱 어렵다고 합니다. 다섯 가지 방법 중 어느 하나를 닦은 다음 세 가지 더 깊은 수준의 몰입을 거친 뒤에야 선정에 들 수 있다는 것입니다.

소승의 가르침은 반드시 선정이 먼저 있고 나서 지혜가 있다는 것이지만, 선의 가르침에서는 수행의 목적이 선정에 드는 것이 아니라 지혜를 직접 체험하는 것입니다. 하지만 저는 그래도 수식을 하나의 수행방법으로 강력히 제창합니다. 왜냐하면 그것은 마음을 집중하는 훌륭한 방법이기 때문입니다. 선에서는 여러분이 계속 수식을 연습하여 자신을 더욱 집중시키고, 이렇게 하여 마음이 대부분의 망념에서 벗어난 뒤에는 화두를 이용하여 대의단大疑團을 더 잘 일으킬 수 있습니다. 근면한 수행을 통해서 대의단이 정점에 도달하면 그것이 사라지는데, 이때 여러분은 단박 깨달음[頓悟]을 체험할 수 있습니다. 그래서 선에서는 선정을 거치지 않고서도 지혜를 체험할 수 있는 것입니다.

여기 계신 분들은 선칠 첫날에 이러한 수준의 수행에 도달하기는 어려울 것입니다. 사실 집중적인 선칠에 몇 번을 참가하고서도 그런 경계에 도달하는 사람은 드뭅니다. 따라서 만일 여러분이 대의단을 일으켜 그것을 타파하겠다는 생각이 있다면 오히려 자신을 장애할 뿐입니다. 최초의 목표는 자기 마음을 차분하게 안정시켜서 그것이 더 이상 함부

---

* [역주] 5정심관五停心觀이라고 하며, 1) 외물의 더러움을 관하는 부정관不淨觀, 2) 일체중생에 대해 자비심 또는 4무량심을 일으키는 자비관慈悲觀, 3) 모든 일이 인연에 따라 일어남을 관하는 인연관因緣觀, 4) 오온과 18계界가 공함을 관하는 계분별관界分別觀, 5) 호흡을 헤아리는 수식관數息觀이다. 계분별관 대신 불보살을 마음으로 관하는 관불觀佛을 넣기도 한다.

로 날뛰거나 산란하지 않게 하는 것입니다. 그럴 때 몸의 통증, 마비, 가려움 등은 여러분의 마음을 분산시키지 않을 것이고, 어떤 일시적 기분이나 감정도 마음을 교란하지 않을 것입니다.

공안이나 화두를 사용하기 적절한 시기는 마음이 이미 조복調伏되었을 때입니다. 소위 '공안'은 과거의 선사와 조사들이 깨달음을 경험한 이야기이거나, 어떤 스승과 제자 간의 부딪침입니다. 화두는 주로 하나의 언구로서, 예컨대 "나는 누구인가?"와 같이 수행인이 그것을 이용하여 특정한 공안의 의미를 참구하는 것입니다. '참구[參]'한다는 것은 관념이나 추론, 심지어 부처님 가르침에도 의지함이 없이, 당면한 문제에 대한 답을 발견하려고 애쓴다는 뜻입니다. 선사는 보통 참선하는 사람에게 마음 속에서 일어나는 어떤 것에도 상관하지 말라고 합니다. 왜냐하면 그것은 답이 될 수 없기 때문입니다. 그저 계속 집중적으로, 치열하게 그 문제를 의심해야 합니다. 그러면 결국 의정이 일어날 것이고, 그것이 가면 갈수록 커져서 마침내 천지를 뒤덮는 대의단이 됩니다. 일반적으로, 대의단에 몰입한 수행자는 그 공안이나 화두 외에는 일체에 관심이 없습니다.

참선하는 사람은 어느 시점에선가 이 의단이 폭발하기를 바라겠지만, 그런 일이 반드시 일어나는 것은 아닙니다. 어떤 경우에는 기력이 달려서 의정이 사그라지기도 합니다. 화두를 참구하는 것은 풍선을 불 때 불어넣는 공기가 많을수록 풍선이 커지는 것과 같이, 화두에 쏟는 기력이 많으면 많을수록 의정은 더 큽니다. 풍선[의단]을 부풀려서 그것이 터지기를 바라는 것이지만, 어떤 때는 풍선에 구멍이 있어서 공기가 새 버리기도 합니다. 그와 마찬가지로, 화두를 뚫는 데 필요한 기력을 유지하기가 너무 어려워 의정이 사그라질 수도 있습니다.

어떤 사람들은 한 번의 선칠에서 돌파를 체험하기도 하고, 어떤 사람들은 여러 해 동안 화두를 참구하고서야 의정을 일으킵니다. 내과선사來果禪師*는 단 하나의 화두를 여러 해 동안 참구했습니다. 스님으로서 그는 이곳저곳을 행각했는데, 몸에 지닌 자루 하나에 약간의 먹을 것만 넣어 다녔습니다. 어떤 절을 만나면 거기서 하루 이틀 머물렀다가 다시 길을 떠났고, 머물 곳을 찾지 못하면 나무 밑에서 좌선을 했습니다. 배가 고플 때 사람을 만나면 탁발을 했고, 만나지 못하면 그래도 상관없었습니다. 내과선사의 삶에서 유일하게 변치 않았던 것은 온 힘을 다해 화두를 참구했다는 것입니다. 그는 어디를 가든 하나의 의단에 몰입해 있었습니다. 이렇게 여러 해를 보냈습니다. 하루는 쉬려고 자루를 내려놓다가 그 의단이 폭파되면서 깊은 깨달음을 체험했습니다.

어떤 사람들은 마음이 아직 집중되기도 전에 성급하게 화두를 참구하는데, 이런 식으로 화두를 참구해 봐야 의정이 생기지 않습니다. 그것은 진언을 염하는 것[念呪]이나 다름없지만, 염하는 것도 진정한 진언이 아니어서 무미건조하고 오히려 수식이나 염불보다 못합니다. 처음 시작하는 사람이 마음을 집중하려고 할 때는 수식이 화두보다 훨씬 효과적입니다. 그래서 우리는 공안을 참구하기 전에 보통 수식으로 시작하는 것입니다. 잘하면 그 마음이 의정을 일으킬 것이고, 그것이 해소되면 지혜가 드러납니다.

---

* [역주] 근대 중국의 선사(1881-1953). 12세에 출가에 뜻을 두었고 얼마 후부터 '염불시수' 화두를 들었다. 24세(1905)에 진강 금산사(鎭江 金山寺)에서 출가하여 27세에 활연대오하였다. 양주 고민사(揚州 高旻寺)에서 오래 주석하며 선풍을 드날렸다. 『내과선사어록』, 『내과선사선칠개시록』 등을 남겼다.

11.2 오묘한 지혜만이 존재한다

실제로는 한 물건도 없고   實無一物
오묘한 지혜만이 존재한다네.   妙智獨存

먼저 「심명」은 "한 물건도 없다"고 한 다음 "오묘한 지혜가 존재한다"고 말합니다. 어떻게 그럴 수 있습니까? 한 물건도 없다면 지혜도 존재하지 않아야 합니다. 반면에 지혜가 존재한다면 그것은 한 물건도 존재하지 않는다는 관념에 모순됩니다. 그래서 이것은 표면상 보이는 것만큼 그리 간단한 것 같지 않아 보입니다. 대승의 가르침에 따르면 세 가지 부존재가 있습니다. 중생이 관찰하는 것, 아라한과 연각이 관찰하는 것, 그리고 제불보살이 관찰하는 것이 그것입니다.

중생에게 '부존재' 라는 것은 존재하는 것들과 비교하기 위해 쓰이는 상대적인 용어이고, 순전히 관념적인 것입니다. 왜냐하면 중생들은 부존재를 직접 체험하지 못하기 때문입니다. 가난한 사람은 자신에게 돈이 존재하지 않는다고 주장할 수 있지만, 만일 그가 돈에 집착한다면 돈은 그의 마음속에 존재합니다. 따라서 중생들이 체험하는 부존재와 그들이 실재하는 것으로 인식하는 것들은 똑같이 허망한 것입니다.

아라한이 체험하는 부존재는 절대적입니다. 그들에게는 더 이상 번뇌나 집착이 없습니다. 그들은 이미 열반에 들어 있으므로 다시 윤회계로 돌아오지 않습니다. 따라서 아라한들에게는 '오묘한 지혜' 도 존재하지 않습니다. 우리가 이것을 참으로 이해하기는 어렵습니다. 왜냐하면 우리는 중생의 관점에서 사물을 볼 뿐이기 때문입니다. 소승의 수행자들은 점점 더 깊은 선정의 수준으로 들어가서 마침내 열반에 듭니다. 우리는 이것을 그들의 의도[意念]와 행위의 과보라고 인식합니다. 그러나 열반에 도달한 아라한들에게는 공간, 시간, 번뇌가 절대적으로 존재하지 않습니다.

따라서 이 구절에서 말하는 부존재는 보살들이 관찰하는 것입니다. 보살들의 마음 속에는 아무것도 없지만—집착도, 번뇌도, 중생을 구제하려는 생각도, 그들을 구제하려는 보살들도 없지만—그래도 그들은 여전히 세간에 머무르면서 사람들을 돕습니다. 오묘한 지혜란 바로 중생들의 욕구에 대한 보살들의 자연스럽고 자발적인 반응입니다. 이러한 지혜가 오묘한 까닭은, 그것이 필요에 따라 어떤 방식으로도 나타나서 중생들을 제도하기 때문입니다.

이러한 심오한 관념이 우리와 무슨 관계가 있습니까? 이번 선칠을 선용하기 위해서는, 방법에 온 마음과 힘을 쏟고 그 외에는 마치 아무것도 존재하지 않는 것처럼 수행해야 합니다. 바깥세상은 존재하지 않고, 다른 사람들도 존재하지 않습니다. 통증, 졸음, 무료함 같은 것도 아예 없습니다. 과거도 없고 미래도 없고 깨달음도 없습니다. 심지어 여러분도 없습니다. 오직 존재하는 것은 여러분의 수행인데, 그것도 마지막에는 사라져야 합니다.

만일 지금까지도 자신의 마음을 아직 망념에서 벗어나게 하지 못했다고 생각되면, 그것을 잊어버리십시오. 망념은 존재하지 않습니다. 만일 오늘 자신이 좌선을 잘 했다고 생각되면 그것을 잊어버리십시오. 그것도 존재하지 않습니다. 방법을 제외하고 자기 자신을 포함한 일체를 놓아 버릴 수 있으면, 여러분이 깨달음을 증험할 것이라고 제가 보증합니다. 그러나 그 관념에도 집착해서는 안 되겠지요. 수행하는 동안에는 깨달음도 존재해서는 안 됩니다. 일단 깨닫고 나면 깨달음도 존재하지 않습니다. 그러니 제가 방금 말한 것을 포함한 어떤 것에도 상관하지 마십시오.

11.3 어떤 것이 본래면목인가?

| 본래면목은 무한하여 | 本際虛沖 |
| 마음으로 헤아릴 수 없네. | 非心所窮 |

알거나 이해하거나 체득할 수 있는 그 어떤 것도 유한합니다. 여기서 '마음'이 가리키는 것은 분별심이지 깨달았을 때의 청정심이 아닙니다. 좌선을 오래 하고 나면 자기가 기억하는 것에 대해 놀랄 수도 있는데, 그것은 마치 영화가 마음 속에서 펼쳐지는 것을 보는 것과 같습니다. 그 중의 어떤 것은 실제로 여러분이 본 영화일 수도 있습니다. 저의 어떤 제자는 선칠 도중에 영화 전체를 또렷이 기억해낼 뿐 아니라 예고편과 출연진, 만든 사람들의 명단까지 아주 분명하게 기억해냅니다. 그는 그것이 귀중한 선칠 시간의 낭비라는 것을 알지만, 일상생활 속에서도 자신의 기억력이 그렇게 예리하면 좋겠다고 말합니다. 좌선을 하는 동안 여러분의 마음속에 떠오르는 기타 모든 것들—과거의 기억, 계획, 미래에 대한 전망, 환상 따위도 여러분의 마음의 눈 안에서 방영되는 영화입니다.

그렇게 많은 정보를 기억한다는 것이 놀랍게 보일지도 모르지만, 그게 정말 그렇게 많습니까? 여러분은 하루 24시간 동안 자신이 생각하고, 말하고, 행위한 모든 것을 기억할 수 있습니까? 「심명」에서 말하듯이, 범부의 마음은 유한합니다. 여러분이 태어나서부터 지금까지 평생 경험한 모든 것을 다 기억할 수 있다고 상상해 보십시오. 만약 그것이 가능하다면 그런 능력은 가히 초인적이라고 하겠지만, 설사 그렇다 하더라도 그 역시 유한할 것입니다. 왜냐하면 여러분의 마음은 무시이래 無始以來 모든 전생의 모든 일을 기억하지는 못하기 때문입니다. 그리고 저는 여러분 각자에 대해서만 이야기하고 있습니다. 여러분은 시방삼세十方三世 일체 중생의 모든 현상까지 알 수 있겠습니까?

분명 우리의 분별심은 너무나 유한하여 대천세계大千世界(우주의 무한한 세계들)에 이미 존재했거나 지금 존재하거나 앞으로 존재할 무수한 현상들의 극히 적은 일부조차도 이해하지 못합니다. 이 전체성이 바로 「심명」에서 말하는 '본래면목(本際)'입니다. 그것은 실상實相이고, 집착, 분별, 번뇌가 없습니다. 본래면목의 전체는 모든 시간, 공간과 현상들을 포함합니다. 그러나 특정한 공간이나 시간을 가리키면서 "이것이 본래면목이다"라고는 할 수 없습니다.

본래면목의 무한함은 이해하기 어렵습니다. 우리가 아는 모든 것은 그것이 일시적인 것이든 영구적인 것이든 특정한 시공 속에 존재합니다. 예를 들어, 우리는 이 선 센터에 본래면목이 있다고 말할 수 있습니까? 얼마 전만 해도 이 선 센터는 염가廉價 상점이었습니다. 그 전에는 집이었거나 농장이었거나 아니면 빈 들판이었는지도 모릅니다. 2만 년 전에는 수백 척 두께의 빙하 밑에 있었을지 모르고, 그 전에는 대해의 일부였을지도 모릅니다. 이 선 센터 건물이 얼마나 오래 유지될 수 있을지 누가 알겠습니까? 이전에 길 건너편에 있던 선 센터는 지금 제7일안식일 예수재림교회입니다. 아마 이 선 센터도 제가 은퇴하고 나면 문을 닫겠지요. 설사 다른 스님의 지도 하에 계속 유지된다 하더라도 그것이 얼마나 오래가겠습니까? 1대代 아니면 2대겠지요. 다른 것으로 바뀌거나 철거되는 것을 면하기 어려울 것입니다. 분명 이 선 센터는 무한한 본래면목의 집이 아닙니다.

며칠 전에 저는 최근에 찍은 제 사진을 몇 장 보았습니다. 또 서류 뭉치 밑에서 제가 1, 20년 전에 찍은 사진들을 발견했습니다. 그 사진에 나온 제가 지금보다 더 활기차 보이더군요. 나중에는 또 욕실 거울에서 제 모습을 비춰보았습니다. 말해 보십시오, 이런 이미지들 중 어느 하나가 저의 본래면목일 수 있습니까? 아니지요. 몸뚱이는—그것의 물질성은—본래면목이 아닙니다. 부단히 변하는 그 어떤 것도 본래면목이 아닙니다.

제가 중국을 여행할 때 진시황의 지하 왕궁을 가 보았는데, 이곳에는 실물 크기의 병마용兵馬俑 수천 기가 있습니다. 2,200년이 지나도록 이 지하 왕궁이 거의 원형을 유지하고 있다는 것은 인간의 놀라운 재주를 입증하는 것입니다. 그러나 한때 단단한 목재였던 기둥들은 오랜 부식 끝에 이미 사라져 버렸습니다. 저 병마용들도 결국에는 흙먼지로 돌아가겠지요. 산들은 생겨났다가 침식될 것이고, 계곡은 바다가 될 것이며, 바다는 사막이 될 것입니다. 이런 것들은 어느 하나도 본래면목이라고 볼 수 없습니다.

어느 한 물건도 본래면목이 아니지만, 본래면목은 일체를 포괄합니다. 지·수·화·풍의 사대四大도 본래면목이 아닙니다. 왜냐하면 그것들도 변하니까요. 불법에서는 중생이 사대를 통해서 업보를 받는다고 합니다. 더 나아가 말하면, 사대가 없으면 우리의 육신도 존재할 수 없고, 만일 우리가 사대와 상호작용 하지 않는다면 새로운 업(karma)도 지을 수 없겠지요. 그렇기는 하나 물질계는 본래면목이 아닙니다.

만약 물질계가 본래면목이 아니라면 마음이 그것인지도 모릅니다. 그러나 어느 마음이 본래면목입니까? 「심명」에서는 이미 본래면목은 분별심으로써 궁구窮究할 수 없다고 했으니, 분명 중생의 보통 마음은 본래면목이 아닙니다. 업도 본래면목이 아닙니다. 왜냐하면 그것은 계속 변하고 있으니까요. 우리는 과거의 행위로 말미암아 업보를 받고, 동시에 새로운 업을 짓기도 합니다. 우리가 그러는 것은 마음이 우리 마음대로 되지 않기 때문입니다. 자아라는 이 관념에 집착하는 한 우리의 생각, 말, 행위들은 모두 업을 짓습니다. 무시이래로 그랬습니다.

사실을 말하자면, 우리의 마음으로는 이 본래면목을 알 수 없습니다. 그것을 체험한 사람들은 그것을 묘사하거나 지적해 보일 수 없습니다. 깨달은 사람들은 말을 못하는 백치가 아닙니다. 그들은 의사소통하는 법을 알기는 하지만 본래면목을 묘사하기 불가능하다는 것도 압니다. 왜냐하면 그것은 마음으로써 알 수 있는 것이 아니기 때문입니다. 분명 어떤 것을 묘사하거나 이거라고 지적할 수 있다면 그것은 마음으로도 탐구할 수 있는 것이겠지요. 제가 덧붙이고 싶은 것은, 본래면목은 직관적인 마음[直覺心]으로도 알 수 없다는 것입니다. 많은 사람들은 직관적인 마음을 깨달은 마음과 잘못 동등시합니다. 사실 직관적인 마음은 일종의 직접적이고 자발적인 앎이기는 하나, 여전히 한 개인의 관점과 경험을 포함합니다. 따라서 그것도 분별, 집착, 번뇌의 마음에서 나오며, 오류를 범할 수 있고 한계가 있습니다.

따라서 수행은 마음 속의 모든 번뇌와 장애를 분쇄하기 위한 것이고, 그럴 때에만 비로소 본래면목이 드러날 것입니다. 수행의 목표는 모든 집착과 자아중심을 내려놓는 것입니다. 왜냐하면 그것들은 지혜와 상응하지 않기 때문입니다. 본래면목이 어떻게 생겼느냐, 깨달음이 무엇이냐고 저한테 묻지 마십시오. 저는 깨달은 것이 아니고, 설사 깨달았다 하더라도 그것을 여러분에게 묘사할 수 없습니다. 왜냐하면 깨달음은 분별심의 한계를 넘어서 있기 때문입니다. 제가 깨달음에 대해서 할 수 있는 어떤 말도 부정확할 것입니다. 설사 제가 깨달음을 자세히 묘사할 수 있다 한들 그것이 여러분에게 무슨 소용 있겠습니까? 제가 여러분에게 에베레스트 산의 사진을 보여주면서 그것을 자세히 묘사할 수는 있겠지만, 만일 에베레스트 산을 경험하고 싶다면 여러분 자신이 그 산을 올라야 합니다. 저나 다른 어떤 스승이 할 수 있는 일은 기껏해야 길을 가리켜 주는 것입니다.

어제저녁 저는 여러분에게, 수행을 제외하고는 깨달음을 포함하여 그 어떤 것도 (여러분의 마음속에) 존재해서는 안 된다고 말했습니다. 오늘 제가 또 말씀드리지만, 여러분이 수행을 할 때는 본래면목도 존재해서는 안 됩니다. 만일 그것을 발견하겠다는 마음을 가지고 수행하면 자기가 만든 거울들의 방 안에서 길을 잃고 헤매다가 좌절하고 말 것입니다. 자신이 이미 직면하고 있는 장애들 위에 다시 장애를 덧붙일 필요는 없습니다.

11.4 바른 깨달음은 깨달음이 없다

바른 깨달음은 깨달음이 없고	正覺無覺
참된 공은 공하지 않네.	眞空不空

제가 여러 번 말했지만, 선칠을 하러 왔으면 깨달음을 추구하지 마십시오. 저는 또 부처는 없으니 부처가 되려 하지 말라고 말합니다. 미친 소리같이 들리겠지요. 저는 바로 불상 앞에 앉아 있고, 우리는 매일 두 번씩 이 불상 앞에서 절을 하는데도 제가 여러분에게 부처가 없다고 하니 말입니다. 매일 저녁 우리는 「심명」에서 말하는 깨달음에 대해 이야기하고 있는데, 이제 「심명」에서는 "바른 깨달음은 깨달음이 없다"고 합니다.

불법을 학습할 때는 깨달음과 부처님에 대해서 생각하는 것이 더없이 좋지만 수행할 때는 그런 것을 생각하면 안 됩니다. 우리는 부처님을 우리 바깥의 어떤 실체로, 그분과 같이 되고 싶은 그런 모습으로 생각하면 안 됩니다. 우리가 부처님께 절을 할 때는 부처님의 도움을 구하면 안 됩니다. 그런 생각을 가지고 있다면 부처님을 전혀 볼 수 없습니다. 그러면 왜 부처님께 절을 합니까? 우리가 절을 하는 것은 부처님이 우리에게 불법을 주신 은혜에 감사하기 때문입니다. 불법이 없었다면 우리는 어떻게 수행해야 할지 몰랐을 것입니다. 그러나 절을 할 때 가져야 할 생각은 우리의 동작에 대한 생각뿐이어야 합니다.

분명히 해 둡니다만, 부처님께 절을 하고, 조석 예불을 하고, 경을 읽고, 좌선을 할 때, 우리는 부처님같이 되려고 하는 것입니다. 우리는 마땅히 이 위대한 분에게 감사를 표해야 합니다. 부처님은 엄연히 존재하지만, 부처님이 우리에게 깨달음을 주실 수는 없습니다. 그래서 우리는 수행을 위해 수행하는 것입니다. 여러분 가운데 어떤 분들은 멀리서 왔습니다. 여기서 7일간 좌선하기 위해서 말입니다. 여러분은 자기가 그 돈을 써 가며 그 먼 거리를 온 것이, 단지 수행을 위해 수행하기 위해서였다는 것을 알았습니까?

여러분은 이렇게 물을지도 모릅니다. "만약 계속 좌선을 하면 제가 깨닫겠습니까?" 그 답은 '예'이기도 하고 '아니오'이기도 합니다. '예'인 것은 여러분이 결국 깨달을 것이기 때문입니다. 그러나 일단 깨닫고 나면 어떤 깨달음도 없습니다. 성불도 마찬가지입니다. 제가 거친 비유를 하나 들겠습니다. 우리는 이 선 센터가 존재한다는 데 모두 동의합니다. 그것은 우리의 마음 속에 존재하지만, 또한 뉴욕에 있는 하나의 건물로도 존재합니다. 여러분이 오기 전에 선 센터는 이미 이곳에 있었습니다. 그러나 여러분이 일단 이 센터에 와 있으면 그것은 더 이상 존재하지 않습니다. 이해가 됩니까? 만약 여러분이 그것이 존재한다고 말하면, 그것을 저에게 보여주십시오. 여러분은 벽, 불상, 양탄자, 주방, 심지어는 저를 가리킬지 모르지만, 그 어느 것도 이 선 센터는 아닙니다.

여러분이 이곳에 있지 않을 때는 선 센터가 뉴욕 엘름허스트(Elmhurst)의 어느 거리 몇 번지 건물이지만, 일단 건물 안에 들어오면 그것은 사라집니다. 성불한 사람들은 말하자면 성불이라는 건물 안에 있기 때문에, 그들에게는 성불 같은 것이 없습니다. 그러나 밖에 있는 사람들에게는 성불이 있습니다. 우리가 아직 밖에 있는 한에서는 부처님의 모범과 가르침을 따라야 하지만, 부처님과 비슷해지려고 노력하거나 부처님에게 무엇을 요구해서는 안 됩니다.

참된 공은 공하지 않다

두 번째 구절에서는 "참된 공은 공하지 않다"고 말합니다. 일전에 저는 어떤 가난뱅이가 호주머니에는 돈이 없어도 마음은 돈에 대한 생각으로 가득 차 있을 수 있다는 이야기를 했습니다. 반면에 모든 돈과 재산이 단 한 사람의 소유라면, 그 사람은 줄곧 돈이 있었으면 하는 생각을 하겠습니까? 듣자하니 아주 부유한 어떤 사람들은 수중에 돈을 전혀 가지고 다니지 않는다고 합니다. 그 이유는, 그들이 어디를 가든 뭔가가 그들을 위해 준비되어 있기 때문입니다. 그들이 호주머니에 한 푼도 없다고 해서 우리가 그 사람들을 돈이 없다고 말할 수 있겠습니까?

스님들은 출가의 서원에 따라 아무것도 소유하지 않지만, 자신들이 사용하는 모든 물건을 잘 보살피고 아껴야 합니다. 그들은 어디서 잠을 자든 그곳을 마치 자기 집처럼 보살핍니다. 설사 나무 밑에서 하룻밤을 보냈다 하더라도 그곳을 잘 보살펴, 떠날 때는 처음보다 더 좋게 해 둘 것입니다. 그렇게 하는 이유는 자신의 서원과 수행 때문이지 개인적인 미래의 이익을 위해 '내가 또 여기를 지나갈 테니까 다음에 올 때를 위해 깨끗이 해 두어야겠다'고 생각해서가 아닙니다. 또 남들에게 칭찬

받기 위해서 그러는 것도 아닙니다. 출가인이 어떤 사람을 만나든 모두 그의 친구요 친척이며, 그 사람에게 어떤 일이 일어나든 모두 자신의 일입니다. 그러나 떠날 때는 그 사람이나 일들을 데려가지 않습니다. 그들은 이미 지나간 과거인 것입니다.

이러한 태도를 함양하면 우리 모두 이익을 얻을 수 있습니다. 그 어느 것도 여러분의 것이라고 주장하지 않기 때문에 일체가 여러분의 것입니다. 또 일체가 여러분의 것이기 때문에 여러분은 그것들을 잘 보살필 큰 책임이 있습니다. 진지한 선 수행자들의 행동거지는 이와 같습니다. 이것이 깨달은 자들의 자연스러운 행동입니다. 그러나 우리는 아직 깨닫지 못했으므로 이와 같이 자기를 훈련해야 합니다.

이런 내적인 훈련은 외적인 형식과는 무관합니다. 여러분은 대체로 출가인이 아니지만, 모두 이러한 태도를 함양할 수 있습니다. 그것은 출가 승단의 구성원들만이 할 수 있는 행동이 아닙니다. 외적인 형식을 내적인 훈련으로 오인하지 마십시오. 외적인 형식은 수행과 무관합니다. 부처님은 연화좌蓮花座에 앉아 계신 모습으로 종종 묘사됩니다. 그렇다고 해서 여러분도 연화좌 위에서 좌선을 해야 합니까? 어쩌면 여러분은 부처님처럼 긴 법의를 입고, 두발도 부처님과 같은 곱슬머리로 다듬어야겠다고 생각할지 모릅니다. 여러분은 듣고 웃을지 모르지만, 우리는 모두 그 비슷한 일을 한 적이 있습니다.

제가 중국에 있을 때 오래된 불교 고적古蹟 한 곳을 가본 적이 있는데, 거기는 이미 관광지로 변해 있었습니다. 그곳은 당나라 때부터 있던 곳으로, 그 시대의 의상 복제품들도 있었습니다. 사람들은 당나라 때 스님들 같은 옷차림을 하고 사진을 찍어 나중에 집에 돌아가면 친구와 가족들에게 보여줄 수 있었습니다. 저는 옆에 서서 구경을 하고 있는데 사람들이 이렇게 말하는 것이었습니다. "봐, 진짜 스님이 오셨네!"

승복을 입고 있다고 해서 자동적으로 그 사람의 영성이 올라가는 것은 아닙니다. 모방은 아부의 한 형식일 수 있지만, 우리는 자신의 외양이 아니라 마음을 변환시킴으로써 부처님을 모방해야 합니다. 부처님의 가르침을 따르고 보살들을 본받음으로써 씨앗을 뿌려야 합니다.

참된 공일 때는 구할 것도 없고 얻을 것도 없습니다. 우리가 추구하거나 얻으려고 하는 그 어떤 것도 또 다른 망념에 지나지 않습니다. 현재의 이 한 순간에 완전히 집중하십시오. 매번 선칠을 할 때마다 저는 똑같은 것을 이야기합니다. 수행 그 자체가 목적이라고 말입니다. 여러분이 이런 태도를 가지면 최대의 이익을 얻을 수 있을 것입니다. 농부가 과일나무를 심을 때는 즉시 수확을 기대하지 않습니다. 그 나무의 잠재력을 알지만, 현재의 순간에는 그 나무를 보살핍니다. 열매가 있든 없든 관계없이 말입니다. 자기 수행의 성과에 신경 쓰지 마십시오. 오직 과정이 있을 뿐입니다.

11.5 자신의 깨달음에 접근하기

| 과거, 현재, 미래의 모든 부처님은 | 三世諸佛 |
| 모두 이 근본 원리에 의거하니 | 皆乘此宗 |

'이 근본 원리(此宗)'는 우리에게 앞에 나온 두 구절을 상기시킵니다. 즉, 일단 깨달았거나 깨달음 안에 있으면 얻을 어떤 깨달음도 없고, 모든 번뇌와 집착이 사라진다는 것입니다. 그것은 결코 아무것도 없다는 말은 아닙니다. 참된 공이 바로 진정한 존재이지만, 여러분이 참된 공을 체험할 수 있을 때에만 진정한 존재가 무엇인지 알게 될 것입니다.

부처님들이 부처인 까닭은 그들이 모두 이 근본 원리에 '의거하기(乘)' 때문입니다. 즉, 이 원리에 상응하기 때문입니다.

『반야심경』에서 '삼세제불三世諸佛'이라고 할 때 거기서 말하는 제불은 우리와 무관한 존재들처럼 보일지 모르지만, 실은 우리도 거기에 포함됩니다. 왜냐하면 우리는 미래의 부처들을 대표하기 때문입니다. 불경에서 말하는 석가모니불, 아미타불 기타 몇 분의 부처님들은 현재불입니다. 사실 지금도 무량무변한 부처님들이 무량무변한 세계에 머무르고 계십니다. 만일 그분들이 과거불이었다면 우리는 그분들을 알 도리가 없을 것입니다. 석가모니불은 이 세계와 이 시간 속에 머무르실 뿐만 아니라 그분의 가르침은 여전히 우리에게 영향을 주고 있습니다. 불경에서는 이 한 겁劫(kalpa)에 수천수만의 부처가 출현할 것이며, 석가모니불은 그 긴 부처 명단에서 세 번째에 지나지 않는다고 말합니다. 불경에 따르면 미륵불이 다음번의 부처님이 될 것인데, 아득히 먼 미래에는 우리 모두 부처가 될 것이라고 합니다.

만일 여러분이 다른 세계와 시간의 부처님들을 찾아뵙고 싶다면, 지금부터 여비를 미리 저축해 두라고 말하고 싶습니다. 왜냐하면 그것은 아주 멀고 값비싼 여행이 될 테니 말입니다. 그러나 실은 어디도 갈 필요가 없습니다. 우리는 이미 복을 받고 있습니다. 왜냐하면 석가모니불께서 바로 지금 여기 우리의 이 세계에 계시기 때문입니다. 만일 여러분이 계획을 세워 무슨 일을 하려고 한다면, 자신의 성불을 계획하십시오. 설사 그것이 억만년 뒤의 일이 될지라도 말입니다. 매번 여러분이 명료한 자각으로 좌선할 때마다 여러분은 깨달음에 한 걸음 더 가까이 간 것입니다.

불법을 만난 사람은 이미 미래의 성불을 위한 씨앗을 심은 것입니다. 사실 불법에 반대하는 사람들도 미래의 성불을 위한 씨앗을 심었습니다. 불경에서 말하기를, 부처님이나 불법을 비방하는 사람들은 모두 지옥에 떨어질 것이라고 합니다. 그들이 왜 자신이 지옥에 있는지를 깨달으면, 다시 한 번 생각해 보고 불법에 대한 마음을 바꿀 수 있겠지요. 저는 송나라 때의 명재상인 장상영張商英(1043-1121)의 이야기를 한 적이 있습니다. 그는 불교를 증오한 나머지 「무불론無佛論」이라는 글을 지어 불교를 공격하고 싶었습니다. 그는 여러 달 동안 온갖 머리를 짜내어 불교를 비판하려고 했습니다. 마침내 그의 아내가 그에게 불교 경론經論을 공부해 보는 게 어떠냐고 했습니다. 그러면 자신의 생각과 느낌을 더 조리 있게 구성할 수 있지 않겠느냐는 것이었습니다. 그는 그 말에 동의하고 불경을 공부하기 시작했고, 결국에는 마음을 바꾸어 훌륭한 거사가 되었습니다.

불법을 받아들이고 수행하는 사람들은 성불로 직접 나아가는 길을 선택한 것이고, 불법에 반대하는 사람들은 둘러가는 길을 선택한 것입니다. 그러나 모두가 그 길 위에 있습니다. 아직 그 길을 발견하지 못한 사람들은 불법에 대해 전혀 개의치 않고 불법에 대해 아무것도 모르는 사람들입니다. 그렇기는 하나, 그들도 어느 세계와 시간에서든 부처님의 가르침에 대해 마음의 창을 열기만 하면 일순간에 바뀔 수 있습니다.

진보의 조건

선 수행자들에게는, 미래의 성불 씨앗을 어떻게 심을지를 생각하는 것은 현재 순간에 자각하고 있는 것과 털끝만큼도 상관이 없습니다. 미래의 성불을 확보하려면 그저 현재의 순간을 잘 챙기고, 자신이 현재 얼마나 잘하고 잘 못하고 있는지에 대해서는 걱정하지 마십시오. 역대의 큰 스승들도 모두 비슷한 길을 걸었는데, 모두 다음 네 가지 조건을 충족했습니다. 즉, 대원심大願心, 대신심大信心, 대결심大決心, 대의심大疑心이 그것입니다.

우리도 이 네 가지 조건에 부합함으로써 같은 길을 걸을 수 있습니다. 먼저 발원을 하십시오. 그것이 자신의 신심, 결심, 의지를 강화해 줄 것입니다. 사홍서원을 가지고 시작하는 것이 아주 좋지만, 자신의 수행을 강화하는 데 도움이 될 수 있는 개인적인 서원들도 세울 수 있습니다. 그 다음으로는, 불법과 여러분이 따르기로 결심한 스승, 여러분의 수행방법, 그리고 가장 중요한 것이지만 여러분 자신에 대한 큰 신심을 내십시오. 셋째로, 큰 신심과 여러분의 서원에서 나오는 힘을 갖추었으면 자신의 수행에 대해 큰 결심을 하십시오. 마지막으로 이 결심은 네 번째 조건, 즉 큰 의정을 일으킬 수 있습니다.

여러분 가운데 어떤 분은 말하기를, 지키지도 못할 서원을 발하는 것은 표리가 부동한 것 같다고 했습니다. 기죽지 마십시오. 우리들 대다수에게 사홍서원의 깊고 넓은 의미는 이루 헤아릴 수 없는 것입니다. 그래도 우리는 이런 서원을 발해야 합니다. 왜냐하면 그것이 뿌린 씨앗이 언젠가는 발아할 테니까요. 발원은 수행이 더 힘을 얻게 해 줍니다. 자기가 발한 개인적인 서원 하나도 못 지킨다고 해서 절망하지 마십시오. 매번 좌복 옆에 갈 때마다 그것을 향해 절하고, 또한 발원하십시오. '통증이 와도 이리저리 움직이지 않겠다. 졸지 않겠다. 망상을 피우지 않겠다'고 말입니다. 진심으로 정성껏 이런 원을 발한 다음 그것을 놓아버리십시오. 이런 서원들이 여러분의 마음속에 뿌린 종자에 대해 믿음을 가지십시오. 그런 다음 마음을 당면한 과제, 즉 여러분의 방법상에 두십시오. 만일 아파서 참을 수 없으면 해야 할 일을 하되, 몸을 움직인다 하더라도 발원을 할 때와 같은 그런 진지함을 가지고 움직이십시오. 자리에서 일어날 때는 서원을 어겼다고 해서 자신을 책망하지 마십시오.

과정이란 바로 이런 것입니다. 다음번에 좌선할 때도 다시 같은 원을 발하십시오. 이런 식으로 하면 점차 자신의 결심을 강화해 나가게 될 것입니다.

사람들은 늘 요점을 파악하지 못합니다. 즉, 서원을 늘 지키지는 못한다는 바로 그 때문에 계속 발원을 해야 한다는 것입니다. 한 번 앉아서 통증, 혼침 또는 망념에 끄달리지 않은 채 몇 시간이고 좌선을 할 수 있다면, 그런 것을 두고 발원할 필요는 없겠지요. 과거와 현재의 모든 부처님들도 같은 길을 따랐습니다. 즉, 거듭 거듭 발원하여 마침내 목표를 이룬 것입니다.

사람들은 종종 헷갈려 하면서, 결심을 하는 것은 긴장을 풀라는 것과 모순되지 않느냐고 생각합니다. 결심이란, 잔뜩 감긴 용수철같이 긴장한다는 뜻이 아니라 자신이 선택한 방법을 인내심 있게 견지한다는 뜻입니다. 자신이 방법에서 벗어나 있다는 것을 발견하면 자신을 다시 방법상으로 되돌리되, 부드럽고 이완된 방식으로 그렇게 하십시오. 긴장은 피로와 기타 장애를 불러옵니다. 그래서 제가 늘 "심신을 이완하고 열심히 노력하라"고 말하는 것입니다.

등산을 할 때 여러분은 어떤 작전을 씁니까? 100미터 달리기 할 때처럼 시작하자마자 산꼭대기를 향해 맹렬히 달려 올라갑니까? 그렇게 달려서는 그리 멀리 못 간다는 것을 제가 보증합니다. 천천히 듬직한 걸음으로 걸어가면서 며칠 밤 야영할 계획을 세우는 것이 더 낫습니다. 그러나 일단 시작하면, 정상에 도달했을 때 무엇을 경험하게 될까 하는 생각은 하면 안 됩니다. 일단 시작하면 마음은 자기가 내딛는 한 걸음 한 걸음에 가 있어야 합니다. 좌선은 높은 산을 오르는 것과 같습니다. 아무것도 신경 쓰지 말고 오로지 자신의 방법에만 마음을 두어야 합니다. 자기를 남들과 비교하지 마십시오. 여러분은 자기 페이스가 있고 다른 사람은 그 사람의 페이스가 있습니다. 여러분은 그들이 무엇을 체험하고 있는지 모르고, 그것은 여러분의 관심사가 아닙니다. 그저 큰 결심으로 자기 일에만 마음을 쏟으십시오.

예전에 선을 닦던 한 스님은 혼침으로 고생했는데, 늘 좌복 위에서 졸고 있는 자신을 발견하곤 했습니다. 그래서 모험적인 방법을 써 보기로 결심하고 어느 절벽 가장자리에 앉았습니다. 그는 마음속으로 생각했습니다. '만일 내가 졸면 추락사할 것이다. 그러니 깨어 있겠지.' 그럼에도 갈수록 졸음이 왔고, 결국 졸다가 절벽에서 떨어졌습니다. 그는 아래로 떨어질 때 깨어났고, 순간에 깨달았습니다. 이때 그는 자신이 아직 절벽 꼭대기에 앉아 있는 것을 발견했습니다. 만일 여러분이 이런 방법을 써 보고 싶다면 3층 창턱에 앉으면 되겠지요. 여러분은 얼마나 진지하고 얼마나 큰 결심이 서 있습니까? 안전망이 필요합니까?

모래 한 알 속의 세계

이 근본 원리의 털끝 하나도　　　　　　　此宗毫末
항하사같이 무수한 세계를 포함하네.　　　沙界含容

'털끝(毫末)'은 불교의 경론에서 자주 사용되는 말입니다. 이 경우에 그것은, 깨달은 마음은 너무나 광대해서 그런 마음의 극미하게 작은 부분도 능히 항하사恒河沙(갠지스 강의 모래알)같이 많은 세계들을 포함한다는 뜻입니다. 몇 년 전 뉴욕의 어느 라디오 방송국 기자가 저를 찾아와 인터뷰를 한 적이 있습니다. 그 시간에 마침 뉴욕의 마라톤 경기가 진행되고 있었습니다. 제가 말하기를, 선의 관점에서 보면 뉴욕의 모든 사람이 모래 한 알 위에서 마라톤을 할 수 있다고 했습니다. 그가 어떻게 그럴 수 있느냐고 묻기에, 저는 이렇게 설명했습니다. 우리가 무한한 마음을 가지고 있기만 하면, 마음에 집착이나 번뇌가 없어 모래 한 알 위에서 마라톤을 하는 것도 가능하다고 말입니다. 이것은 우리의 마음이 공간을 점하지 않기 때문입니다. 그것은 무한히 넓지만 어떤 공간이나 시간도 점하지 않습니다.

선 수행 중일 때 여러분의 방법은 한 시간 꼬박 걸려서 모래 한 알의 이쪽 편에서 저쪽 편으로 걸어가는 것인지도 모릅니다. 여러분이 집중심을 잃지 않고 그렇게 하여 생각과 생각 사이에 틈이 전혀 없게 할 수 있다면, 1시간 내에 선정에 들 수 있습니다. 여러분은 그런 집중된 자각을 유지할 수 있습니까, 아니면 지루함을 느끼겠습니까? 여러분은 사람을 지루하게 하는 그 모래 알갱이를 마음에서 털어버리고 뭔가 더 재미있는 것을 찾아내어 궁리해 보고 싶습니까? 어쩌면 여러분은 (모래 한 알보다) 머리카락 한 가닥을 건너가는 것을 더 좋아할지 모르지만, 그것은 중요하지 않습니다. 그런 물건들을 건너가는 방법에 오롯한 마음으로 부단히 집중한다면, 털 한 가닥이 금문교보다 더 길 수도 있고, 모래 한 알이 전 세계보다 더 넓을 수도 있습니다. 수행자들은 깨닫기 전에 그런 방법들을 사용해 볼 수 있는데, 만일 성공한다면 극미하게 작은 것이 엄청나게 커질 수도 있다는 것을 발견할 것입니다.

그러나 「심명」에서 말하는 것은 깨달음 이후의 일입니다. 더 이상 집착과 분별이 없을 때는 크고 작다는 관념도 더 이상 없습니다. 깨달은 마음은 모든 묘사와 비교를 넘어서 있고, 그래서 그것은 일체를 포함합니다. 이 구절들은 깊이 깨달은 마음 상태를 묘사하지만, 그것을 어떻게 운용해야 일상생활 속의 우리에게 도움이 될 수 있겠습니까? 성불의 길 위에 있을 때는 우리가 자신의 성격을 지혜와 자비에 더 잘 부합하게 만들 수 있습니다. 진짜 사랑은 제3자를 용납하지 않는다고 합니다. 이것은 한계가 있는 소유적 사랑을 두고 하는 말인데, 그것은 자비라고 할 수도 없습니다. 만약 여러분의 마음이 넓어져서 더 많이 포용하게 된다면 많은 사람들을 사랑할 수 있겠지만, 이 역시 아직은 무한한 마음이 아닙니다.

중국어 속담에, 용감한 자는 적의 간담을 서늘하게 하고 지혜로운 자는 모든 사람을 포용한다는 말이 있습니다. 고대의 가장 위대한 장군들은 싸우지 않고도 적의 병사들을 굴복시키는 사람이었습니다.

수행자인 우리들은, 자비심을 함양하고 자신과 남들을 더 많이 포용할 수 있었으면 하고 바랍니다. 우리는 제불보살과 같은 그런 무한한 능력은 없을지 모르지만, 최소한 그 방향으로 노력할 수는 있습니다. 이렇게 할 때 우리의 마음 그릇[心量]이 확장되고 자비와 지혜가 증장될 것입니다. 누구나 부처가 될 수는 있지만, 지금은 우리가 아직 범부입니다. 만일 우리가 주위 사람들에게 자비롭고 사려 깊게 행동하는 법을 배우지 못한다면, 좌선을 수행해 본들 아무 소용이 없습니다.

불교는 어떤 사람들이 좋은가 나쁜가, 인간의 본성이 선한가 악한가를 따지는 데는 관심이 없습니다. 불법은 수행을 통해 사람의 성격을 개선하고자 합니다. 부처님은 외계인이 아니라 인간들 중의 한 모범이셨고, 우리도 모두 그분을 본받을 수 있습니다. 그래서 우리가 수행을 하려는 것입니다.

처음 시작할 때는 우리의 보잘것없고 산란한 마음을 한데 모아 원만하고 건강하고 집중된 마음으로 만들 수 있으면, 그것 자체로도 큰 성취입니다. 사람들이 이 수준에만 도달해도 전 인류가 변화될 것입니다. 그런 다음 주의력의 통일을 넘어 심신의 통일로 나아갑니다. 보통 우리는 몸, 마음의 문제들에 끄달리지만, 만일 생각이 끊어지는 경계에 도달할 수 있으면 모든 문제가 사라질 것입니다. 심신의 통일 위에는 자아와 경계의 통일이 있습니다. 이 수준에서 우리는 모든 사람, 사물이 우리와 차별이 없고 우리와 별개가 아니라는 것을 인식합니다. 이 수준에서 마음은 자연히 자비심을 일으키는데, 그것은 동정同情이나 조건적 사랑의 한계를 넘어서 있습니다.

자아와 경계의 통일을 체험하지 못하면 불가에서 말하는 진정한 자비를 갖출 수 없습니다. 이것은 보통의 자비가 가치가 없다는 뜻이 아니라, 최선을 다해 행위하라는 것입니다. 만일 진심으로 불법에 따라 성격을 개선하고 싶다면 적절한 조치를 취해야 합니다. 수행자들에게 그것은, 방법상에 집중함으로써 자신의 산란한 마음을 가라앉히고 한데 모아야 한다는 뜻입니다. 세상의 모든 교육과 사회적 훈련은 그 문제를 직접 해결해 주지 못합니다. 선禪이 직접적이어서 여러분에게 이론과 추측을 젖혀두고 자기와 대면하라고 합니다. 왜냐하면 자기 자신과 대면해야 비로소 원만하고 건강한 성격을 발전시킬 수 있기 때문입니다.

제12차 선칠

일체를 돌아보지 말라

12.1 과거, 미래를 돌아보지 말라

일체를 돌아보지 말고	一切莫顧
마음을 어디에도 두지 말라.	安心無處
마음을 어디에도 두지 않으면	無處安心
무한한 밝음이 스스로 드러나리라.	虛明自露

 이번 선칠에서 시간을 잘 이용하려면 이 첫째 구절의 "일체를 돌아보지 말라"에 유념하십시오. 우선 과거와 미래, 즉 여러분이 이제까지 했던 일과 선칠이 끝난 뒤 하려고 예상하는 일에 신경 쓰지 마십시오. 둘째로, 선칠 도중에 여러분 주위에서 일어나는 일에 신경 쓰지 마십시오. 자동차 소리, 버스 소리, 라디오 소리가 들릴지 모르지만, 그것들은 여러분과 무관합니다. 또한 여러분은 주위 사람들이 소리를 내거나 울고 웃거나 왔다 갔다 하는 것을 볼지 모르지만, 이 역시 여러분과 상관없는 일입니다. 외부의 현상에 주의를 기울이면 수행에 집중할 수 없습

니다. 세 번째로, 앞생각과 뒷생각에 신경 쓰지 마십시오. 만약 이 세 가지를 해낼 수 있으면 이 선칠은 성공이라는 것을 제가 여러분에게 보증합니다.

좌선하는 사람들을 혼침과 산란이라는 두 가지 장애로 고생합니다. 만일 혼침이 오면 마음의 힘을 이용하여 그 느낌을 극복하십시오. 또 눈을 힘껏 떠서 눈물이 나올 정도로 할 수도 있는데, 그러면 더러 졸음을 쫓을 수 있습니다. 그것이 효과가 없으면 향판을 청해도 됩니다. 여러분이 손을 들기만 하면 저나 감향監香*이 향판의 넓적한 면으로 여러분의 어깨를 때려주겠습니다. 이것은 사람을 다치게 하지는 않고 여러분의 기력과 자각을 회복시켜 줄 수 있습니다. 만일 향판도 효과가 없으면 바닥의 카펫이나 마룻바닥에 무릎을 꿇을 수도 있는데, 몸의 균형을 유지하기 위해 깨어 있게 되거나 아니면 무릎의 통증이 혼침을 쫓아줄 것입니다. 또한 자리에서 일어나 한 동안 절을 할 수도 있습니다. 이렇게 하면 몸은 움직이지만 마음은 여전히 집중을 유지할 수 있습니다. 만약 이런 방법들이 다 효과가 없다면 그것은 정말 피곤하다는 것이므로, 잠시 잠을 자서 심신의 기력을 회복하는 것이 최선입니다.

산란심은 거의 언제나 과거와 미래에 대한 것입니다. 과거와 미래를 내려놓을 수 있다면 산란한 생각들이 문제가 되지 않겠지요. 그러나 이것은 말하기는 쉬워도 하기는 어렵습니다. 망념을 처리하는 한 가지 방편은 자신의 통증에 집중하는 것입니다. 오랫동안 편안히 앉아 있을 수 있는 사람들도 산란의 문제가 있을 수 있습니다. 혼침에 대처하는 경우와 마찬가지로, 마룻바닥에 무릎을 꿇을 수 있습니다. 그러면 그 불편한 느낌 때문에 집중하지 않을 수 없을 것입니다.

---

* 입선 중에 선방을 돌며 대중을 감독·지도하는 소임자.

수행 중에 어떤 장애도 느끼지 못한다면, 그것은 여러분이 정체되어 움직이지 않고 있다는 의미일 수 있습니다. 이것은 수행에 통증이나 장애가 반드시 있어야 한다는 말은 결코 아닙니다. 그런 것을 일부러 찾을 필요는 없습니다. 그러나 그런 것들은 오게 되어 있고, 그것은 여러분이 진보하고 있음을 나타냅니다. 만일 여러분이 이제까지 어떤 어려움이나 장애도 없었다면 제가 신경이 쓰이겠지요.

사람들은 좋은 경험을 기대하고 갈구합니다. 그러면서 나쁜 경험은 싫어하거나 기피하고 싶어 합니다. 이러한 태도는 선 수행자에게 어울리지 않습니다. 선 수행자는 평등심을 배양해야 합니다. 좋은 경험을 탐하지도 않고 나쁜 경험을 피하지도 않습니다. 또한 과거의 좋은 기억이나 나쁜 기억에도 집착하지 마십시오. 잘 앉아 있었다고 해서 자신을 축하하는 데 시간을 낭비하지 말고, 좋은 경험을 되풀이하기 위해 애쓰느라고 시간을 낭비하지도 마십시오. 그것은 이미 지나갔습니다. 마찬가지로, 잘 앉아 있지 못했다고 해서 언짢아하느라고 시간을 낭비하지 마십시오. 그것도 이미 지나갔습니다. 그저 현재 순간에 집중하십시오.

선칠 중에 좋은 일과 나쁜 일이 일어나는 것은 정상입니다. 7일 동안 오로지 기쁘기만 하거나 괴롭기만 한 그런 사람은 드뭅니다. 어떤 사람들은 20년씩 좌선을 하고서도 여전히 잘 앉아 있지 못할 수 있습니다. 그럴 때 마음속으로 '내가 방금 잘 앉지 못한 걸 보면 지난 세월은 허비했구나' 하고 생각해서는 안 됩니다. 통증, 혼침, 산란과 싸우느라고 하루를 다 보냈다 하더라도 관계없습니다. 그것은 그때이고 지금은 지금입니다. 지금까지 어떻게 느꼈든 관계없이, 현재 순간 여러분의 태도는 '그것도 좋다. 하지만 이미 지난 일이다. 지금 내 방법은 어디 있나?' 하는 것이어야 합니다.

🏵 마음을 어디에도 두지 말라

"마음을 어디에도 두지 말라"도 "마음이 완전히 고요할 때는 어디에도 머무르는 곳이 없다"로 이해할 수 있습니다. 이것은 깨달은 마음을 묘사합니다. 깨달은 사람의 마음은 어떤 것에도 집착하지 않기 때문에 일체를 명료히 자각하고, 그래서 차분합니다. 반면에 우리는 깨닫지 못했고, 그래서 마음을 방법상에 두어야 합니다. 그러나 이완된 방식으로 해야 합니다. 왜냐하면 긴장된 마음은 어떤 것에도 오래 집중하지 못하기 때문입니다.

심신을 쉬게 하는 것은 쉬운 일이어야 하는데도 많은 사람에게는 그것이 어렵습니다. 마음을 쉬게 하려면 제가 전에 말씀드린 세 가지를 놓아 버려야 합니다. 즉, 일상생활 속에서의 과거와 미래에 대한 생각, 주위의 환경, 그리고 앞생각과 뒷생각입니다. 좌선할 때는 마음이 방법상에 가 있어야 합니다. 경행이나 절하기 또는 스트레칭을 할 때는 마음이 그 동작에 가 있어야 합니다. 조석 예불 때는 마음이 자신의 음성에 가 있어야 하고, 식사를 하거나 일을 할 때는 마음이 그 하는 일에 가 있어야 합니다. 아주 간단하지만 많은 사람들은 힘겹게 씨름합니다.

만일 매초마다 다 집중할 수 있고 아무 망념이 없다면 이내 자신의 몸을 잊어버릴 것입니다. 어쩌면 명징해지고 이완되어 더 이상 방법이 필요 없을지도 모릅니다. 그럴 때 "마음을 어디에도 두지 않는" 수준에 접근합니다. 그러나 마음을 어디에도 둘 필요가 없다는 생각이 있는 한, 마음은 여전히 그 생각 위에 머물러 있습니다. 따라서 그것도 잊어 버려야 합니다. 마음이 더 이상 어느 곳에도 머무르지 않을 때, '무한한 밝음(虛明)'이 자연히 드러날 것입니다. 마음이 어떤 것에도 집착하지 않을 때 지혜가 자연스럽게 일어납니다. 이런 지혜를 '텅 빈 밝음[空明]'

이라고도 합니다. 자아에게 더 이상 분별과 번뇌가 없을 때 지혜는 전혀 힘 들이지 않고 일어납니다. 깨달은 사람은 자기에게 어떤 지혜가 있다고 느끼지 않지만, 지혜는 거기에 있습니다.

사람들이 종종 저에게 묻습니다. "스님께서는 깨달으셨습니까?"

저의 답변은 늘 똑같습니다. "아니오, 저는 깨닫지 못했습니다." 그것이 진실입니다. 그러나 사람들은 제 말을 믿지 않는 것 같습니다.

그들은 계속 이렇게 묻습니다. "스님께서 수행하실 때 필시 어떤 깨달음의 체험을 하셨을 겁니다. 그것은 어떤 것이었습니까?"

그래서 그들에게 제가 체험한 것을 묘사해 보려고 하면 그들은 이렇게 말합니다. "들어 보니 뭐 대단한 건 아니군요. 저는 그것을 깨달음이라고 부르지 않겠습니다."

그럴 때 저는 보통 이렇게 대답합니다. "그렇다면 맞습니다. 제가 이미 당신에게 말했지요. 저는 깨닫지 못했다고."

그리고 나면 그들은 다소 혼란에 빠지고 심지어는 약간 짜증을 내면서 이렇게 묻습니다. "그러면 스님께서는 왜 선사라고 자칭하십니까?"

제가 대답합니다. "저는 이제까지 선사라고 자칭한 적이 없습니다. 다른 사람들이 저를 그렇게 부르는 것이지요."

그들이 묻습니다. "그러면 왜 그렇게 많은 불교 관련 책을 쓰십니까?"

"왜냐하면 제가 사람들을 돕고 싶기 때문입니다. 그러나 그것은 저의 문자가 아닙니다. 저는 단지 예전의 조사, 선사들에게서 배운 것을 전해줄 따름입니다. 그런 관념들은 하나도 제 것이 아닙니다."

그들은 그래도 믿지 못하고 계속 묻습니다. "그러시다면 스님의 마음 경계는 늘 평온하고, 명료하고, 온갖 번뇌에서 벗어나 있는 것은 아니군요?"

제가 대답합니다. "맞습니다. 저도 다른 사람들과 마찬가지로 마음에 상하기복이 있고, 번뇌와 집착이 있습니다. 아마 다른 사람들처럼 그렇게 무겁지는 않겠지만 그래도 좌절, 감정, 장애를 경험합니다. 저는 깨닫지 못했고, 따라서 아직도 집착이 있습니다."

만약 어떤 사람이 자기가 깨달았다고 주장한다면, 그것은 그들에게 깨달음이 없다는 분명한 표시입니다. 거기서 깨달았다고 주장하는 것은 누구입니까? 바로 그런 관념에 집착하는 자아입니다. 깨달은 사람들은 부처님과 마찬가지로 여전히 중생들과 같이 행동하고 일상 활동을 합니다. 그러나 자기가 하는 일이나 자기 신상에 일어나는 일에 집착하지 않습니다. 그들은 무엇을 주장할 필요가 없습니다. 자비와 지혜가 그들로부터 자연스럽게 흘러 나갑니다.

저는 여러분이 깨달은 스승의 발 밑에서 좌선할 것이라고 기대해서 여기 온 것이 아니기를 바랍니다. 저는 일개 승려로서 이 분야에 폭넓은 경험이 있기 때문에 어쩌다 선칠을 지도하게 되었을 뿐입니다. 부디 이 네 구절의 게송을 잘 이용하십시오. 이 구절들은 우리로 하여금 모든 생각을 내려놓도록 고무합니다. 여러분의 스승이 깨달았을 것이라는 그릇된 생각을 포함해서 말입니다. 그런 것에 집착해 봐야 아무 소용없습니다. 자신의 깨달음을 포함해서 어떤 사람의 깨달음에도 상관하지 마십시오. 그저 마음을 방법상에 고정하고 그 외에는 모조리 놓아 버리십시오.

12.2 구하는 마음을 놓아라

고요하여 일어나지 않으니   寂靜不生

무한한 시공 속에 자유롭게 놓아두네.	放曠縱橫
무엇을 하든 아무 걸림이 없고	所作無滯
가고 머무름이 모두 평등하네.	去住皆平

앞의 두 구절 게송은 깨달은 마음을 묘사하고 있습니다. 마음이 고요하고 일어나지 않는다고 해서 그것이 꼭 깨달음을 말해주는 것은 아닙니다. "무한한 시공 속에 자유롭게 놓아두네"라는 이 구절이야말로 해탈한 마음을 참으로 묘사합니다. 집착과 번뇌가 없을 때 마음은 자유롭고 무한합니다. 무엇이 일어나든, 마음은 고요하여 일어나지 않습니다. 마음이 다른 사람들에게 반응하고 있을 때도 분별과 번뇌로써가 아니라 지혜와 자비로써 합니다.

좌선을 하는 어떤 사람들은 한 동안 망념이 없는 것을 경험하고는 자기가 선의 지혜를 발견했다고, 이미 깨달았다고 생각합니다. 실은 무념의 편안한 상태에 머물러 있는 것은 아무것도 없는 고치집[繭] 속에 살고 있는 것이고, 마치 거북이가 머리를 등딱지 속에 집어넣는 것과 같습니다. 이것은 성취도 아니고 지혜도 아닙니다. 그것은 아무 쓸모가 없을 뿐만 아니라 일종의 비관적 태도를 나타냅니다. 이런 사람들은 편안하고 안전하고 아무 걱정이 없다고 느끼면서 '나는 이미 참된 고요함을 발견했다. 더 이상 해야 할 일이 아무것도 없다'고 생각합니다. 그들은 아무 일도 일어나지 않는 그런 고요함에서 떠나고 싶어 하지 않고, 좌선할 때마다 그런 상태로 돌아가려고 애씁니다. 이것은 깨달음이 아닐 뿐더러 얕은 선정이라고도 부를 수 없습니다. 자주 보는 현상이지만, 그들은 세상과 동떨어진 채 좌복 위에서 고요함의 안개 속에 앉아 있을 수 있기만을 바랍니다.

대부분의 사람들은 구하는 마음을 가지고 선칠에 들어와서, 뭔가를 얻거나 성취하고 싶어합니다. 다행히도 선칠이 끝날 무렵에는 그들 대다수가 선칠의 목적에 대해 마음을 바꿉니다. 마음을 바꾸지 않았다면 아마 실망을 안고 떠나겠지요. 만약 구하지 않는 마음을 가지고 선칠에 들어왔다면 그것은 이미 좋은 출발입니다. 어떤 좋은 것을 얻느냐 못 얻느냐는 중요하지 않습니다. 선칠을 하는 최선의 이유는 적합한 수행 환경에서 집중적으로 수행하기 위해서입니다. 자유자재한 마음을 가지고 들어오고 결과에 집착하지 않는다면 그 어떤 것도 여러분을 속박할 수 없습니다. 그것만으로도 여러분이 기분 좋을 만한 이유가 됩니다.

비록 깨닫지 못했다 해도 우리는 깨달은 행동을 모방할 수 있습니다. 시작할 때는 결과와 이익에 지나치게 집착하지 마십시오. 그런 것은 모두 자아중심적인 생각입니다. 성공하면 좋고, 성공하지 못해도 좋습니다. 그런 태도가 여러분의 일상생활에까지 이어지기를 바랍니다. 득실을 따지지 않는 마음의 태도를 배양하면 삶이 훨씬 자유롭고 수월해질 것입니다. 여기 조건이 이렇게 좋은 곳에서 그런 태도를 배양해 내지 못한다면 일상생활 속에서 어떻게 그러기를 바랄 수 있겠습니까? 만일 좌복 위에 앉아 자신의 경험과 남들이 경험하리라고 자신이 상상하는 것을 비교하고 있다면, 그것은 더 많은 번뇌를 만들어낼 뿐입니다.

그 뒤에 이어지는 두 구절 "무엇을 하든 아무 걸림이 없고, 가고 머무름이 모두 평등하네"는 앞의 두 구절을 되풀이합니다. 마음이 일어나지 않고 모든 집착에서 벗어나 있으면 장애가 없을 것이고, 오고 감이 자유롭습니다. 사실 그럴 때는 옴과 감에 아무 분별이 없습니다. 건강하든 병들었든, 돈이 있든 돈이 없든, 살았든 죽었든, 장애나 집착이 없는 마음에게는 일체가 평등무이합니다. 불경에서 깨달음의 보물을 이야기할 때 그것은 물질적 부, 권세, 명성을 말하는 것이 아니라 정신이 자유자재한 사람의 그런 풍요로움을 말합니다. 해탈한 마음은 평등과 진정한 지혜, 그리고 자비로써 모든 상황에 반응하지만, 우리가 깨닫기 전에는 얻고 잃음에 대해 더 나은 태도를 갖도록 연습할 수 있습니다. 그러니 득실을 따지지 말고 열심히 노력하십시오.

12.3 깨달음의 부동의 지혜

지혜의 해가 고요하고	慧日寂寂
선정의 빛이 밝다네.	定光明明
형상 없는 정원을 비추고	照無相苑
열반의 도시에서 빛난다네.	朗涅槃城

사람들이 저에게 말하기를, 저는 필시 많은 지혜를 가지고 있을 것이라고 합니다. 그 많은 책을 썼고 그 많은 제자가 있기 때문이라는 것입니다. 그러나 책을 쓰고 법문을 하는 것은 지적인 지혜이지 깨달음의 지혜가 아닙니다. 따라서 「심명」에서 말하는 그런 지혜는 필시 다른 어떤 것입니다.

이 부동의 지혜는 어떻게 나타납니까? 어디서 옵니까? 어떤 사람들은 그것을 불성이라고도 하고, 완전한 자각[覺知]이라고도 하고, 부동의 마음에서 나오는 것이라고도 합니다. 어떤 사람들은 설명하려 하지 않고 그것을 무한한 거울이나 무한한 태양의 밝음에 비유합니다. 이런 방식으로 설명할 수 없는 것을 설명하려는 것은 헛된 시도입니다.

불법은 두 가지 지혜, 즉 근본지와 후득지를 이야기합니다. 근본지는 부동이며, 더 이상의 분별, 집착, 번뇌가 없을 때 현현합니다. 후득지는 행동하는 지혜(wisdom in action)이며, 이것은 근본지가 중생들에게 반응할 때의 작용입니다.

"지혜의 해가 고요하고"는 부동의 근본적인 지혜를 묘사하는데, 그것은 우리가 더 이상 자아에 집착하지 않을 때 일어납니다. "선정의 빛이 밝다네"는 후득지의 밝게 비추는 작용입니다. 이런 경우 '선정[定]'은 좌선으로 몰입하는 여러 수준이 아니라 선의 깨달음에 수반하여 도달하는 최고의 선정을 가리킵니다. 또한 '고요함[寂]'과 '밝음[明]'은 분명 지혜의 여러 측면을 묘사합니다.

이어지는 두 구절인 "형상 없는 정원을 비추고 열반의 도시에서 빛난다네"는 진일보한 해석이 필요합니다. 형상 없는 정원이 정말 존재할 수 있습니까? 열반의 도시가 있을 수 있습니까? 저는 최근에 브루클린 식물원을 찾아가 영국식, 프랑스식, 일본식 화원들을 다녀 보았습니다. 심지어 맹인들을 위한 화원도 있었고, 셰익스피어의 희곡에 나오는 식물들에 기초하여 만든 화원도 있었습니다. 분명 그것은 형상이 있는 정원입니다. 형상이 없는 정원에서는 할 일이 하나도 없겠지만, 그것이 바로「심명」에서 묘사하는 것입니다. 형상 없는 정원이 물질세계에 존재기는 불가능하나, 더 이상 어떤 형상에도—그것이 나[我]든 남[人]이든, 윤회든 열반이든 관계없이—집착하지 않는 사람의 마음속에서는 존재할 수 있습니다. 무색계無色界(형상이 없는 세계)에서는 어떤 것에 대한 집착도 없습니다. 우리는 앞에서 오고 감이 모두 동일하다고 말했습니다. 이것은 깨달은 이들이 진공 속에서 산다는 뜻이 아닙니다. 그들의 마음은 형상 없는 세계에 안주해 있지만, 그들도 여전히 형상 있는 세계에서 생활하고 그 속에서 활동합니다.

"열반의 도시에서 빛난다네"는 소승의 자아해탈의 길을 따르는 아라한들에게 주는 메시지입니다. 이런 깨달은 존재들은 근본지를 드러내기는 했지만, 만일 다른 중생들을 돕지 않는다면 후득지가 작용을 발휘할 수 없습니다. 사실 보살들의 후득지가 아라한들에게 비춰져서 그들로 하여금 열반의 빈 도시를 떠나 중생들을 돕도록 고무합니다.

대승불교는 자아해탈의 열반은 구경究竟의 것이 아니라고 주장합니다. 그것은 보살의 길을 따르면서 남들을 돕는 수행자들이 얻게 될 큰 열반이 아닙니다. 우리는 매일 사홍서원을 송념하고 자비, 보리심과 중생의 이익을 가슴에 새겨둡니다. 그러나 실제로 좌선을 하고 있을 때는 마음속에 이러한 원리들이 있으면 안 됩니다. 자기가 발하는 그런 원願들이 자동적으로 작용을 발휘할 거라는 것을 믿되, 좌선 시에는 그것도 놓아 버리십시오.

12.4 생각이 없을 때, 그대는 누구인가?

모든 인연을 잊어버리고 나면	諸緣忘畢
정신이 이해되고 본체 안에서 안정되네.	詮神定質
법의 자리에서 일어남이 없이	不起法座
텅 빈 방에서 편안히 잠을 자네.	安眠虛室

"모든 인연을 잊어버리고 나면"이 말하는 것은 우리가 이전에 만났고 앞으로도 만날 모든 심리적 현상과 외부적 현상입니다. '잊어버린다'는 것은 단순히, 깨달은 마음은 그런 것들에 집착하지 않고 그런 것에 머무르지도 않는다는 뜻입니다. 이것은 더 이상 (다른 사람들과) 아무 관계가 없다는 뜻이 아니고, 더 이상 현상들에 반응하지 않는다는 의미도 아닙니다. 그것은 다른 사람과의 관계와 반응이 그 깨달은 마음을 방해하지 않는다는 뜻입니다.

어떤 사람들은 깨달음이 그들로 하여금 자기가 중요하게 여기는 모든 것—사랑하는 사람들, 직업, 경험, 관점 등—을 잊어버리게 할 것이라고 두려워합니다. 실은 '잊어버린다'는 것은 그런 의미가 아닙니다. 깨달은 자들은 어떤 것의 존재성도 부인하지 않지만 어느 것에도 집착하지 않습니다. 여러분이 좌선을 할 때는 자신의 과거와 환경을 놓아버림으로써 깨달은 존재들을 본받을 수 있습니다. 일체를 내려놓고 명료하게 현재의 이 순간에서 좌선하십시오. 그러나 아무 망념이 없을 때, 여러분은 누구입니까? 여러분은 그것이 깨달음이라고 생각할지 모르지만 결코 그렇지 않습니다. 과거와 미래에 대한 모든 생각을 놓아 버리고 현재의 이 순간에서 명료하게 좌선할 때도 여전히 자아에 대한 자각이 있을 것입니다. 그것이 미미하고 미세하든, 아니면 아주 광대하고 일체를 포함하든, 자아중심이 여전히 존재합니다.

그러나 그런 명료함이 선정禪定으로 간주될 수는 있습니다. 시간에 대한 자각이 여러분의 선정의 깊이를 잘 보여줍니다. 만일 잠깐 선정에 들었는데 오랜 시간이었던 것같이 느껴진다면, 그것은 얕은 선정입니다. 반대로 오랜 시간 동안 선정에 들었는데 한 순간에 불과한 것같이 느껴진다면 그것은 더 깊은 수준의 선정을 말해줍니다. 어느 경우건 관계없이 시간을 자각하기 때문에 여전히 자아중심에 대한 집착이 있습니다.

선禪은 선정을 위해 수행할 것을 주장하지 않습니다. 전통적인 불법에서는 먼저 선정을 체험하고 나서야 깨달음을 체험할 수 있다고 주장하지만, 선에서는 선정을 체험하지 않아도 직접 깨달음을 체험할 수 있다고 단언합니다. "모든 인연을 잊어버리고 나면"이란, 무아를 직접 체험하고, 시간과 현재 순간에 대한 자각을 포함한 모든 집착을 뒤로 한 마음을 가리킵니다.

"정신이 이해되고 본체 안에서 안정되네"는 깨달은 사람들이 여전히 세간에 적극적으로 참여한다는 뜻입니다. '정신(神)'은 후득지를 가리키는데, 깨달은 사람들은 이 후득지를 가지고 현상과 중생들에 반응합니다.

깨달은 자들은 중생들에 반응할 때 자신의 어떤 이익도 위하지 않는다고 합니다. 그것은 중생들이 무엇을 원하면 그들이 무엇을 준다는 뜻입니까? 저는 깨달은 마음은 분별하지 않는다고 말한 적이 있습니다. 그것은 사물을 판단하는 깨달은 자들은 실은 깨닫지 못했다는 뜻입니까? 일곱 명의 독신 남자가 한 명의 깨달은 여자에게 구혼한다고 생각해 보십시오. 그들이 저마다 그녀가 자기와 결혼해야 할 이유를 제시하면 그녀는 어떻게 해야 합니까? 그들이 원하는 것을 다 들어주려면 일곱 명 모두와 결혼해야 합니다. 물론 그녀는 자기 자신을 위해서 결혼하지는 않습니다. 만일 그녀가 깨달았다면, 누구와 함께 있을 필요가 없습니다. 그녀는 그저 남들의 필요에 부응할 따름입니다. 그 답은, 깨달은 보살로서 그녀의 행위는 지혜에서 자연스럽게 우러날 것이고, 그에 따라 적절한 결정을 내릴 거라는 것입니다. 분명 중생들은 자기가 원하거나 자기에게 필요하다고 생각하는 것을 반드시 얻지는 못하겠지요. 보살들은 중생을 제도하기로 서원하지만, 그들은 모든 사람의 소원을 들어주는 마법의 정령이 아닙니다.

"법의 자리에서 일어남이 없이, 텅 빈 방에서 편안히 잠을 자네"는 깨달은 보살의 관점을 묘사합니다. 중생을 돕는 최선의 방식은 깨달음에서 나오는 지혜를 운용하는 것입니다. 육신과 기타 물체를 가지고 남들을 돕는 데는 한계가 있습니다. 육신이 할 수 있는 일은 한정되어 있습니다. "법의 자리에서 일어남이 없이"는, 중생들을 도울 때 불법을 결코 떠나지 않는다는 뜻입니다.

"텅 빈 방에서 편안히 잠을 자네"는 실은 무한한 공간에서 편안히 잠을 잔다고 이해하는 편이 낫습니다. 바꾸어 말해서, 언제 어디서 얼마나 많은 중생이 어떤 보살의 도움을 필요로 하는가는 중요하지 않습니다. 만일 인연이 있다면 보살이 반응하겠지요. 중생들이 보기에 대보살들은 마치 천수천안千手千眼을 가지고 도처의 중생들을 보면서 그들을 돕는 것처럼 보일 수도 있습니다. 그러나 보살들은 자신들이 반응하고 있다는 것을 전혀 모른 채 그냥 '편안히 잠을 자는' 것 같습니다. 그것은 보살들이 모든 관계와 집착을 놓아 버렸기 때문입니다. 『육조단경』에서도 그 비슷한 이야기를 합니다. "싫고 좋음에 상관 않고, 두 발 뻗고 잠을 자네(憎愛不關心 長伸兩脚臥)."

깨달은 자에게는 목표가 없다

도를 즐기면서 편안하고	樂道恬然
마음대로 노닐면서 진실하다네.	優遊眞實
함이 없고 얻음도 없어	無爲無得
무엇에도 의지함 없이 저절로 나온다네.	依無自出

즐거이 선禪의 길을 따르는 사람은 자유자재하게 살아갑니다. 저는 불법을 세상 사람들에게 가져다주는 배역을 맡은 탓에 바쁜 생활을 하고 있습니다. 글을 쓰고, 강연을 하고, 선칠을 주재하고, 세계 각지를 여행하고, 여러 가지 큰 프로젝트를 감독하기도 합니다. 사람들은 저의 처지를 부러워하지 않는다고 말하지만, 저는 어떤 스트레스도 느끼지 않고 오히려 즐거워서 피로한 줄도 모릅니다. 반면에, 제가 어떤 사람들을 보면 그들은 소위 직업이라는 것을 즐기려고 애쓰는데, 제가 보기에는 긴장, 흥분, 번뇌와 고통이 있습니다.

깨달은 존재들은 아무 구속 없이 삽니다. 그들은 겉으로는 바쁘게 보일지 몰라도 실은 아주 편안합니다. 보통 사람들은 뭔가를 얻고 싶어 하지만 얻지 못하고, 뭔가를 피하려 하지만 피하지 못합니다. 그들은 자신들이 쟁취하거나 배척하는 것들이 허망하다는 것을 모릅니다. 그러나 자아중심이 없을 때는 무엇을 쟁취하거나 배척할 필요가 없습니다.

"함이 없고 얻음도 없어, 무엇에도 의지함 없이 저절로 나온다네"는, 깨달은 자들에게는 목표가 없다는 뜻입니다. 그들은 중생들 속에서 살면서 자연스럽게 도와주지만, 그렇게 하지 않으면 안 된다는 생각이나 욕망은 없습니다. 선 수행자들에게 이 두 구절은 가치 있는 충고입니다. 일단 선칠이 시작되면 여러분이 올 때 지녔던 어떤 목표도 잊어버려야 합니다. 여러분이 얻고 싶은 것이 무엇이든, 모두 번뇌를 가져오는 장애가 될 뿐입니다. 여러분 가운데 어떤 분이 저에게 말했습니다. "저는 잘 앉고 있기는 하지만, 다른 어떤 단계로 나아가야 한다고 느낍니다. 이것보다 더 좋은 것이 분명히 있을 겁니다. 왜 제가 더 높은 수준으로 나아가지 못합니까?" 만일 이와 비슷한 생각이 있다면 여러분이 진보하지 못할 것임을 제가 보증합니다. 사실 그런 생각은 그 좋아 보이던 경계를 끝나게 할 것입니다.

오로지 자신의 방법을 견지해야 합니다. 선칠의 마지막 1초까지 열심히 견지해 나가면 여러분이 성공할 것임을 제가 보증합니다. 그러나 여전히 여러분은 아무것도 얻은 것이 없을 것입니다. 왜냐하면 실은 얻을 것이 아무것도 없기 때문입니다. 이런 태도를 가질 때에만 비로소 깨달을 수 있습니다.

12.5 4무량심

4무량심과 6바라밀은	四等六度
모두 일승의 한 길 위에 있으니	同一乘路
마음이 일어나지 않으면	心若不生
법들이 서로 다른 바가 없으리.	法無差互

4무량심四無量心(four unlimited minds)—자慈, 비悲, 희喜, 사捨—은 소승도[小乘之道]의 수행 방식이고, 6바라밀—보시, 지계, 인욕, 정진, 선정, 지혜—은 대승도[大乘之道]의 수행방식입니다. 선 수행자에게 그 또한 불도佛道의 수행 방식입니다. 저는 여기서 4무량심과 6바라밀의 같고 다름에 대해서는 논하지 않고, 그것들이 모두 수행방법이라는 것만 말씀드리겠습니다. 어떤 사람은 대승도가 보살의 이상을 신봉하기 때문에 더 낫다고 주장할지 모르고, 어떤 사람은 소승도가 부처님의 원래 가르침에 더 가깝기 때문에 더 낫다고 말할지 모릅니다. 깨달은 마음은 그런 분별에 신경 쓰지 않을 것이고, 선 수행자들 역시 그래서는 안 됩니다. 그것들은 모두 불도의 일부입니다.

어떤 사람들은 수식은 초학자의 방법이고 화두는 진보된 방법이라고 생각할지 모릅니다. 심지어 좌선은 부차적인 법이고 '닦음도 없고 얻음도 없는 것'이 주요한 법이라고 생각할지 모릅니다. 이런 태도는 문제를 야기할 뿐입니다. 왜냐하면 그것은 분별과 증애의 마음[憎愛之心]을 자라게 하기 때문입니다.

이삼일 전에 제가 보니 어떤 사람이 베이글 빵을 오븐에 데우고 있었습니다. 그리고 일부를 먹고 나서 나머지를 냉장고에 넣었습니다. 나중에 그는 다시 그것을 꺼내어 데웠습니다. 저는 생각했습니다. '어떻게 저렇게 하지? 내가 베이글을 깨물었다면 이빨이 부러졌을 텐데.' 그러나 아마 이빨이 날카롭고 턱이 튼튼한 사람들에게는 베이글이 아주 맛있겠지요. 사람마다 좋아하고 싫어하는 게 다르고, 장점과 단점도 다르고, 인연도 다릅니다. 선을 수행할 때는 수행자 각자에게 적합한 방법을 주어야 합니다. 더 나아가 말하면, 수행자들은 그것이 자신에게 적합한 방법인 한 그것이 최선의 방법이라는 것을 이해해야 합니다.

자신의 방법이 좋은지 나쁜지, 우월한지 열등한지, 높은지 낮은지를 따져 보는 것은 핵심을 놓치는 것입니다. 우리는 그런 생각을 하면 안 됩니다. 어떤 사람들은 여러 해 동안 수식을 해 왔고, 남은 평생도 역시 그렇게 해 갈 것입니다. 저는 또 어떤 수행자들은 같은 화두를 평생 참구하는데도 계속 진보하고 있다는 것을 압니다. 어떤 사람들은 심지어 깨달음의 체험을 얻기도 했지만, 그래도 계속 같은 화두를 가지고 노력합니다.

어떤 사람들은 평생 하나의 공안을 참구하면서도 결코 싫증을 내지 않을 수 있습니다. 공안들은 여러 가지 많은 수준의 의미를 내포하고 있는데, 어떤 것은 얕고 어떤 것은 깊습니다. 더욱이 초급, 중급 그리고 고급 수준의 공안들이 있습니다. 어떤 스승들은 제자들의 수행이 깊어짐에 따라 일련의 공안들을 주어서 공부하게 합니다. 사실 이것은 많은 선사들이 보통 쓰는 방법이지만 그것은 불필요한 것입니다. 한편으로 여러분은 같은 하나의 공안을 참구하면서, 자신의 수행이 깊어짐에 따라 그 속으로 더 깊이 파고들어 더 오묘한 의미를 발견할 수 있습니다. 또 한편으로 만약 여러분이 깊은 깨달음을 체험하면 일체의 공안들에 대한 일체의 답이 여러분에게 즉시 명료해지기 때문에, 다른 어떤 공안도 굳이 참구할 필요가 없습니다. 물론 이런 일은 아주 드물게 일어나지만 말입니다.

깨달은 자에게는 모든 법이 다 동일합니다. 그들은 좋고 나쁨, 크고 작음을 분별하지 않습니다. 학자들은 분류하기를 좋아하여 세간법과 불법을 나누고, 소승 불법과 대승 불법을 구분하며, 또 대승 불법을 점오법漸悟法과 돈오법頓悟法으로 나눕니다. 깨달은 자에게는 그런 분별이 필요하지 않습니다. 모든 법이 다 동일하니까요.

◎ 활동 가운데서 작용하기

우리는 이제 「심명」의 마지막 네 구절에 이르렀습니다.

일어나도 일어남이 없음을 알면	知生無生
영원한 실재가 현전하네.	現前常住
지혜로운 이들을 알겠거니와	智者方知
말로는 깨달음을 설명하지 못한다네.	非言詮悟

'일어남이 없음(無生)'은 해탈한 아라한들의 마음이 부동이어서 더 이상 어떤 작용도 일으키지 않음을 가리킵니다. 그들은 열반에 머무르면서 중생을 돕지 않기 때문에, 보살도를 행하는 것이 아닙니다. 최악의 경우 그들은 생명 없는 바위와도 같습니다. 깊이 깨달은 자들의 마음은 여전히 남들을 돕기 위해 일어나지만, 그 어떤 일로도 번뇌하지 않습니다. 그래서 "일어나도 일어남이 없음을 알면"이란, 활동 가운데서 작용하지만 부동의 상태를 유지하는 지혜심을 묘사합니다.

저는 수행인들의 몸이 마음과 분리되거나, 그들의 과거가 현재와 분리되는 것을 본 적이 있습니다. 심지어 그들은 자신의 몸이나 환경을 인식하지 못할 수도 있습니다. 마음은 여전히 작용하지만, 그들은 현재 순간의 방법에 완전히 집중해 있습니다. 다른 사람들에게는 그들이 굼뜨고 아둔해 보입니다. 그런 상황은 결코 위험하지 않고 오히려 좋은 징표이며, 대다수 사람들이 수행 도중 반드시 거쳐야 할 단계입니다. 그러나 이 단계가 너무 오래 지속되면 안 됩니다. 만일 너무 오래 지속되면, 선칠이 정상적이고 평범한 사람들을 백치로 만들어 버리는 결과가 되겠지요. 이것은 「심명」에서 말하는 지혜심이 아닙니다.

대다수 선 수행자들은 다음과 같은 법어에 친숙할 것입니다. "시작 단계에서는 산을 보면 산이고 물을 보면 물이다. 두 번째 단계에서는 산을 보면 산이 아니고 물을 보면 물이 아니다. 최후의 단계에 이르면, 산을 보면 다시 산이고 물을 보면 다시 물이다." 대다수 사람들은 첫째 단계에서 평생을 보내는데, 그 특징은 자아중심적인 마음입니다. 이 마음은 이것과 저것을 분별하지만 현상들에 끄달려 번뇌합니다. 두 번째 단계는 열심히 노력하는 수행자들을 묘사하는데, 그들은 현재의 순간밖에 인식하지 못하고 그 결과 자신의 몸과 환경에서 분리됩니다. 이 단계에 있는 사람들은 정상적으로 활동하기가 어려울 수 있습니다. 세 번째 단계는 깨달은 상태를 묘사합니다. 다시 한 번 주위에서 일어나는 모든 것을 완전히 자각하고, 또한 이것과 저것을 명료히 분별할 수 있습니다. 차이가 있다면 그들은 더 이상 자아에 집착하지 않기 때문에 경계나 번뇌에 끄달리지 않는다는 것입니다. 이 지혜심은 경계에 부응할 것이고, 이것이 바로 「심명」에서 묘사하는 지혜심입니다.

"영원한 실재가 현전하네"가 가리키는 것은 철저히 깨달은 존재들입니다. 앞에서도 말했지만 깨달은 마음은 일어나는 것처럼 보이는데, 이는 그것이 경계에 부응하기 때문입니다. 실은 그것은 일어나지 않습니다. 자아중심에 대한 집착이 없기 때문입니다. 깨달은 마음의 생각은 어느 하나 지혜 아닌 것이 없습니다. 범부들의 생각은 못의 수면에 퍼져나가는 물결과 같이 일시적이고 불연속적입니다. 그러나 깨달은 마음의 생각들은 고요한 수면과 같아서, 어떤 것이 나타나도 모두 명료하게 반사하면서도 방해 받지 않는 상태를 유지합니다. 실로, 깨달은 마음 안에서 일어나는 생각 하나하나가 다 영원합니다. 그것이 지혜와 별개가 아니기 때문입니다.

 이런 것은 깨달은 자만이 이해할 수 있습니다. 왜냐하면 어떤 언어로도 깨달음을 설명할 수 없기 때문입니다. 그들에게는 설명이 전혀 필요치 않습니다. 바꾸어 말해서, 제가 말한 모든 것은 실은 참되지 않습니다. 그것은 지혜가 아니라 말일 뿐입니다. 참된 이해는 오직 직접적인 체험에서 옵니다. 이런 법문[開示], 경론, 노래, 시, 주석들은 수행을 하고 불법을 일상생활 속에서 적용하도록 여러분을 격려하는 한에서만 쓸모가 있습니다. 만일 여러분의 관심이 순전히 지적인 것이라면, 이런 말들은 쓸데없고 공허한 것입니다. 저는 그런 말들이 여러분을 분발시켜 수행하게 만들기를 바랍니다. 왜냐하면 유일하게 가치 있는 앎은 여러분이 직접 체험하는 앎이기 때문입니다. 참된 지혜는 깨달음에 이르러서만 출현합니다.

옮긴이의 말

　중국 본토 출신의 대만 스님으로서 미국으로 건너가 뉴욕을 중심으로 활동하신 성엄선사는 세계 불교계의 거목이다. 이 책은 스님이 1980년대에 뉴욕시 퀸스 지역의 엘름허스트에 있는 선 센터(Chan Meditation Center)에서 여러 차례 선칠禪七을 주재하면서 그때마다 우두 법융선사의 「심명」을 강해한 내용을 모은 것이다. 중국어로 말씀하신 것을 제자들이 통역했고, 그 녹음테이프를 토대로 다시 영문 원고를 만들었다. 그 원고들은 이 선 센터에서 발간하는 잡지인 「Chan Magazine」에 1990년대 중반부터 2002년까지 연재되었는데, 2004년에 초판이 나온 이 책의 텍스트는 그 원고들을 약간 더 다듬은 것이다. 한편 이 책의 중문판(『禪, 無所求』)은 그보다 뒤인 2006년에 대만의 학자인 단더싱單德興 박사의 번역으로 나왔는데, 영문판과 세부적인 문장에서 조금씩 차이가 나는 곳이 많다. 그러나 장과 절의 구성, 소제목, 문장의 배열 등 전체적인 흐름에서는 영문판을 충실히 따르고 있다.

　이 한국어판은 영문판과 중문판을 같이 놓고 절충하되, 표현에서 차이가 나는 부분에서는 중문판을 따르기도 했다(실은 영문판을 먼저 옮긴 다음 중문판으로 세밀히 수정하는 방식을 취했다). 어차피 영문판 자체가 중국어에서 번역된 것이라 오히려 중문판이 스님의 육성에 더 가까울 뿐 아니라, 구미인들의 언어 감각에 맞는 영어 문장보다는 중국어 문장이—특히 어순이나 어휘 면에서—우리에게 더 친숙하게 다가오기 때문이다. 사실 중문판에서는 실제로 스님이 말씀하신 중국어 원문을 보여준다고 생각되는 곳들이 많다. 예컨대 본문에서 중국의 속담이라고 하면서 스님이 인용하는 대목에서도 중문판에서는 비슷한 취지의 영국 속담이 아닌 중국 속담이 그대로 나온다. 결과적으로 우리의 이 번역은 문장의 내용 면에서 영문판과 중문판의 통합같이 되었고, 단순히 영문판과 대조하면 다소 차이를 느낄 수도 있다. 그러나 문장 자체의 주된 의미는 큰 차이가 없고, 영문판에 없는 독립된 문장이 새로 들어간 것도 없다(단, 중문판에는 영문판의 문장을 몇 개 뺀 곳이 있는데, 이런 부분은 영문판대로 번역했다). 참고로 「심명」의 게송 번역은 영문 번역을 따르는 것을 원칙으로 하되, 한문 원문의 뜻을 고려하여 우리 감각에 맞게 수정했다. 한편 문단 구분에서는 문단이 세분된 중문판보다는 법문의 호흡이 긴 영문판을 따랐다. 그리고 영문판에는 말미에 용어해설이 있지만 이 책에서는 필요할 경우에만 해당 부분의 각주에서 반영했다. 또 각주 중에서 역주로 표기되지 않은 것은 모두 중문판에서 가져온 것이다.

성엄선사의 전반적인 가르침은 교敎와 선禪을 겸비한 일대종장一大宗匠의 그것답게 폭이 매우 넓고 응용이 무척 자재하다. 이 책에서는 그 일단一端을 엿볼 수 있을 뿐이지만, 하나의 손가락으로도 능히 달을 가리킬 수 있고 한 사발의 물로도 허기진 자의 갈증을 해소할 수 있다는 점을 생각할 때 12개 장章 하나하나가 우리를 격려하는 가르침으로서 전혀 부족함이 없다. 무엇보다도 참선 수행자들을 위한 여러 수준에서의 구체적이고 실제적인 가르침과 조언들을 제시하고 있어, 선禪의 길에서 애쓰고, 머뭇거리고, 의심하고, 좌절하는 많은 공부인들에게는 마치 가뭄에 단비같이 스며들 것이다. 또한 선禪의 길이 생소한 사람들에게는 좋은 안내서가 될 것이고, 초심 수행자들에게는 든든한 지침서가 될 것이며, 수행에서 얼마간의 힘을 얻었거나 어떤 경계를 체험하고 거기에 머물러 있는 사람들에게는 예리한 경책警責이 될 것이다. 그리고 우리는 이 책에서 수행자들이 가져야 할 올바른 마음 자세와, 현대의 선禪이 지향해야 할 방향을 가늠해 볼 수도 있다.

다만 독자들 중에는 성엄 선사가 과연 깨달은 분이냐고 문제를 제기할 분이 있을지 모른다. 왜냐하면 본문 내용 가운데 스님이 어떤 질문자의 질문에 대해 당신은 깨닫지 못했다고 말씀하시고, 선칠 참여자들에게는 당신이 깨달았을 거라는 그릇된 생각으로 당신의 법문을 듣지 말라고 하는 부분이 있기 때문이다. 이것은 일견 당신의 깨달음을 부인한 분명한 답변처럼 보이기는 하지만 액면 그대로 받아들여서는 안 될 것이다. 왜냐하면 스님은 '바른 깨달음은 깨달음이 없다'는 대목의 설법을 하실 뿐만 아니라, 당신이 깨닫지 않았다고 하고 나서도 바로 덧붙이기를, 자신이 깨달았다고 말하는 사람이 있다면 그것은 그가 깨닫지 못했다는 확실한 표시라고 말하기 때문이다. 이 두 진술을 한 묶음으로 고려해 보면 그것은 단순히 "나는 깨달았다"고 하는 말보다 더 깊은 의미를 가지고 있다. 깨달은 자의 관점에서는 깨달음 같은 것이 없다는 것이 성엄 스님의 일관된 입장이며, 그렇다면 자신이 깨달았다고 말하는 것 자체가 모순이다.

선사에게 깨달았느냐고 묻는 질문은 그 자신의 수행에 대한 진지한 관심보다는 외부적 사실(즉, 다른 사람의 깨달음 정도)에 대한 호기심을 나타내는 것에 불과하여 수행자의 질문으로서는 별 가치가 없기 때문에, 어떤 선사도 여기에 대해 진지한 답변을 주지는 않을 것이다. 오히려 수행자의 입장에서 중요한 문제는, 어느 경지에 이른 사람을 깨달은 사람으로 볼 것이냐, 즉 우리가 '깨달음'이라는 단어를 어느 단계부터 쓸 수 있느냐 하는 것이다. 성엄 스님은 이 책에서 '깨달음의 체험'이라는 말을 종종 사용하는데, 그것은 이른바 견성見性 체험을 뜻한다고 볼 수 있다. 스님은 대다수 사람들의 경우 이 체험은 일시적이어서 꾸준한 수행으로 안정화시키지 않으면 다시 잃어버릴 수 있다고 말한다. 그러나 이 체험이야말로 진정한 수행의 시작이며 이때부터는 그 수행자가 선문禪門에 들어선 것이다. 그 이후의 과정은 많은 단계가 있을 수 있고, 더 깊은 무수한 체험이 있을 수 있다. 어쨌든 이 수준에서는 아직 '깨달았다'고 말할 수 없다. 그 깨달음의 체험이 영구불변의 것으로 되지 않았기 때문이다. 무심無心의 단계를 지나야 이것이 부동의 상태가 되며, 이때는 확실히 깨달았다고 말할 수 있다. 이때부터는 자연스럽고 자발적인 지혜가 발현되어 다양한 방편으로 중생들을 돕게 된다. 이 책에서 스님은 이 점을 반복적으로 말하고 있고 스님의 실제 교화 활동도 그러하다. 당신 자신이 이미 그 경지에 도달하지 않고서 과연 그럴 수 있겠는가? 독자들은 이 점을 잘 살펴야 할 것이다.

성엄선사의 가르침에서 주목할 만한 또 다른 점은 대승 보살의 정신을 강조한다는 것이다. 즉, 수행자는 자기 혼자만의 깨달음을 추구할 것이 아니라 모든 중생을 돕겠다는 서원을 세워야 한다고 말한다. 또한 같은 맥락에서 스님은 '깨달음의 네 가지 조건'을 강조한다. 깨달음의 조건들은 예전 선사들도 많이 이야기한 것이지만, 성엄 스님은 그 첫째 조건으로서 사홍서원의 '중생무변서원도'와 같은 중생 제도의 큰 서원을 세워야 함을 역설한다는 점에서 특색이 있다. 또한 이러한 큰 서원뿐만 아니라 '망념에 끄달리지 않겠다'와 같은 구체적인 서원들을 좌선에 들어갈 때마다 새롭게 발함으로써 그 원력이 우리의 수행을 돕게 해야 한다고 말한다. 이것은 스님이 중생 제도와 개인의 깨달음을 하나의 원력에 의해 통일적으로 추진되는 과정으로 보고 있다는 것을 말해준다.

마지막으로 스님의 가르침에서 가장 돋보이는 부분은 다양한 수행

방법들을 통합적으로 운용한다는 것이다. 스님이 주관하는 신칠에서는 수식數息과 화두話頭를 많이 사용하는 듯한데, 각 방법들 간에 우열을 말하기보다는 어느 한 방법이라도 가능한 한 깊이 들어갈 것을 권장한다. 특히 수식관을 초보적 수행 방법으로 여겨 화두로 바꾸고 싶어 하는 사람들에게 스님은 찬성하지 않는데, 그것은 그런 생각 자체가 아직 화두를 제대로 할 수준이 아님을 보여주기 때문이다. 무엇보다도 화두는 마음이 어느 정도의 집중에 도달한 수준에서 참구해야 한다는 것이 스님의 입장이며, 이 점에서 큰스님들이 초심 수행자들에게 무차별적으로 화두를 주기도 하는 우리나라의 풍토와는 대조적이다. 또한 스님은 조동종의 묵조선 혹은 지관타좌只管打坐도 화두와 함께 이야기하고 있다. 이는 스님 자신이 중국의 임제종과 조동종 두 종파의 법을 함께 이었다는 점에서 당연한 입장이겠지만, 간화看話(화두참구)와 묵조(자기자각), 마음 챙김, 수식관 등 주요한 불교 수행법들을 수행자의 기질과 근기에 맞게 처방하는 스님의 실용적 접근 방법을 보여주는 것이기도 하다.

특히 방법들 간의 연계성과 관련하여 우리는 수식법의 잠재력에 주목할 필요가 있다. 수식은 호흡에 대한 집중을 통해 마음을 안정시켜 화두나 묵조 수행으로 나아가기 위한 예비적 수행이기도 하지만, 수식 자체만으로도 능히 깨달을 수 있다는 것이 스님의 설명이다. 수식을 제대로 하면 호흡에 대한 관찰이 사라지고 또렷한 '자각의 연쇄'만 남게 되는데, 그것을 통해 선정에 들 수 있을 뿐만 아니라 깨달음의 체험도 얻을 수 있다는 것이다. 나아가 수식을 통한 명료한 자각의 상태는 묵조선으로 자연스럽게 연결되며, 화두선에 착수할 경우에는 마음에 망념이 거의 없으므로 쉽게 의정 또는 의단을 일으킬 수 있게 된다. 따라서 초심 수행자들은 화두나 묵조를 시작하기 전에 이 수식법으로 수행의 기초를 충분히 닦는 것이 좋을 것이다.

어떤 방법이든 목표는 동일하며, 중요한 것은 자신의 방법에 대한 전념이다. 이러한 과정에서 수행자가 가장 주의해야 할 점은 안팎의 모든 대상에 대한 생각을 놓아버리고 현재의 순간에 집중해야 한다는 것이다. 이때는 자신이 한 발원이나 깨달음에 대한 생각, 자신의 수행에 대한 판단까지 모두 놓아버려야 한다. 이렇게 수행하는 것을 스님은 '수행을 위한 수행'이라고 불렀다. 이것은 수행 자체를 절대시한다기보다는 우리 자신의 수행에 대해 어떤 목적의식이나 기대심리, 자기 나름의 판단이나 분별을 아예 배제하라는 취지이다. 한편 좌선을 할 때는 불필요한 긴장을 풀고 심신을 이완한 상태에서 집중해야 한다는 것도 스님은 거듭 강조한다. 이것이 우리가 경직되지 않고 유연하게 그리고 즐겁게 참선을 할 수 있는 요령이다. 이렇게만 할 수 있다면 우리도 성엄 스님의 가르침을 이해하고 실천하기가 그다지 어렵지 않을 것이다.

성엄선사는 예전 허운선사의 법손인 영원선사의 법을 이은 정통 중국선의 중심인물이며, 동서양을 넘나들며 선불교의 현대적인 역량과 면모를 유감없이 발휘하신 독보적인 존재이다. 선사께서 미국과 대만을 오가며 교화 활동을 시작한 지도 이미 30년이 넘었으나 국내에서는 그동안 선사의 존재가 비교적 잘 알려지지 않고 있었다. 만시지탄의 감이 있으나 이제라도 당신의 가르침이 번역되어 나올 수 있게 된 것은 참으로 다행한 일이 아닐 수 없다. 선사의 법향法香이 이 땅에도 널리 퍼지기를 바라며, 이 책을 읽으시는 독자 여러분의 발심과 정진, 그리고 많은 진보를 기원해마지 않는다.

옮긴이 씀